하의 수선의 모든 것

하의 수선의 모든 것

발행일	2025년 9월 17일
지은이	장호진
펴낸이	손형국
펴낸곳	(주)북랩
출판등록	2004. 12. 1(제2012-000051호)
주소	서울특별시 금천구 가산디지털 1로 168, 우림라이온스밸리 B동 B111호, B113~115호
홈페이지	www.book.co.kr
전화번호	(02)2026-5777 팩스 (02)3159-9637
ISBN	979-11-7224-821-5 13650 (종이책) 979-11-7224-822-2 15650 (전자책)

잘못된 책은 구입한 곳에서 교환해드립니다.
이 책은 저작권법에 따라 보호받는 저작물이므로 무단 전재와 복제를 금합니다.
이 책은 (주)북랩이 보유한 리코 장비로 인쇄되었습니다.

작가 연락처 문의 ▶ ask.book.co.kr
전용 게시판에 문의를 남기시면 저자에게 직접 전달됩니다.

(주)북랩 성공출판의 파트너
북랩 홈페이지와 SNS에서 다양한 출판 솔루션을 만나 보세요!
홈페이지 book.co.kr   •   **블로그** blog.naver.com/essaybook   •   **출판문의** text@book.co.kr
카톡채널 북랩

2만 시간 손끝에서 완성한 되살림의 기술

하의 수선의 모든 것

장호진 지음

북랩

차례

- 수선의 철학 ·········· 8
- 수선과 디자인의 경계 ·········· 9
- 몸을 읽는 기술 ·········· 10
- 낡은 옷의 품격 ·········· 11
- 수선사의 품격 ·········· 12
- 수선을 직업으로 삼는다는 것 ·········· 13
- 수선을 시작하며 ·········· 14
- 리패셔너Refashioner 선언 ·········· 15
- 리패션 철학 5가지 원칙 ·········· 16
- 한 걸음, 수선이라는 길을 걷기 시작하는 당신에게 ·········· 18
- 수선의 기본기 ·········· 19

바지 기장 줄이기 ·········· 22
1. 바지 기장을 줄여야 하는 이유와 목적 7가지 ·········· 22
2. 바지 기장 체크, 쉽게 이해하기 ·········· 24
3. 접어박기 ·········· 28
4. 단뜨기 (새발뜨기, 감치기, 공그르기) ·········· 33
5. 바지 실루엣에 따른 밑단 처리 방법 3가지 ·········· 34
6. 말아박기 ·········· 37
7. 청바지 워싱 살리기 ·········· 42
8. 커프스 (카브라, 턴업) ·········· 53
9. 바짓단 시보리 마감 ·········· 54
10. 모닝컷 ·········· 55
11. 날라리 혹은 인타 ·········· 56
12. 투블럭 ·········· 57
13. 핸드메이드 ·········· 57
14. 안감 있는 바지의 구조와 처리법 ·········· 59

바지 기장 늘리기 ·········· 61
1. 기장을 늘리는 다섯 가지 방식 ·········· 62

쏘잉(sewing)의 기본 요소 ·········· 65
1. 봉제의 기본 - 4가지 솔기방식 ·········· 65
2. 스티치의 종류와 기능 ·········· 67

인치(inch) 단위 쉽게 이해하기 ·········· 71

공업용 미싱 사용법 ·········· 73
1. 실 끼우기 ·········· 73
2. 미싱 기본 상태 ·········· 77
3. 미싱을 하는 기본 자세 ·········· 78
4. 재봉 자세와 정지 훈련 - 숙련을 위한 기본기 ·········· 79
5. 미싱의 테크닉을 연습하는 가이드 ·········· 83

수선의 미학 ·········· 86
바느질의 본질 ·········· 87
직선과 곡선 사이 ·········· 88
핏의 정의 ·········· 89

바지통 줄이기 ·········· 90
1. 바지 옆솔기 정확한 봉제 방법 ·········· 90
2. 정확한 봉제를 위한 단계별 요령 ·········· 90
3. 한 번에 끝까지 박으려는 실수 ·········· 91
4. 바지 안솔기 정확한 봉제 방법 ·········· 91

바지통 늘리기(옆솔기)
- 덧단 디자인의 활용법 - 기능을 넘은 감각의 전환 …… 100
  1. 배색 디자인 - 존재를 드러내는 선택 ……………… 100
  2. 소재 믹스 - 촉감의 대비로 감각 더하기 …………… 101
  3. 스티치 활용 - 수선의 흔적을 예술로 바꾸다 ……… 101
  4. 라인 변화 - 실루엣을 다르게 제안하다 …………… 101

바지통 늘리기(안솔기) …………………………………… 106
  1. 시접 범위 내에서 늘리기 …………………………… 106
  2. 안솔기에 덧단을 넣어 늘리기 ……………………… 106

엉덩이(HIP) 줄이기 ……………………………………… 108
  1. 옆에서 줄이기 ………………………………………… 108
  2. 뒷중심에서 줄이기 …………………………………… 108

발목통 줄이기 …………………………………………… 110
  - 바지 라인의 6가지 유형 ……………………………… 110

무릎통 줄이기
- 바지의 중심 곡선을 재설계하다 ……………………… 113
  1. V라인 → S라인 ………………………………………… 113
  2. 수선 원칙 및 작업 요령 ……………………………… 114

치마(skirt) 기장 줄이기 ………………………………… 115
  1. 치마 길이에 따른 구분 ……………………………… 115
  2. 치마 기장 줄이기 …………………………………… 115
  3. 수선 시 유의사항 …………………………………… 116

트임(vent, slit) - 움직임을 허락하는 디테일 ………… 119
  1. 맞트임 ………………………………………………… 120
  2. 겹트임 - 기능성과 품격을 더하는 중첩의 미학 …… 122
  3. 겹트임 기장 줄이기 - 정밀한 구조의 시작 ………… 124
  4. 트임 날개 - 끝선 마무리(오픈형 안감) …………… 126
  5. 대각선 마감 - 트임 없는 절제미, 선으로 말하다 … 127
  6. 겹트임 완성 마무리 - 안단, 안감, 스티치의 조화 … 129
  7. 오픈형 날개 - 대각선 마무리(밀폐형 안감) ……… 131
  8. 오픈형 날개 - 이중선 마무리(밀폐형 안감) ……… 132

트임 스커트 패턴 - 보폭을 허용하는 설계 …………… 134

스커트 폭에 따른 구분 ………………………………… 136
  1. 스커트 폭 줄이기/늘리기 …………………………… 136

플레어 스커트 패턴 …………………………………… 138
  1. 스커트의 폭과 플레어 각도
     - 곡선이 만들어내는 다양성 ……………………… 138
  2. 플레어 폭을 만드는 방법 …………………………… 139
  3. 플레어 스커트 폭 줄이기
     - 곡선의 흐름을 해치지 않는 수선 ……………… 139
  4. 플레어 기장 줄이기 - 바이어스에 따른 기장 보정 … 140

손끝의 사유 ……………………………………………… 142
핀과 시침의 의미 ……………………………………… 143
바늘과 결의 감각 ……………………………………… 144
실밥의 기억 ……………………………………………… 145
침묵의 재봉틀 ………………………………………… 146
다림질의 온도 ………………………………………… 147

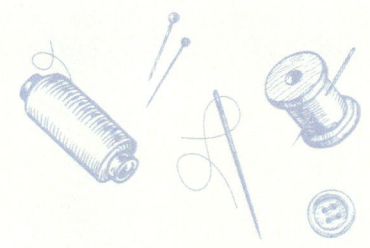

바지 허리 ·········· 148
1. 바지 허리 사이즈를 줄여야 하는 이유 ·········· 149
2. 바지/스커트 허리를 줄이는 몇 가지 차이점 ·········· 151
3. 바지 허리 수선 고려 사항 ·········· 152

허리 줄이기 ·········· 154
1. 1인치 - 뒷중심에서 줄이기 ·········· 154
2. 2인치 - 뒷중심에서 줄이기 ·········· 157
3. 2~3인치 - 양 옆솔기에서 줄이기 ·········· 159
4. 허릿단(오비)만 줄이기 / 늘이기 ·········· 161
5. 허릿단 내리기
   : 반골반·골반 바지로 리폼하는 수선 ·········· 165

허리 늘리기(3~10cm)
- 양쪽 덧단을 활용한 확장 수선 ·········· 168
1. 허릿단 분리하기 ·········· 169
2. 덧단 준비 ·········· 171
3. 허릿단 준비 ·········· 172
4. 덧단 봉제 ·········· 174
5. 허릿단 만들기 ·········· 176
6. 허릿단 봉제 ·········· 177
7. 마무리 작업과 결과 확인 ·········· 179

허릿단 ·········· 181
1. 허릿단(오비)의 구조 ·········· 181
2. 한 장 허릿단(오비) ·········· 183
3. 두 장 허릿단(오비) ·········· 184
4. 여섯 장 허릿단(휜오비) ·········· 185
5. 허릿단 만드는 방법 ·········· 187
6. 허릿단 봉제 방법 - 몸판과의 연결 실무 기법 ·········· 191
7. 허릿단 끼워박기 - 고급 봉제자의 실전 방식 ·········· 196
8. 안감 연결하기 ·········· 198

패턴 제작 ·········· 199
1. 스커트(skirt) 기본 패턴 ·········· 200
2. 여성 바지(pants) 기본 패턴 ·········· 208
3. 남성 바지(pants) 기본 패턴 ·········· 215

옷이라는 풍경 ·········· 221
수선이라는 이름으로 ·········· 222
Refashioner's Day in Life ·········· 223
고객응대와 수선 상담의 기술 ·········· 224
고객 유형별 응대법 ·········· 227
리패션 매장 접수 절차 가이드 ·········· 231
손님에게 상처받지 않기 위한
7가지 마음의 기술 ·········· 235
오래된 손끝에서 전하는 조언 ·········· 238

그래서 당신에게 건네는 한 문장 ·········· 241

수선의 철학
— 고치는 일, 다시 입게 하는 일

수선은 단순한 봉제가 아니다. 이미 완성된 옷을 다시 풀고, 다시 꿰매고, 다시 숨을 불어넣는 일이다. 그렇기에 수선은 언제나 '처음부터'가 아니라 '이미 지나온 시간'과 마주하는 일이다.

옷은 설계도인 패턴에 따라 만들어진다. 직선과 곡선, 너치와 중심선, 시접의 계산과 재단 순서까지, 모든 것이 치밀한 구조 안에서 움직인다. 하지만 수선은 그 패턴을 '이해'하지만, '그대로 복원'하는 일은 아니다. 왜냐하면 수선이 다루는 대상은 종이 위의 설계가 아니라, 몸을 따라 변형된 옷의 현실이기 때문이다.

입은 사람의 몸은 언제나 다르다. 허리와 엉덩이의 위치가 다르고, 한쪽 어깨가 내려가 있고, 허벅지 둘레도 좌우가 같지 않다. 게다가 그 옷은 이미 수차례 입혀지고, 걷고, 앉고, 세탁되며 시간을 지나온 물건이다. 늘어난 솔기, 바랜 색, 한쪽으로 눌린 주름까지 모두가 수선의 고려 대상이 된다.

그러므로 수선은 패턴대로 고치는 것이 아니라, 사람의 몸과 옷이 만들어낸 흔적을 읽고, 그 사이를 조정하는 일이다. 치수를 맞추는 것도 중요하지만, 사람의 감각에 맞추는 것이 더 중요하다. 줄이는 것이 단순히 좁히는 일이 아니라, 핏을 재구성하는 일이 되는 순간, 수선은 기술을 넘어 '디자인'이 된다.

수선은 옷을 바꾸는 일이 아니라, 옷을 다시 살아나게 하는 일이다. 다시 입을 수 있도록, 다시 외출할 수 있도록, 다시 자신을 표현할 수 있도록 돕는 일이다. 그 옷이 처음 만들어졌을 때의 설계보다, 지금 입는 사람의 삶에 더 어울릴 수 있도록 다듬는 것이다.

그렇기에 수선은 낡은 옷을 다루지만,

그 일에는 새로운 의미와 생명력이 깃든다.

수선과 디자인의 경계
— 고치는 것인가, 다시 만드는 것인가

수선을 하다 보면, 어느 순간 질문이 생긴다.

"이건 고치는 것인가, 아니면 새로 디자인하는 것인가?"

처음에는 단순히 넓은 바지통을 줄이기 위해 가위를 들었다. 무릎에서 좁아지고, 발목에서 멈추는 선을 따라 직선과 곡선을 조정했다. 그런데 어느새 실루엣이 바뀌고, 핏이 달라지고, 그 사람에게 더 잘 어울리는 옷이 되어 있었다. 그 옷은 더 이상 원래의 것이 아니었다. 고친 것이면서도, 어쩌면 다시 만든 것이었다.

수선은 본래 '있던 것을 손보는 일'이다. 그러나 좋은 수선은 단순히 고치는 데서 멈추지 않는다. 입는 사람의 체형과 움직임, 감각과 취향까지 고려하여 더 잘 맞는 형태로 다시 태어나게 한다. 이 순간 수선은 기능을 넘어, 디자인의 영역으로 발을 들인다.

디자인은 창조라면, 수선은 해석이다. 하지만 그 해석이 깊고 정교해질수록, 원본을 넘어선 새로운 형태가 탄생한다. 패턴을 다시 그리지 않았지만, 결과적으로 새로운 실루엣이 나왔다면, 그것은 곧 디자인이다.

그래서 수선과 디자인의 경계는 분명하지 않다. 선 하나를 조금 다르게 긋고, 시접을 3mm만 덜어내고, 다림질 각도를 바꾸는 그 작은 변화 속에 '입는 사람에게 맞춰진 새 옷'이 만들어진다.

이는 수선이 단지 낡은 옷을 살리는 작업이 아니라, 한 사람의 삶과 감각을 입혀 새로운 옷으로 빚어내는 일임을 말해준다. 그 경계에 서 있는 우리는, 단순한 기술자나 재봉사라기보다 입는 사람을 위한 조용한 디자이너인지도 모른다.

몸을 읽는 기술
— 치수가 아닌 움직임을 맞추는 일

수선을 한다는 것은 곧, 몸을 읽는 기술을 갖는다는 뜻이다. 옷을 고치는 일 같지만, 사실은 입는 사람의 몸을 이해하고, 그 몸에 맞게 옷을 조율하는 과정이다.

치수를 맞춘다고 해서 모두가 편하게 입을 수 있는 것은 아니다. 허리는 맞지만 힙이 조이는 경우도 있고, 허벅지는 여유가 있지만 종아리는 당기는 경우도 있다. 좌우 다리의 길이가 다르거나, 한쪽 어깨가 조금 내려간 사람도 있다. 옷이 몸을 기준으로 만들어졌지만, 몸은 언제나 패턴의 평균값과는 다르게 존재한다.

따라서 수선은 숫자보다 움직임과 자세, 생활의 습관을 관찰하는 일이다. 바지를 입었을 때 주름이 어디에서 생기는지, 치마가 걸어 올라가는 방향은 어디인지, 셔츠의 단추가 어느 지점에서 벌어지는지—그 모든 것이 몸이 말해주는 신호이다. 이 신호를 듣고 반응하는 사람이 수선사이다.

줄이는 것이 아니라, 맞추는 일이다. 패턴대로 재단하는 것이 아니라, 사람의 일상과 자연스럽게 연결되는 길을 찾는 일이다. 입었을 때 당기지 않고, 울지 않고, 걸을 때 편안하고, 앉을 때 부드러운 옷. 그것은 수치를 정확히 맞췄다고 해서 자동으로 생기지 않는다. 몸의 흐름을 읽고, 원단의 반응을 이해하며, 바느질의 방향을 조정할 수 있을 때 비로소 완성된다.

그래서 수선은 도면을 보는 눈보다, 사람을 보는 눈이 더 필요하다. 패턴 위에 놓인 선보다, 사람 위에 얹힌 옷의 흐름을 읽는 감각. 그것이 수선의 본질이자, 몸을 읽는 기술이다.

낡은 옷의 품격
— 오래되었기에 지켜야 할 것들

낡은 옷을 수선하러 오는 사람들은 대부분 이렇게 말한다.

"이거 입을 데도 없는데 그냥 버리긴 아까워서요."

"오래되긴 했지만, 이 옷이 제일 편해요." 혹은 "이거, 아버지가 입으시던 옷이에요."

그 옷은 해졌고, 색이 바랬고, 단추는 몇 번을 달았다 떨어졌다. 그럼에도 사람들은 그 옷을 쉽게 놓지 못한다. 바로 그 지점에서, 우리는 '수선'이 단순히 옷을 고치는 행위가 아님을 다시 확인하게 된다. 낡은 옷에는 시간이 담겨 있다.

그 옷을 입고 다녔던 계절, 함께 찍힌 사진, 일상 속 익숙한 동작들, 누군가의 온기까지. 그 옷은 한 벌의 의류이기 전에 기억을 감싸는 껍질이기도 하다. 그리고 그 기억이 깃든 옷을 다시 입을 수 있도록 만드는 일, 그것이 수선이다.

낡았다고 해서 가치가 사라지는 것은 아니다. 오히려 시간이 지나며 생긴 구김과 부드러움, 몸에 배인 주름과 늘어남 속에는 오래 입은 사람만이 만들 수 있는 자연스러운 품격이 존재한다. 수선은 그 품격을 지키는 일이다.

낡은 옷을 억지로 새것처럼 만드는 것이 아니라, 그 옷이 걸어온 시간의 흔적은 최대한 남기고, 단지 입는 데 불편한 부분만 정리해주는 방식으로 기억과 기능 사이의 균형을 맞추는 작업이다. 그러므로 수선사는 늘 생각한다. 무엇을 고칠 것인지보다, 무엇을 남길 것인가를. 옷의 손상보다, 기억의 결이 흐트러지지 않도록 하는 것을 먼저 염두에 둔다.

그리하여 손에서 다시 태어난 낡은 옷은, 새 옷이 줄 수 없는 어떤 위로와 익숙함, 그리고 오랜 시간 끝에 비로소 완성된 품격을 다시 품게 된다.

수선사의 품격
— 손끝으로 완성하는 존중의 태도

수선사는 고치는 사람이다. 낡은 옷을 다시 입을 수 있도록 만들고, 맞지 않는 치수를 다시 맞게 조정하며, 흐트러진 옷의 균형을 다시 세운다. 그러나 수선사가 진정으로 다루는 것은 옷뿐만이 아니다. 그 옷을 입는 사람의 일상과 기억, 그리고 몸에 깃든 시간 전체를 다루는 일이기도 하다.

수선사의 일은 작고 반복적인 동작의 연속이다. 실을 빼고, 바늘을 꿰고, 다시 박고, 다림질로 눌러주는 단순한 일처럼 보이지만, 그 모든 행위에는 정확함과 절제, 그리고 타인을 향한 존중이 담겨야 한다. 수선사의 품격은 바로 이 지점에서 시작된다.

수선은 말보다 먼저 손이 움직이는 직업이다. 불평하지 않고, 과장하지 않으며, 이미 누군가가 입어온 흔적을 조심스럽게 다루는 태도가 무엇보다 중요하다. 고객이 내민 옷의 실밥을 보고도 함부로 판단하지 않고, 오래된 옷이라고 가볍게 대하지 않는다. 그 옷이 어떤 사연을 품고 있을지, 그 옷을 다시 입는 마음이 어떤 것일지, 알지 못해도 존중하는 마음으로 작업에 임하는 것, 그것이 수선사의 기본 자세이다.

수선사의 기술은 눈에 보이는 바느질로 증명되지만, 수선사의 인격은 보이지 않는 곳까지 섬세하게 다루는 태도에서 드러난다. 허리선을 줄일 때도, 입는 사람의 식사 후 불편함까지 생각하며 여유를 남긴다. 기장을 맞출 때도, 신발 굽까지 고려해 딱 멈춰야 할 지점을 설정한다.

그리고 늘 마지막에는 다림질로 모든 솔기를 정리하며 손에서 옷을 놓기 전까지 책임을 다한다. 이처럼 수선사의 품격은 '얼마나 잘 고쳤는가'보다는 '어떻게 다루었는가'에 더 가까운 말이다. 기술은 배우면 늘 수 있지만, 품격은 태도와 마음에서 비롯되며, 오랜 시간과 신뢰 속에서 만들어진다.

낡은 옷을 고치고, 맞지 않는 핏을 바로잡는 그 손끝에서, 누군가는 단순한 수선을 보지만, 또 누군가는 작은 존중의 기술과 조용한 배려의 미학을 발견하기도 한다. 수선사의 품격은 그렇게 완성된다. 작지만 정직한 손에서, 묵묵하지만 따뜻한 마음에서.

수선을 직업으로 삼는다는 것
— 단순한 기술 너머의 인생 수련

수선을 직업으로 삼는다는 것은 단순히 옷을 고치는 일을 생업으로 삼는다는 의미만은 아니다. 그 안에는 하루하루 반복되는 단순한 동작 속에서도 묵묵히 시간을 쌓아가는 삶의 태도가 담겨 있다.

수선은 언제나 누군가의 흔적에서 시작한다. 새 옷이 아니라 이미 입혀지고, 늘어나고, 해진 옷. 그리고 그것을 고쳐 다시 입고자 하는 사람의 요청이 있어야 비로소 시작된다. 그렇기에 수선은 늘 '누군가의 필요'와 마주하는 일이며, 직업으로서의 수선은 필요에 응답하는 마음가짐 위에 세워져야 한다.

수선을 직업으로 삼으려면 먼저 기다림을 견뎌야 한다. 바늘을 꿰고, 솔기를 뜯고, 다시 박고, 다림질로 눌러가며 하루에도 수십 번 같은 일을 반복한다. 금방 티 나지 않는 변화, 그러나 눈썰미 있는 사람에게는 명확히 보이는 변화. 그 작은 차이를 알아보는 사람과의 신뢰가 이 일의 전부이자 전부가 아니다. 수선을 통해 벌어들이는 수익은 때로 정직하고 때로 소박하다.

그러나 그 속에는 다른 직업이 줄 수 없는 만족감이 숨어 있다. 고쳐진 옷을 입고 활짝 웃는 얼굴, "이건 정말 버리기 아까웠는데, 다시 입게 됐어요."라는 말, 그리고 "선생님 손에 맡기면 마음이 놓입니다."라는 단골의 인사. 이런 순간들이 쌓이면, 수선은 직업을 넘어 누군가의 시간을 복원하는 일, 작지만 확실한 신뢰를 짓는 일이 된다.

수선을 직업으로 삼는다는 것은, 삶의 속도를 조금 늦추더라도 정직하게 살겠다는 선택이다. 눈에 보이는 결과만 좇기보다, 손끝의 기술과 마음의 결이 함께 자라는 삶을 선택하는 일이다. 그리고 그 길 끝에는 남들보다 조금 더 오래된 옷, 조금 더 오래된 사람, 조금 더 오래된 진심이 자리를 지키고 있다.

그 모든 것을 꿰매고 다려서, 다시 쓰이게 하는 사람. 그것이 수선을 직업으로 삼는다는 것의 본질이다.

수선을 시작하며
— 옷을 고치며 마음을 어루만지고 싶었다

처음 수선을 시작했을 때, 제게 옷이란 단순히 고쳐 입는 대상이 아니었다. 해진 옷을 꿰매고, 맞지 않는 치수를 조정하는 그 작업 너머에, 마치 상처 입은 마음을 감싸듯 옷을 고쳐주고 싶다는 생각이 있었다.

누군가가 소중하게 입던 옷이 해지고, 어깨선이 무너지고, 단추 하나가 떨어져 버렸을 때, 그 옷을 다시 입을 수 있도록 만드는 일이 단순히 '기능의 복원'만은 아니라는 걸 느꼈다. 그 옷에는 그 사람의 하루와 기억과 감정이 스며 있었기 때문이다.

그래서 수선을 한다는 건 누군가의 마음 한 귀퉁이를 조용히 꿰매는 일이라 여겼다. 말로 위로할 수 없을 때, 실과 바늘로 위로할 수 있지는 않을까. 그렇게 한 땀 한 땀 수선해 나가며, 나는 옷과 함께 사람의 마음도 다듬고 싶었다.

시간이 지나면서, 이 일이 내게 생계이자 삶의 중심이 되었다. 어느 순간부터는 손이 먼저 움직이고, 눈이 봉제선을 먼저 읽고, 사람의 말보다 옷이 말하는 걸 먼저 듣게 되었다. 그리고 지금은, 그때의 생각이 결코 틀리지 않았다는 걸 확신한다. 작업을 마친 옷을 받아든 고객이 "이 옷이 다시 살아났네요"라고 말할 때, 그 표정 하나만으로도 나는 이 일을 참 잘 선택했다는 생각이 든다. 수선은 작지만 깊은 일이었다. 누군가의 손에서 버려질 뻔한 옷이, 다시 삶 속으로 돌아가는 과정을 함께 만든다는 것. 그 속에서 내가 느끼는 보람은 결코 작지 않았다.

앞으로도 나는 이 손끝의 기술을 통해 옷을 고치는 동시에, 마음도 어루만질 수 있는 수선사이고 싶다. 그렇게 하루하루가 쌓이며, 지금처럼 흐뭇하고 따뜻한 마음으로 이 일을 계속 이어가고 싶다.

https://www.youtube.com/@refashion5975 옷새로이

리패셔너 Refashioner 선언
— 수선의 시대를 넘어, 리패션의 길로

'수선사'라는 말에는 오래된 이미지가 붙어 있다. 어두운 조명 아래, 작은 바늘에 의지해 실을 꿰던 사람, 기성복의 한쪽이 찢어지면 불려 나가 손만 바쁘던 사람, 주목받지 못했고, 전문성도 인정받지 못했던 자리. 마지못해 맡기고, 감사 대신 계산서만 주고받았던 기억들. 수선은 그렇게 오랫동안 고생스럽고, 하기 싫은 일처럼 여겨져 왔다. 남의 옷을 고치는 일, 이미 끝난 것을 다시 손보는 일, 새로 만들지 못하니 뒤를 쫓는 일로 여겨졌다.

그러나 나는 그 이미지를 벗기고 싶었다. 이 일이 얼마나 창의적이며, 세심하고, 섬세하며, 사람의 몸과 마음을 함께 읽는 일인지 말하고 싶었다. 그리하여 나는 '수선사'라는 이름 대신, 리패셔너(Refashioner)라는 새 이름을 붙인다. 나는 낡은 것을 다시 만드는 사람이 아니다. 나는 기억을 다시 꿰고, 형태를 새롭게 설계하고, 감각을 덧입히는 사람이다. 나는 입는 사람의 몸과 움직임, 마음과 이야기를 읽고, 그에 맞는 실루엣을 다시 그리는 사람이다.

그래서 내가 하는 일은 더 이상 '수선'이 아니다. 나는 '리패션(Refashion)'을 한다. Refashion은 단순한 수리가 아니라, 재디자인(re-design)이며, 재해석(re-interpretation)이고, 재창조(re-creation)이다.

이제 '수선업'이라는 말은 시대의 벽 뒤로 밀어두고, 나는 나의 일을 리패션업(Refashion Business)이라 부른다. 이는 새로운 직업 정신이며, 더 나은 기술 언어이며, 무엇보다 나 자신을 존중하는 선언이다.

낡은 단어를 꿰매어 새롭게 입히는 것. 그것이 내가 하는 일이며, 그것이 리패션이다. 리패션이라는 새로운 업(業)을 정의하고, Refashioner(리패셔너)의 직업적 가치와 철학을 다섯 가지 핵심 원칙으로 압축한 선언문이다.

리패션 철학 5가지 원칙
Refashion Philosophy: 5 Core Values

1. 옷은 단순한 물건이 아니라, **삶의 기억이다**

리패션은 해어진 실밥을 꿰매는 일에서 시작하지만, 그 안에는 입는 사람의 시간이 녹아 있다. 기억을 입고, 시간을 껴안는 행위로서 옷을 다루는 것이 리패션의 첫 번째 철학이다.

"낡은 옷에도 시간이 있다. 우리는 그 시간을 다룬다."

2. 수선은 고치는 것이 아니라, **재해석하는 일이다**

기존 옷의 패턴을 그대로 따르기보다는, 현재의 몸과 삶에 맞춰 옷을 다시 읽고 구성한다. 리패션은 패턴의 복원이 아니라, 핏과 감각의 재해석이다.

"우리는 틀어진 선을 되돌리는 것이 아니라, 새롭게 설계한다."

3. 기술보다 중요한 것은, **감각과 공감이다**

정확한 치수보다 중요한 것은, 그 사람이 느끼는 편안함과 자신감이다. 리패션은 단순한 실력만으로 완성되지 않는다. 몸의 곡선과 마음의 흐름을 읽을 수 있는 감각과 공감력이 핵심이다.

"잘 고치는 것보다, 잘 어울리게 하는 것이 더 중요하다."

4. 남이 버린 것이 아니라, **다시 살아나는 것이다**

리패션은 낡은 옷을 살려내는 일이다. 버려진 옷을 고치는 것이 아니라, 새로운 옷의 가능성을 꺼내는 창조적 작업이다. 헌 옷에 새 옷보다 더 깊은 품격을 부여하는 것이 리패셔너의 손끝에서 이루어진다.

"우리는 새 옷보다 오래된 옷에 더 오래 가는 가치를 만든다."

5. 리패셔너는 기술자가 아니라, **삶의 디자이너다**

리패션은 단순한 수선이 아니라, 입는 사람의 삶을 디자인하는 일이다. 핏 하나, 시접 하나, 주름 하나에 삶의 리듬과 리듬감이 들어 있다. 리패셔너는 옷을 고치며, 결국 그 사람의 일상에 새 흐름을 만들어주는 사람이다.

"우리는 옷을 다시 디자인하는 동시에, 삶의 태도도 다시 디자인한다."

한 걸음,
수선이라는 길을 걷기 시작하는 당신에게

수선을 시작하는 사람들의 손에는 번듯한 자본도, 넉넉한 여유도 없다. 그저 조금은 지친 일상에서 몸으로 할 수 있는 일, 바로 눈앞의 것을 고칠 수 있는 일을 선택했을 뿐이다. 그래서 수선은 서민의 일이다.

하지만 동시에, 살리는 일이기도 하다. 찢어진 옷 한 벌을 고쳐 입게 해주고, 버리려던 옷에서 다시 웃음을 찾게 하고, 다른 어떤 이유로도 위로받지 못한 하루를 단 한 줄 박음질로 편안하게 만들어주는 일. 그것이 수선이다.

기술이지만, 위로이고, 노동이지만, 존엄이다.

처음은 누구에게나 어렵다. 실밥을 잡는 손이 떨리고, 미싱 앞에 앉는 것조차 용기가 필요하다. 하지만 걱정하지 마라. 기술은 반복으로 익어간다. 눈에 익고, 손에 익고, 몸에 익으면 그것은 어느새 당신의 기술이 된다.

관심을 가지면 보이고, 보이면 만지고 싶고, 만지다 보면 알게 된다. 그것이 수선이다.

초보자라고 두려워하지 마라. 한 걸음을 내딛고, 또 한 걸음을 내딛고, 그 걸음이 쌓이면, 시간이 쌓이고, 기술이 쌓이고, 마침내 당신만의 리듬이 생긴다.

이 길은 빠른 길이 아니라 깊은 길이다. 누구보다 정직하게, 누구보다 조용하게 살리는 손의 기술, 따뜻한 마음의 직업이 바로 수선이다. 이제, 한 걸음을 내디뎌 보라. 그 시작이 당신만의 길이 된다.

이제 수선의 실무에 들어가겠다.

https://www.youtube.com/@refashion5975 옷 새로이

수선의 기본기
— 옷을 고친다는 것의 가장 단순하고도 중요한 시작

수선은 바늘과 실로 옷을 고치는 기술이다. 하지만 수선의 기본기는 단순한 손재주나 빠른 속도의 문제가 아니다. 의복 구조에 대한 이해, 손의 리듬, 시선의 정확성, 마음의 태도까지 포함한 정확하고 깊은 감각이 요구된다.

 옷의 구조를 이해하는 일

수선의 시작은 '보는 눈'이다.

- 옷이 어떤 방식으로 봉제되어 있는지
- 솔기의 위치, 시접의 크기, 원단의 결 방향은 어떠한지
- 마모된 부위는 왜 그런 손상을 입었는지

이 모든 것은 바늘을 들기 전에 먼저 관찰해야 할 기본이다.

기본기란 무엇인가?
→ 자르기 전에 본다. 뜯기 전에 이해한다. 고치기 전에 상상한다.

 분해는 복원의 시작이다

수선은 종종 옷을 '망가뜨리는 것처럼 보이는' 행위로 시작된다. 허리를 줄이려면 허릿단을 뜯어야 하고, 기장을 조정하려면 밑단을 풀어야 한다. 그러나 이 해체는 파

괴가 아니라 회복을 위한 준비이다.

- 실밥을 깔끔하게 제거하는 법
- 원단 손상을 최소화하는 분리 요령
- 잃지 않아야 할 구조적 포인트(벨트 고리, 라벨, 여밈 방향 등)

기본기란 무엇인가?
→ 되돌릴 수 있는 방식으로 뜯는다. 남을 것과 바꿀 것을 구분한다.

실루엣을 결정하는 숨은 여백

시접은 수선의 운명을 결정짓는다.
겉에서는 보이지 않지만, 이 숨겨진 여유분이 줄이거나 늘릴 수 있는 가능성의 공간이 된다.

- 통 줄이기 전, 남아 있는 시접 확인하기
- 허리선 조정 시, 앞뒤 비율을 고려한 시접 배분
- 곡선 봉제 시 시접이 겹쳐 생기는 두께감 처리

기본기란 무엇인가?
→ 속을 먼저 살피고, 가능성을 계산하는 일이다.

손보다 마음이 먼저 눌러야 한다

수선의 절반은 다림질에서 결정된다.

- 시접을 가름솔로 눕힐 것인지, 넘솔로 넘길 것인지
- 봉제 전, 곡선의 부드러움을 미리 눌러 조정하는 과정

- 다림질로 형태를 복원하거나, 방향성을 바로잡는 감각

기본기란 무엇인가?
→ 형태가 아닌 흐름을 조율하는 손길이다.

 박음질 빠르게가 아니라 정확하게

- 직선 봉제 시 늘어남 방지법
- 곡선 봉제 시 당겨 박는 손의 압력 조절
- 위, 아래 시접의 일관된 폭 유지
- 옆솔기 대칭 맞춤, 안솔기 곡선 균형 등

미싱 위에서 수선은 완성되는 것 같지만,
사실은 지금까지의 모든 준비가 조화를 이루는 순간이다.

기본기란 무엇인가?
→ 박음은 손이 하지만, 완성은 마음이 한다.

 하의 수선의 모든 것

바지 기장 줄이기

1 바지 기장을 줄여야 하는 이유와 목적 7가지

1. 완벽한 핏과 스타일 완성

경험적으로 아무리 멋진 바지라도 기장이 맞지 않으면 전체적인 스타일을 망치기 쉽다. 복숭아뼈를 살짝 덮거나 드러내는 이상적인 기장은 다리를 길어 보이게 하고 세련된 인상을 준다. 특히 정장 바지의 경우, 구두 윗부분을 살짝 덮는 기장이 클래식하고 프로페셔널한 이미지를 완성한다. 자신에게 최적화된 기장이야말로 옷의 완성도를 높이는 핵심 요소이다.

2. 활동성과 편안함 증대

너무 긴 바짓단은 걸을 때 바닥에 끌리거나 신발에 걸려 넘어질 위험을 초래하며, 활동성을 저해한다. 특히 계단을 오르내릴 때나 급하게 이동해야 할 때 불편함을 느낄 수 있다. 적절한 기장으로 수선하면 이러한 불편함을 해소하고, 활동적인 상황에서도 편안함을 유지할 수 있다.

3. 바지 손상 방지 및 수명 연장

길게 늘어진 바짓단은 쉽게 오염되거나 마찰에 의해 손상되기 쉽다. 특히 청바지나 면바지의 경우, 밑단이 닳거나 찢어지는 경우가 많다. 기장을 알맞게 줄여주면 이러한 손상을 예방하고 바지의 수명을 늘릴 수 있다. 아끼는 바지를 오랫동안 깨끗하게 입기 위한 현명한 선택이다.

4. 신발과의 조화로운 연출

바지 기장은 신발과 함께 전체적인 룩의 균형을 맞추는 데 중요한 역할을 한다. 예를 들어, 슬림핏은 발목이 드러나는 기장으로 스니커즈나 로퍼와 매치했을 때 트렌디한 느낌을 준다. 반면, 와이드 팬츠는 굽이 있는 신발과 함께 긴 기장으로 연출하여 시크한 분위기를 낼 수 있다. 다양한 신발과 바지 기장의 조화를 통해 다채로운 스타일을 연출할 수 있다.

5. 개인의 체형적 단점 보완

바지 기장 조절은 체형의 단점을 시각적으로 보완하는 효과를 가져온다. 키가 작은 경우, 발목을 드러내는 기장으로 다리를 길어 보이게 할 수 있으며, 반대로 키가 큰 경우, 약간 긴 기장으로 전체적인 균형을 맞출 수 있다. 자신에게 맞는 최적의 기장을 찾아내면 더욱 자신감 있는 스타일을 연출할 수 있다.

6. 유행 변화에 따른 스타일 업데이트

패션 트렌드는 끊임없이 변화하며, 바지 기장 또한 유행에 따라 달라진다. 과거에는 긴 기장이 유행했더라도 최근에는 발목이 보이는 크롭 기장이 인기를 끌기도 한다. 유행에 맞춰 바지 기장을 수선하면 옷장을 새롭게 채우지 않고도 트렌디한 스타일을 연출할 수 있다.

7. 맞춤복과 같은 만족감 선사

기성복이라 할지라도 자신의 체형과 취향에 맞게 기장을 수선하면 마치 맞춤복을 입은 듯한 만족감을 얻을 수 있다. 사소한 차이지만, 완벽하게 떨어지는 바지 핏은 자신감과 만족감을 높여준다. 자신을 위한 작은 투자가 더욱 만족스러운 착용 경험으로 이어질 수 있다.

2. 바지 기장 체크, 쉽게 이해하기

옷 수선을 하다 보면 많은 사람이 바지 기장을 "싹둑 잘라 드르륵 박으면 끝"이라고 쉽게 생각한다. 기장을 줄이는 가장 단순한 방법인 것은 맞지만, 만족스러운 수선을 위해서는 몇 가지 주의해야 할 점이 있다.

1. 직접 입어보고 기장 체크하기

가장 정확한 방법은 직접 바지를 입고 기장을 확인하는 것이다.

① **허리 위치 확인:** 바지를 입었을 때 허리 부분이 평소 자신이 착용하는 위치와 맞는지 먼저 확인한다.
② **끝 기장 확인:** 고개를 정면으로 든 상태에서 바지 끝단의 기장을 확인한다. 이때, 발등을 기준으로 할지, 뒤꿈치를 기준으로 할지 명확하게 선택해야 한다.

2. 기존 옷으로 기장 체크하기

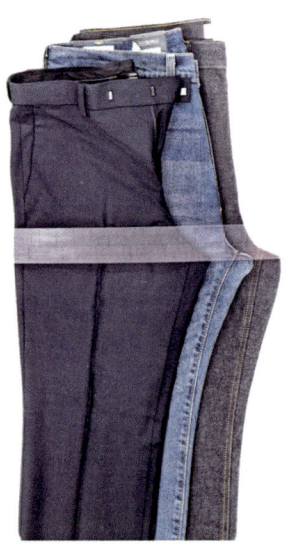

① **밑길이 비교:**
현재 입는 바지 중 밑길이가 동일한 바지를 찾아 비교한다. 중요한 점은 허리바지는 허리바지와, 골반바지는 골반바지와 비교해야 정확하다는 것이다. 허리바지와 골반바지는 밑길이에서 최대 5cm까지 차이가 날 수 있다.

② **스판덱스 유무 확인:**
비교하는 바지의 스판덱스 유무를 확인해야 한다. 스판덱스가 있는 바지는 스판덱스가 있는 옷과, 없는 바지는 없는 옷과 비교해야 한다. 특히 통이 좁은 스판덱스 바지는 착용 시 기장이 올라가 보이므로 이 점을 고려해야 한다. 통이 넓은 바지는 스판덱스 유무에 크게 영향을 받지 않는다.

3. 바닥에 펼치는 방법

① 1단계: 바지 펼치기

- 바지를 시다판에 펼친다.
- 한쪽 다리(입었을 때 왼쪽, 뒤판)를 펼쳐서 꼬임이나 주름이 없도록 평평하게 펴준다.

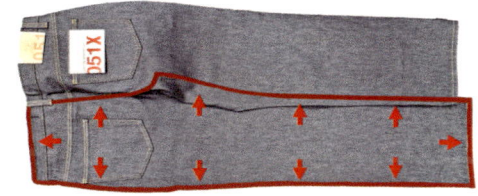

② 2단계: 양쪽 포개기

반대쪽 다리의 가랑이 부분을 위로 올려 포개어 양쪽 다리가 나란히 놓이도록 한다.

③ 3단계: 안쪽 면 정리

- 엉덩이와 허벅지 부분의 안쪽 면을 손으로 펴준다.
- 살의 겹쳐진 부분을 바깥쪽으로 빼내어 펴준다.
- 바깥쪽 솔기를 잡고 위, 옆으로 부드럽게 당기면서 펴준다.
- 뒷중심선을 잡고 위쪽으로 당기면서 펴준다.

④ 4단계: 중심선 맞추기

- 살과 안쪽 가랑이 부분을 잡고 아래로 당기면서 펴준다.
- 바깥쪽에서 위, 아래 솔기를 잡고 당기면서 펴준다.
- 바지의 중심선을 위아래로 잡고 힘껏 당겨 주름을 완전히 제거한다.

⑤ 5단계: 기장 확인 및 안단 여유분 만들기

- 원하는 바지 기장을 확인한다.
- 안단으로 접어 넣을 여유분을 남겨 표시한다.

팁: 여유분은 원단의 두께나 남은 길이에 따라 조절하며, 보통 4~5cm 정도가 적당하다.

☞ **바지를 펼쳐서 확인해야 하는 이유**

바지를 평평하게 펼쳐서 확인하는 것은 다음과 같은 중요한 이유가 있다.

❶ 가랑이(솔기) 뒤틀림 확인: 바지를 펼쳐보면 가랑이 솔기가 꼬이거나 뒤틀려 있는지 한눈에 파악할 수 있다. 이는 착용감에 영향을 미치므로 밑단을 줄이기 전에 확인해야 한다.

❷ 결 방향 확인: 원단의 결방향이 제대로 맞춰져 재단되고 봉제되었는지 확인할 수 있다. 결방향이 어긋나면 옷의 형태가 비뚤어지거나 착용 시 불편할 수 있다.

❸ 솔기 봉제 상태 확인 (수축): 솔기의 봉제 상태를 점검하여 봉제 과정에서 원단이 수축했는지 확인할 수 있다. 수축된 부분이 있다면 다림질 등으로 펴준 후 밑단 작업을 진행해야 완성 후 옷의 형태가 안정적이다.

4. 바지 기장에 따른 종류

이름은 나라와 지역, 작자에 따라 다르나 기준은 1~10부로 나눈다.

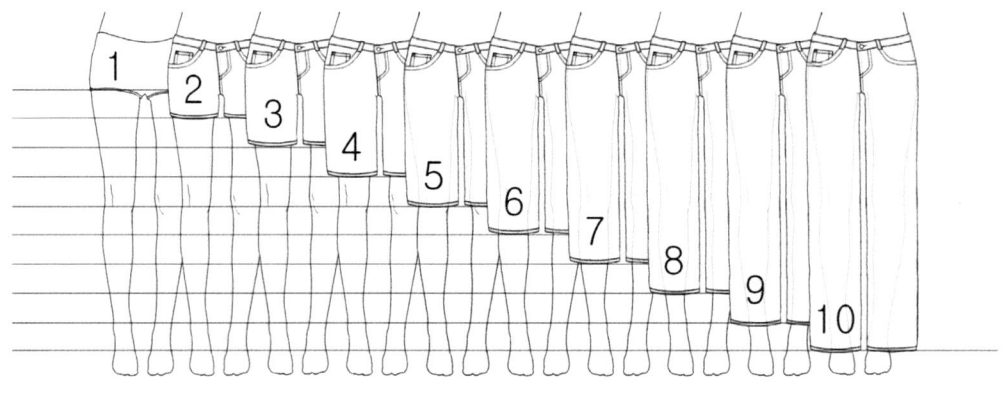

바지 기장에 따른 분류

바지는 길이에 따라 다양한 명칭으로 불린다. 주로 활용되는 명칭과 기준은 다음과 같다.

① **쇼츠 (무릎 위 기장, 4분할 기준)**
　　1부: 마이크로 쇼츠- 밑위가 매우 짧아 아래 가랑이가 거의 없는 스타일
　　2부: 핫팬츠- 허벅지 중간 정도의 짧은 스타일
　　3부: 자메이카 쇼츠- 핫팬츠보다 약간 긴 스타일
　　4부: 버뮤다팬츠- 무릎이 살짝 보이는 길이

② 반바지 (무릎 위 기장)

넓은 의미로 무릎 위 기장의 바지를 통칭한다.
쇼츠의 2부부터 6~7부 기장까지 반바지로 분류하는 경우도 많다.

③ 크롭트 바지 (무릎과 발목 사이 기장)

무릎과 발목의 중간 정도 길이의 짧은 바지를 의미한다.
주로 7부, 8부, 복숭아뼈 위 길이의 9부 바지가 이에 해당한다.

④ 긴 바지 (발바닥까지 기장)

발등이나 발바닥에 닿는 길이의 바지이다.
주의: 바지 길이가 너무 길어 발등이나 발바닥에 많이 걸리면 바지통의 핏이 흐트러지고 다리가 오히려 짧아 보일 수 있으므로 적절한 길이를 선택하는 것이 중요하다.

5. 바지 기장 수선 시 주의사항

바지 기장을 줄일 때에는 정확한 측정과 고객의 만족을 위해 다음과 같은 사항에 주의해야 한다.

① 착용 위치 확인:

반드시 옷을 입고 평소 습관적으로 착용하는 허리 위치에 맞춰 기장을 측정해야 한다.

② 올바른 자세 유지:

고개를 들고 정면을 바라보며 반듯한 자세를 유지해야 정확한 측정이 가능하다.

③ 짝다리 금지:

짝다리를 짚으면 좌우 다리 길이에 차이가 발생하므로 반드시 양발에 동일한 무게를 싣고 측정해야 한다.

④ 고객의 취향 반영:

고객이 선호하는 기장(길게 또는 짧게)을 충분히 수선에 반영해야 한다.

⑤ 바지통에 따른 기준:
- 통이 좁은 경우: 발등에 살짝 닿는 길이를 기준으로 한다.
- 통이 넓은 경우: 뒤꿈치를 기준으로 하여 바짓단이 밟히지 않도록 한다.

⑥ 전체 길이 기준 재단:
수선 시에는 바지를 허리부터 밑단 끝까지 완전히 펼쳐놓고 전체 길이를 기준으로 재단해야 양쪽 기장이 동일하게 맞춰질 수 있다. 밑단 끝부분만을 기준으로 재단하면 좌우 길이가 다를 가능성이 매우 높다.

3 접어박기

1. 시작에서 중간까지 밑단을 박기 전에 취하는 자세

① 솔기 접기 및 미싱 준비
- 안쪽 솔기를 원하는 안단 폭만큼 접어준다.
- 접힌 솔기선이 노루발에 맞춰 들어가도록 재봉틀에 끼운다.
- 되돌아박기 없이 2~3땀 정도 앞으로 진행한다.

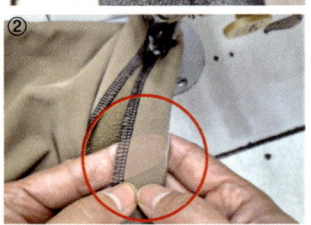

② 안단 접기 및 밑선 받치기
- 왼쪽 검지를 안단 안쪽에 넣어 안단 폭만큼 접어준다.
- 오른손으로 밑단선을 확인하며 아래에서 받쳐준다.

③ 주의사항 (밑단 휘어짐 방지)
오른손으로 안단을 잡았다고 바로 박으면 밑단선이 휘어질 수 있다.

④ 밑단선 똑바로 만들기
왼손가락으로 몸판을 살짝 당겼다가 놓으면 밑단선이 똑바로 펴진다.

⑤ 밑단 박기

- 밑단선이 똑바로 유지된 상태에서 바늘점, 왼손가락 지점, 오른손가락 지점이 삼각형을 이루도록 위치를 잡고 미싱을 전진한다.
- 한 번에 길게 박지 않고, 박을 수 있는 만큼씩 짧게 전진하며 다시 위치를 잡고 박는 과정을 반복한다.

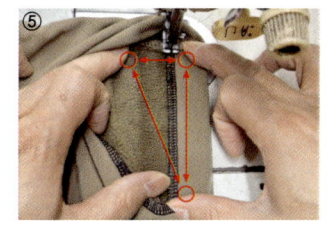

2. 재봉 중간에서 솔기까지 밑단을 박기 전에 취하는 자세

① 솔기 부분 진행 시 밑단 펴기:
- 미싱 작업 중 솔기 부분이 나오면 밑단이 휘어지기 쉽다.
- 이때도 왼손가락으로 몸판을 살짝 당겼다가 놓는 동작을 반복하여 밑단선이 일직선으로 유지되도록 한다.

② 솔기 통과:
솔기 부근에서는 노루발, 왼손, 오른손이 이루는 삼각형의 꼭짓점을 뒤쪽으로 이동시킨 후, 천천히 솔기까지 진행한다.

③ 힘없는 원단 다루기:
원단에 힘이 없어 밀리는 경우, 오른손가락으로 밑단 부분을 살짝 눌러주면서 작업하면 안정적으로 진행할 수 있다.

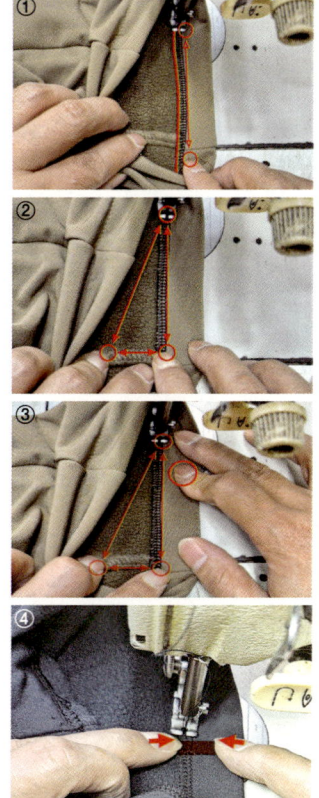

④ 솔기 넘어가기:
- 솔기 부분을 통과할 때는 손가락으로 솔기를 부드럽게 밀면서 미싱을 진행한다.
- 무리하게 진행하면 바늘이 부러지거나 원단이 손상될 수 있다.

⑤ 마무리:
- 처음 시작했던 봉제 끝부분에 다다르면, 기존 봉제선 위에 정확히 맞춰 되돌아박기로 튼튼하게 마무리한다.

- 밑단을 박는 것이 드르륵 박으면 쉽게 끝난다. 그러나 모양과 형태가 일정하게 나오기 위해서 손가락의 테크닉이 많이 들어간다.

3. 밑단 봉제 시 흔히 발생하는 문제점 및 해결 방법

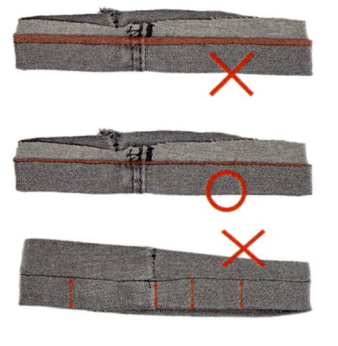

① **스티치 위치 오류:**
- 문제: 말아박기 스티치선이 끝선에서 벗어난 경우
- 개선: 일반적으로 말아박기 스티치는 끝선에서 약 0.2cm 안쪽에 박는 것이 기본이다.

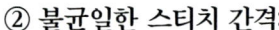

② **불균일한 스티치 간격:**
- 문제: 끝선과 스티치 사이의 간격이 일정하지 않은 경우
- 개선: 작업 시 일정한 속도를 유지하고, 안내선이나 노루발을 활용하여 일정한 간격을 유지하도록 주의해야 한다.

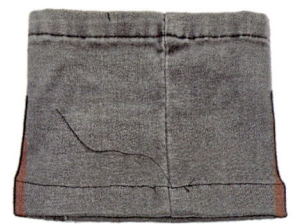

③ **말아박기 폭 넓어짐:**
- 문제: 말아박기 후 폭이 의도보다 넓어진 경우 (특히 스판 소재)
- 개선: 스판 소재는 늘어나기 쉬우므로 작업 시 원단을 잡아당기지 않고 자연스럽게 밀어 넣어야 한다. 늘어나는 것은 잘못된 작업 방식이다.

④ **남은 실밥 처리 미흡:**
- 문제: 작업 후 실밥이 깔끔하게 제거되지 않고 남은 경우
- 개선: 실밥을 제거할 때는 쪽가위를 원단에 바짝 붙여서 조심스럽게 잘라야 한다. 공중에서 실밥을 자르다 실수로 원단을 자르는 경우가 많으니 주의해야 한다.

4. 노루발과 실의 위치에 따른 세 가지 차이점

미싱 작업을 시작하기 전에 윗실과 아랫실의 상태를 확인하는 것은 중요하다. 올바른 실 상태는 깔끔하고 튼튼한 봉제 결과로 이어진다.

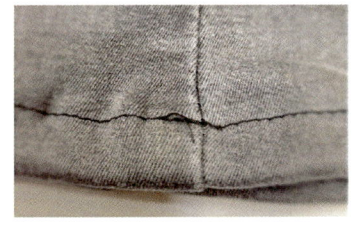 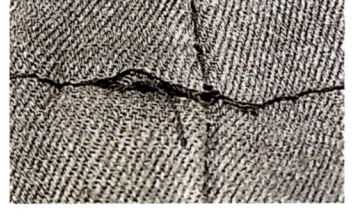 

| 완성 후 모습 | 확대컷 | 실의 위치 |

① 윗실이 노루발 위에 있는 경우 (실 엉킴 가능성 높음)
- 윗실이 노루발 위에서 자유롭게 움직이는 상태이다.
- 이 경우, 윗실과 아랫실이 제대로 엉키지 못하고 바늘땀 안에서 엉켜 박힐 가능성이 높다.
- 문제점: 실밥 정리 시 두 가닥의 실을 모두 빼내야 하는 번거로움이 발생한다.

 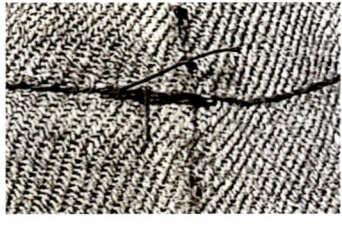 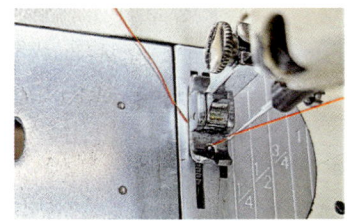

| 완성 후 모습 | 확대컷 | 실의 위치 |

② 윗실이 노루발 아래에 물려 있는 경우 (아랫실 당겨짐 가능성)
- 윗실이 노루발 아래에 걸려 있는 상태이다.
- 이 경우, 아랫실이 바늘땀의 윗면에 드러나거나 스티치 속으로 당겨져 들어갈 수 있다.
- 문제점: 밥 정리 시 한 가닥의 실만 빼내면 되는 경우가 있지만, 스티치 상태가 고르지 못할 수 있다.

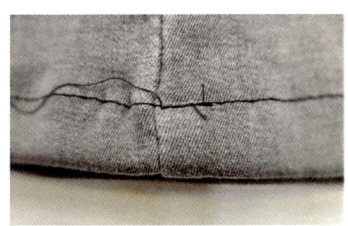 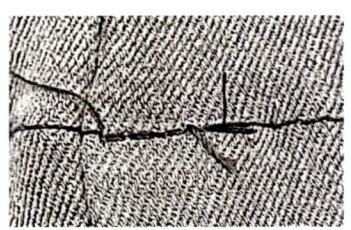 

| 완성 후 모습 | 확대컷 | 실의 위치 |

③ 윗실과 아랫실이 노루발에 적절히 놓인 경우 (최적의 상태)
- 윗실과 아랫실이 노루발 아래에 각각 풀리지 않고 적절하게 놓여 있는 상태이다.
- 윗실과 아랫실이 바늘땀 안에서 알맞게 엮여 엉킴 없이 한 가닥씩 분리되어 있다.
- 권장 상태: 이러한 실 상태에서 기장 줄이기 작업을 진행해야 깔끔하고 안정적인 봉제 결과를 얻을 수 있다.

5. 밑단 처리 시 되돌아박기 주의사항

밑단을 말아박기 또는 접어박기 방식으로 처리할 때에는 일반적인 봉제와 다른 되돌아박기 규칙을 적용해야 한다.

- 시작 시: 밑단을 원형으로 쭉 이어 박을 것이므로 시작할 때에는 되돌아박기를 하지 않는다. 시작 부분으로 다시 돌아와 봉제가 겹쳐지며 자연스럽게 마무리되기 때문이다.
- 마무리 시: 봉제를 시작했던 지점에 정확히 돌아왔다면, 그 지점에서 되돌아박기를 하여 마무리한다. 이때, 시작했던 봉제선과 마무리 되돌아박기 선이 정확히 일치하도록 하는 것이 깔끔한 결과물을 만드는 중요한 부분이다.

6. 삼봉박기 (스판덱스 원단류 접어박기 방법)

스판덱스 원단, 다이마루, 니트와 같이 신축성이 있는 소재의 밑단을 접어 박을 때에는 일반적인 방법 대신 삼봉 스티치를 사용하는 것이 좋다. 삼봉 스티치는 봉제선이 쉽게 뜯어지는 것을 최소화하는 효과가 있다.

삼봉 스티치의 특징:
- 겉면: 두 줄의 평행한 스티치로 박힌다.
- 안쪽 면: 오버록 처리와 유사한 형태를 띠어 원단의 늘어남에 따라 함께 늘어나는 유연성을 가진다.

적용 가능 범위:
니트, 다이마루(티셔츠), 스판 원단으로 제작된 다음과 같은 의류의 기장, 소매기장 수선에 삼봉 스티치를 활용할 수 있다.

- 바짓단
- 스커트
- 원피스
- 스웨터
- 티셔츠 (총 기장, 소매 기장)

4. 단뜨기 (새발뜨기, 감치기, 공그르기)

남녀 정장 바지의 밑단은 겉면에 바느질 자국이 보이지 않도록 처리하는 것이 일반적이다. 주로 사용되는 방법은 다음과 같다.

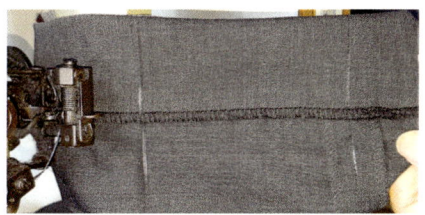

1. 작업 과정:
① **여유분 남기기:** 최종 원하는 기장에서 약 3~5cm 정도의 여유분을 남겨 재단한다.
② **끝단 오버록:** 재단된 끝부분을 오버록 처리하여 원단이 풀리는 것을 방지한다.
③ **접어 올리기:** 오버록 된 부분을 안쪽으로 접어 올린다.
④ **떠서 고정:** 접어 올린 끝부분을 몸판에 손바느질(새발뜨기, 감치기, 공그르기 등) 또는 스쿠이 미싱을 사용하여 떠서 고정한다.

2. 특징:

- 겉면에는 바느질 자국이 거의 보이지 않아 깔끔한 마무리가 가능하다.
- 주로 남녀 정장 바지에 적용되는 방법이다.

3. 사용 가능한 바느질 방법:

- 주로 새발뜨기를 사용한다.
- 상황에 따라 감치기나 공그르기 방법을 활용해도 좋다.

① 새발뜨기 (Catch Stitch)
- 특징: 밑단을 튼튼하게 고정하는 데 효과적이다. 바늘땀이 겉면에는 거의 보이지 않고, 안쪽 면에는 X자 형태로 나타난다.
- 주로 사용: 편직물이나 스판덱스와 같이 신축성이 있는 원단에 주로 사용한다.

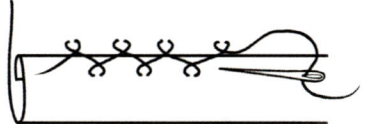

⇨⇨⇨⇨⇨ 앞에서 뒤로 진행한다.

바지 기장 줄이기

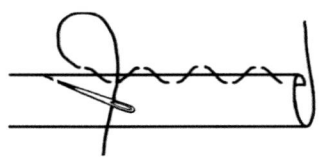

② 감치기 (Hemming Stitch)
- 특징: 겉면에서는 실땀이 눈에 잘 띄지 않지만, 안쪽 면에서는 수직 또는 사선 방향으로 실땀이 나타난다. 비교적 쉽고 빠르게 작업할 수 있다.

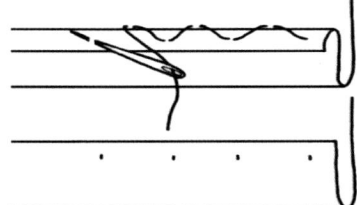

③ 공그르기 (Slip Stitch)
- 특징: 바늘이 접어 올린 단의 속으로 들어가면서 꿰매지기 때문에 겉면과 안쪽 면 모두에서 실땀이 거의 보이지 않아 가장 깔끔한 마무리 방법이다. 섬세한 작업이 필요합니다.

5 바지 실루엣에 따른 밑단 처리 방법 3가지

바지의 전체적인 실루엣에 따라 밑단 처리 방식에 주의를 기울여야 한다.

① H라인 (일자형) 바지:
가장 기본적인 스타일로, 밑단을 정석적인 방법으로 처리하면 된다. 특별한 어려움 없이 깔끔한 마무리가 가능하다.

② V라인 (테이퍼드형) 바지:
밑단으로 갈수록 폭이 좁아지는 스타일이다. 기장을 자르고 접어올리면 폭이 좁아서, 늘려주는 작업을 해야 한다.

③ A라인 (나팔형) 바지:
밑단으로 갈수록 폭이 넓어지는 스타일이다. 이 경우, 일반적인 일자 재단 후 접어 올려 마무리하면 옆솔기 부분이 튀어나와 보기 좋지 않다. A라인 바지의 밑단 처리는 별도의 주의와 기술이 필요하다.

1. V라인 (테이퍼드형) 바지 밑단 수선 시 주의점

① 밑단 폭 변화:
V라인 바지는 원래 밑단으로 갈수록 통이 좁아지는 디자인이다. 따라서 기장을 줄이게 되면 자연스럽게 밑단 부분의 폭도 더 좁아지게 된다.

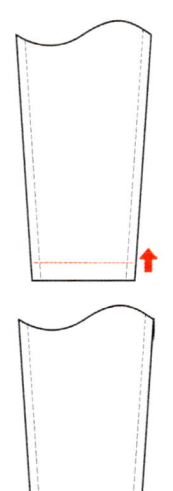

② 안단 부족 현상:
밑단을 접어 올리는 안단을 만들 때, 좁아지는 밑단 폭 때문에 안단으로 접히는 원단의 양이 충분하지 않아 빨간색으로 표시된 부분과 같이 원단이 부족해질 수 있다.

③ 겉면 주름 발생:
안단이 부족한 상태로 억지로 기장을 완성하게 되면, 겉에서 보았을 때 밑단 부분이 쭈글거리거나 울퉁불퉁해 보이는 현상이 발생할 수 있다. 따라서 V라인 바지의 밑단 수선 시에는 안단의 여유분을 충분히 확보하는 방법을 고려해야 한다.

2. 테이퍼드형 바지 밑단 수선 방법 (자연스러운 연출)

① 일반적인 경우:
- 안단 시접 분리: 밑단 안단으로 들어갈 만큼의 기존 봉제 시접을 조심스럽게 뜯어준다.
- 시접 늘려 박기: 뜯어진 시접을 최대한 늘려 박아 안단으로 활용할 수 있는 여유분을 확보한다.

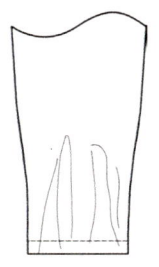

② 시접 부족 또는 폭이 심하게 좁아지는 경우:
- 무릎선까지 시접 뜯기: 밑단 뿐만 아니라 무릎선 부근까지 봉제 시접을 뜯어준다. 이는 안단으로 사용할 원단의 양을 확보하기 위함이다.
- 폭 줄여 박기: 안단이 접혀 올라갈 부분까지, 바지 밑단의 최종 너비만큼 폭을 줄여 다시 봉제한다. 이 과정은 좁아지는 밑단 형태에 맞춰 안단을 자연스럽게 만들기 위함이다.

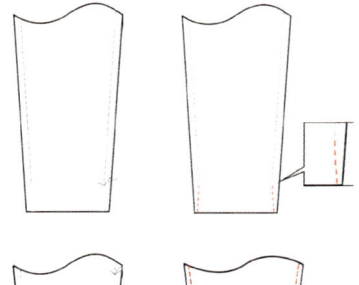

③ 마무리:
- 위와 같은 방법으로 시접을 수정하여 안단을 확보한 후, 원하는 기장으로 밑단을 마무리해야 겉에서 보았을 때 쭈글거림 없이 자연스러운 바지 밑단 모양을 만들 수 있다.

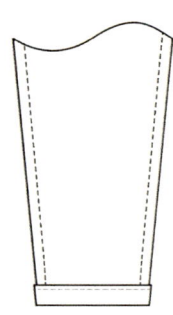

3. A라인 바지의 기장을 수정하는 방법

① 1단계: 기장 자르기
- 바지를 평평한 곳에 펼치고 원하는 기장으로 표시한다.
- 표시된 선을 따라 일자로 자른다.
- 자른 단면을 절반으로 접었다 펼치면 V자 모양으로 뾰족해진 것을 확인할 수 있다.

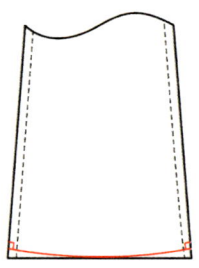

② 2단계: 단면 다듬기
- 솔기 부분을 기준으로 직각이 되도록 접어 올린 후 둥글게 굴려 다린다.
- 이렇게 하면 각진 부분 없이 깔끔한 일자 모양이 된다.

③ 3단계: 안단 정리
- 잘라낸 바짓단을 접어 올려 안단을 만든다.
- 원래 안단의 폭이 넓어 남는 부분을 약 1cm 정도 잘라낸다.

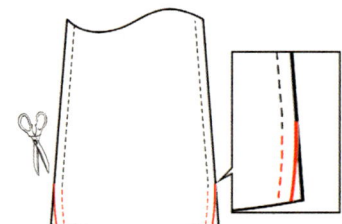

④ 4단계: 안단 고정 및 기장 마무리
- 안단을 접어 올려 다려주고, 단뜨기로 마무리한다. 이렇게 수선하면 안단이 깔끔하게 접히고, 남아서 너덜거리는 현상 없이 완성도 높은 바지 기장을 만들 수 있다.

6 말아박기

1. 밑단 스티치 뜯는 방법

주의사항: 옷감 손상을 방지하기 위해 신중하게 작업해야 한다.

① 방법 1: 칼날을 90°로 사용하는 방법
- 옷 밑에 왼손을 받쳐서 옷감을 보호한다.
- 칼날을 90° 각도로 위치시키고 자른다.
- 주의: 중간에 칼날이 걸릴 수 있으니 조심해서 작업한다.

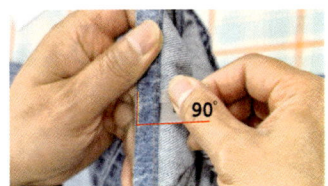

② 방법 2: 칼날을 45° 방향으로 사용하는 방법
- 칼날을 실이 지나가는 틈에 45° 각도로 넣는다.
- 실을 칼날로 끊어준다.
- 주의: 옷 밑에 손을 받치지 않으면 칼날에 의해 옷감이 손상될 수 있다. 반드시 손으로 옷감을 보호하면서 작업한다.

③ 가장 안전하고 효과적인 방법 3:
옷 밑에 손을 받치고 칼날을 45°로 사용한다.

- 옷 밑에 왼손을 대어 옷감을 보호한다.
- 칼날을 실에 45° 각도로 위치시킨다.
- 실을 부드럽게 잘라 분리한다. 이 방법은 옷감 손상 위험을 최소화하고 실을 깔끔하게 제거할 수 있다.

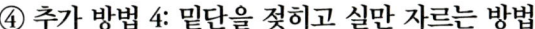

④ 추가 방법 4: 밑단을 젖히고 실만 자르는 방법
- 밑단을 왼손으로 살짝 젖힌다.
- 실만 주의하여 칼날로 끊어준다. 이 방법은 넓은 면적의 옷감 손상 위험을 줄일 수 있다.
- 뜯은 후에는 남은 실밥을 조심스럽게 제거한다.

https://www.youtube.com/@refashion5975 옷 새로이
https://youtu.be/Ef2-ZRjOYEo 말아박기

2. 말아박기 작업 전 조치사항

① 1단계: 기장 확인 및 재단 준비

- 바지를 입고 거울을 보며 원하는 기장을 정확하게 확인한다. 신발을 신은 상태에서 확인하는 것이 좋다.
- 확인된 기장에 여유분(보통 2~4cm, 박음질 및 단 처리 등을 고려)을 더하여 자를 선을 표시한다.
- 표시된 선을 따라 바지를 재단한다.

기장 밑으로 여유분을 주고 자릅니다

② 2단계: 하단 마감 처리 (기존 마감재 활용 시)

- 재단 후 끝부분이 기존 바지의 기장 끝 마감 처리(예: 접어 박음)에 걸리는 경우가 있다.
- 이때는 마감 처리된 실밥을 조심스럽게 뜯어낸다. 실밥이 많이 나올 수 있다.
- 실리콘 소재를 이용하여 뜯어진 실밥을 부드럽게 밀어내면 깔끔하게 정리하는 데 도움이 된다.

③ 3단계: 박음질 준비

- 재단한 바지의 끝선을 따라 앞면과 뒷면에 각각 박음질 선을 표시한다.
- 표시된 선은 미싱 작업을 할 때 정확한 가이드라인 역할을 하여 깔끔한 마무리를 도와준다.

④ 4단계: 밑단 박음질 또는 단 처리

- 표시된 박음질 선을 따라 바지 밑단을 접어 다린 후 미싱으로 박음질한다.
- 원하는 스타일에 따라 (예: 말아박기, 삼봉 박기 등) 밑단을 처리한다.

☞ **팁:**
- 재단 시에는 초크나 수성펜을 사용하여 정확하게 표시하고,
- 칼이나 가위가 날카로운 것을 사용하여 올이 풀리지 않도록 주의한다.
- 실밥을 뜯을 때는 바지 원단이 손상되지 않도록 조심스럽게 작업한다.

3. 초보자가 하는 실수들

미싱으로 박음질할 때 원단이 안쪽으로 말리거나 스티치가 빠지고 선이 고르지 않은 문제가 발생할 수 있다. 이러한 현상의 주요 원인과 해결 방법을 알아보자.

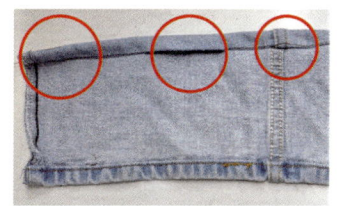

① 잘못된 손의 역할과 움직임:

문제점: 박음질 시 원단이 안쪽으로 말리고, 스티치가 빠지거나 선이 울퉁불퉁해진다.

원인 ①: 한쪽 손으로만 원단을 말아 넣으려고 하면 원단이 균일하게 공급되지 않아 이러한 문제가 발생한다.

원인 ②: 특히 왼손이 미싱의 진행 방향보다 앞서 나가면서 원단을 잡아당기거나, 불필요하게 힘이 들어가 스티치의 방향을 흐트러뜨리기 쉽다.

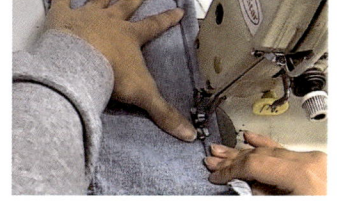

② 올바른 손의 역할 분담:

오른손: 바늘이 내려와 봉제되는 위치를 정확하게 잡아주는 역할을 한다.

왼손: 원단을 부드럽게 펴주거나 밑에서 가볍게 받쳐주는 보조적인 역할을 한다. 왼손에 과도한 힘을 주거나 미싱 진행 방향을 지나치게 앞서가지 않도록 주의해야 한다.

핵심 요약

깔끔하고 고른 스티치 결과를 얻기 위해서는 양손의 역할 분담이 중요하다. 오른손은 봉제 위치를 안내하고, 왼손은 원단을 자연스럽게 보조하는 역할에 집중하여 원단이 꼬이거나 당겨지지 않도록 주의한다.

4. 말아박기 사전 준비 사항

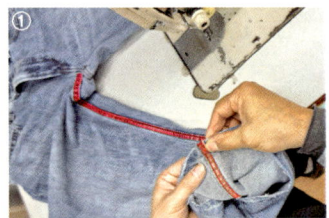

① 시작 위치 선정:
바지 안쪽 솔기 부분을 확인한다. 말아박기는 이 솔기 부분부터 시작한다. 안쪽에서 마무리가 되어야 겉에서 보았을 때 연결 부위가 눈에 띄지 않아 깔끔하다.

② 첫 번째 접기
- 솔기에서 약 3cm 정도 앞선 위치부터 시작하여 밑단을 안쪽으로 한 번 접는다.
- 이때, 접는 폭이 일정해야 완성 후 모양이 예쁘게 나온다.

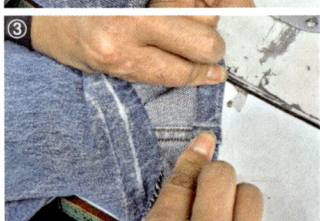

③ 두 번째 접기 (솔기 선 맞춤):
- 접은 부분을 다시 한번 안쪽으로 접어 올려 솔기 선과 나란히 맞춘다.
- 이렇게 두 번 접는 것이 말아박기의 기본 형태이다. 다리미로 꼼꼼하게 눌러주면 작업이 수월하다.

④ 미싱 준비:
바지를 미싱의 밑으로 넣고, 접힌 솔기 부분이 미싱 바늘 아래에 정확하게 위치하도록 조절한다.

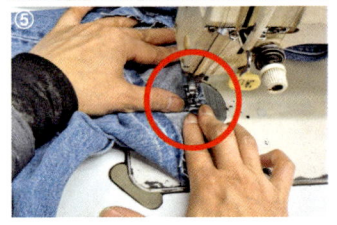

⑤ 시작 박음질:
미싱 페달을 밟아 두세 땀 정도 앞으로 박음질하여 시작 부분을 튼튼하게 고정한다.

5. 말아박기

① 오른손 위치 및 첫 번째 접기:
- 오른손을 바지 밑단 끝선에 맞춰 받친다.
- 왼쪽 손가락을 사용하여 밑단을 안쪽으로 첫 번째로 접어 올린다. 접는 폭은 원하는 말아박기 폭에 따라 조절한다.

② 여유분 말아넣기:

- 접어 올린 부분 안으로 남은 여유분을 마저 말아 넣는다. 이때, 첫 번째 접은 선과 두 번째 말아 넣은 선이 평행하도록 신경쓴다.

③ 시접 정리:

- 말아 넣은 여유분 안쪽의 시접이 부족하거나 겹치지 않도록 손가락으로 부드럽게 밀어주면서 정리한다. 이렇게 하면 미싱 작업 시 폭을 일정하게 할 수 있다.

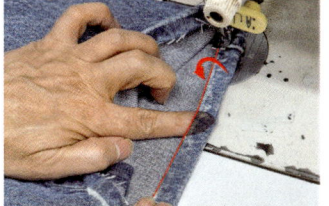

④ 휘어진 선 교정:

- 밑단 선이 휘어져 있다면 왼손으로 살짝 잡아당겨 곧게 펴준다. 반듯하게 펴진 상태에서 미싱을 해야 깔끔한 결과물을 얻을 수 있다.

⑤ 미싱 시작 자세:

- 미싱을 시작하기 직전에 왼손으로 접혀진 원단을 펴주고, 앞쪽에서 보았을 때 삼각형 모양이 유지되도록 한다. 이 상태를 유지하면서 천천히 미싱 페달을 밟아 박음질을 시작한다.

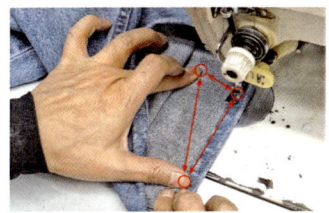

핵심 요약

손으로 밑단을 꼼꼼하게 접고 모양을 잡아주는 것이 깔끔한 말아박기의 핵심이다. 특히 미싱을 시작할 때 왼손으로 삼각형 모양을 유지하는 것이 중요하다.

6. 밑단 마무리하는 다림질

말아박기 작업 후에는 일반적으로 원단이 약간씩 늘어나는 현상이 발생할 수 있다.

이때 올바른 다림질 방법을 통해 원단을 수축시켜 원래 상태로 되돌릴 수 있다.

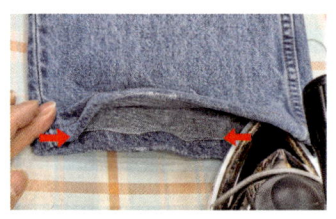

주의사항:
늘어난 원단을 억지로 누르면서 다림질하면 원단이 더욱 늘어나거나 형태가 망가질 수 있다.

① **스팀 활용:**
다리미를 원단 위에 직접 누르지 않고, 스팀 기능을 사용하여 다림질한다.

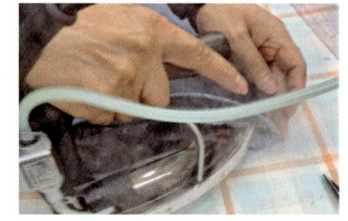

수축 유도: 스팀을 쐬어주면 원단이 자연스럽게 수축되는 효과를 얻을 수 있다. 다리미를 살짝 들어 올린 상태에서 스팀을 골고루 분사한다.

② **원래 상태 회복:**
스팀을 이용한 다림질을 반복하면 말아박기 과정에서 늘어났던 원단이 원래의 탄력 있는 상태로 돌아오는 것을 확인할 수 있다.

7 청바지 워싱 살리기

청바지는 가로 방향의 씨실과 세로 방향의 날실을 교차하여 직조한 원단이다. 특히 세로 방향의 날실에 진한 색 염료를 사용하여 청바지 특유의 색감을 만들어낸다.

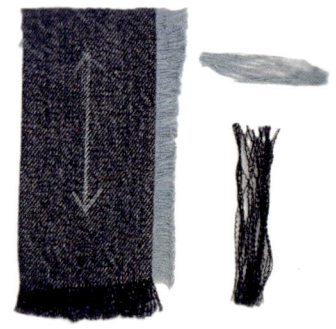

청바지 워싱이란?
워싱은 청바지의 색상과 질감을 변화시키는 가공 과정이다. 드럼통에 청바지와 함께 돌리거나, 바람, 약품 등의 다양한 방법을 이용하여 청바지 색상의 일부를 인위적으로 빼내는 작업을 말한다. 워싱 기법에는 스톤 워싱, 샌드 워싱, 바이오 워싱 등 여러 종류가 있으며, 이를 통해 빈티지하거나 개성 있는 다양한 스타일을 연출할 수 있다.

워싱 청바지 기장 수선의 핵심:
워싱 기법이 적용된 청바지의 경우, 기장을 줄일 때 워싱 처리된 밑단 부분의 독특한 질감과 색감을 그대로 유지하는 것이 중요하다. 워싱은 단순한 염색이 아닌, 원단의 표면을 변화시키는 작업이므로, 워싱된 부분을 잘라내면 청바지 본래의 멋을 잃을 수 있다.

일반적인 단색 바지와 워싱 청바지의 차이:
워싱 처리가 되지 않은 일반적인 단색 바지는 밑단 부분에 특별한 질감이나 색상 변화가 없으므로, 기장을 줄일 때 밑단 살리기를 고려할 필요가 없다. 하지만 워싱 청바지는 워싱 자체가 디자인의 중요한 요소이므로, 기장 수선 시 이 점을 반드시 고려해야 한다. 따라서 워싱 청바지의 기장을 수선할 때는 워싱된 밑단 부분을 최대한 살리는 방법을 선택해야 한다.

1. 기장체크

청바지는 스판덱스 등의 신축성 있는 소재 포함 여부에 따라 스판 유무로 구분할 수 있다. 여기서는 스판이 없는 일반적인 데님 청바지를 기준으로 기장 수선 방법을 설명한다.

1단계: 청바지 종류 확인 (스판 유무):
먼저 수선할 청바지가 스판 성분이 없는 순면 데님인지 확인한다.

2단계: 기장 체크 및 표시:

- ❶ 청바지의 뒤판이 서로 마주 보도록 하여 평평한 바닥에 펼친다.
- ❷ 줄자나 자를 이용하여 원하는 최종 기장을 측정한다. 이때, 평소 즐겨 신는 신발을 신고 측정하는 것이 정확하다.
- ❸ 측정한 기장 위치에 초크나 열펜 등으로 명확하게 표시한다.

주의사항:
- 기장을 너무 짧게 자르지 않도록 신중하게 결정한다.
- 수선 후의 밑단 처리 방식(예: 말아박기, 원래 밑단 살리기 등)을 미리 고려하여 여유분을 남겨두는 것이 좋다. (밑단 살리기의 경우, 다음 단계에서 추가 설명 예정)

2. 워싱단 자르기

① 1단계: 재단선 그리기:
- 봉제선에서 0.6cm(약 1/4인치)의 시접 분량을 두고 재단선을 그린다.
- 끝선을 기준으로 폭을 일정하게 그린다.

② 2단계: 워싱 밑단 분리:
- 원래 청바지의 워싱 처리된 밑단 부분을 남기고, 조심스럽게 잘라내어 워싱된 밑단은 그대로 보존한다.

③ 3단계: 정확한 재단:
- 기존의 밑단 스티치 선이 아닌, 그린 끝선을 기준으로 재단한다.
- 이때, 양쪽 다리 모두 동일한 폭으로 잘라야 수선 후 기장이 일정하게 된다. 자를 대고 꼼꼼하게 확인하며 작업한다.

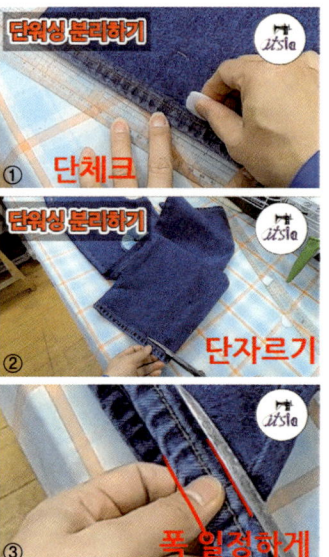

기장 줄이기와 워싱 살리기
바지 기장을 줄이는 방법이나 워싱된 밑단을 보존하는 방법은 매우 다양하며, 작업자의 숙련도나 선호하는 방식에 따라 여러 가지 접근 방식이 존재한다.

작업 방식의 다양성:
기장을 줄이는 과정이나 워싱된 부분을 다루는 기술은 정해진 하나의 정답이 있는 것이 아니다. 각 작업자는 자신의 경험과 노하우를 바탕으로 가장 효율적이고 만족스러운 결과를 낼 수 있는 방법을 선택한다.

결과물의 중요성:
따라서 특정 작업 방식이 절대적으로 옳거나 틀리다고 단정하기는 어려우며, 중요한 것은 최종 결과물이 얼마나 만족스러운가이다.

- 결과물이 만족스럽다면: 어떤 방법을 사용했든, 그 작업은 성공적인 것이다.
- 결과물이 만족스럽지 못하다면: 비록 일반적으로 좋은 방법이라고 알려진 방식을 사용

했더라도, 결과적으로는 개선이 필요하다고 볼 수 있다.

결론:
기장 줄이기나 워싱 살리기 작업에서는 다양한 방법이 활용될 수 있으며,
작업 과정보다는 최종 결과물의 완성도와 만족도가 가장 중요한 판단 기준이다.

https://www.youtube.com/@refashion5975 옷새로이
https://youtu.be/en9CpFOEeRY 청바지 워싱단 줄이기

3. 최종 기장선 체크하기

① **1단계: 워싱 밑단 위치 잡기:**
새롭게 만들고자 하는 최종 기장 끝선 위치에 잘라낸 워싱 밑단의 아랫부분을 정확하게 맞춘다.

② **2단계: 연결 기준선 그리기:**
워싱 밑단의 윗부분(잘라낸 단면)에서 위쪽으로 1.2cm(약 1/2인치) 떨어진 곳에 체크 표시를 하고, 이 점들을 연결하여 가로선을 그린다. 이 선은 겉감과 워싱 밑단을 연결할 기준선이 된다.

③ **3단계: 시접 이해:**
1.2cm(1/2인치)는 일반적으로 미싱 노루발의 폭과 비슷한 시접 분량이다. 이는 워싱 밑단을 겉감에 박음질할 때 필요한 여유분이다.

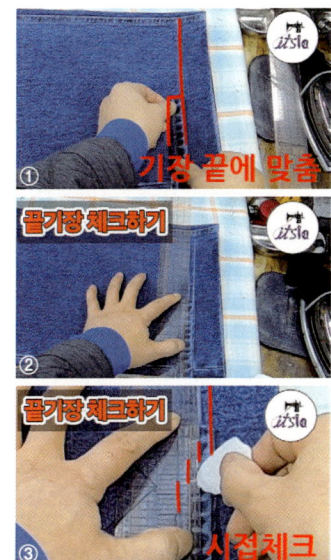

- 즉, 워싱 밑단을 자른 단면에서 1.2cm의 시접을 남겨두고 겉감과 연결하게 된다.
- 말아박기의 폭을 어떻게 할지에 따라 겉감의 나머지 시접 분량은 달라질 수 있다. 워싱 밑단을 연결한 후 겉감을 접어 말아박기할 때 필요한 추가적인 여유분을 고려해야 한다.

기장 수선 시 정확한 시접 유지의 중요성
기장 수선 작업을 진행할 때 시접을 일정하게 유지하는 것은 매우 중요하다. 시접이 일정하

지 않으면 작업 과정이 복잡해질 뿐만 아니라, 최종 결과물의 품질에도 부정적인 영향을 미친다.

시접 불균일의 문제점:
- 작업의 어려움: 시접 폭이 들쭉날쭉하면 원단을 접거나 박음질할 때 정확한 가이드라인을 잡기 어려워 작업 효율성이 떨어지고 실수가 발생하기 쉽다.
- 결과물의 불량: 일정하지 않은 시접은 봉제선을 삐뚤어지게 만들거나, 단의 길이가 맞지 않게 되는 원인이 되어 완성된 옷의 형태를 망칠 수 있다.

스티치 선을 기준으로 재단 시 주의할 점:
특히 기존의 스티치 선을 기준으로 단을 자르는 경우 주의해야 한다. 간혹 스티치가 처음부터 비뚤게 박혀 있는 옷들이 있는데, 이러한 스티치 선을 그대로 따라 재단하면 결과물 역시 비뚤어진 형태로 나올 수 있다.

정확한 기준 설정의 중요성:
따라서 기장 수선 시에는 스티치 선과 같은 불확실한 기준보다는 명확한 측정값을 바탕으로 정확하게 재단하고 봉제하는 것이 필수적이다. 확실한 기준을 가지고 재단, 봉제, 마감 작업을 진행해야만 만족스러운 결과물을 얻을 수 있다.

4. 몸판의 끝선 자르기

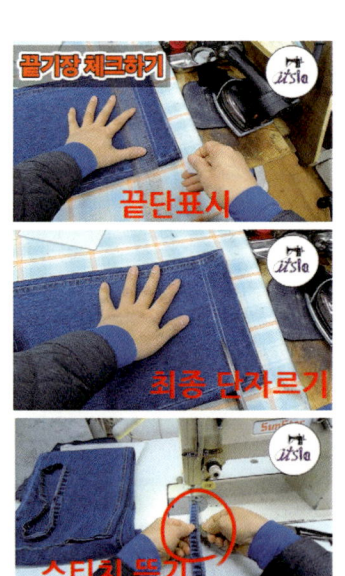

① 1단계: 최종 기장 표시:
잘라낸 워싱 밑단을 이용하여 원하는 최종 기장 위치를 청바지 겉감에 다시 한번 정확하게 표시한다.

② 2단계: 겉감 재단:
최종 기장으로 표시된 선을 따라 청바지 겉감을 깨끗하게 자른다. 이제 겉감은 원하는 짧아진 기장이 된다.

③ 3단계: 워싱 밑단 스티치 제거:
잘라낸 워싱 밑단을 미싱에 끼우고, 기존에 박혀 있던 밑단 스티치를 단면도를 사용하여 조심스럽게 뜯어낸다.

④ 4단계: 실밥 완전 제거:
워싱 밑단을 다시 겉감에 박아야 하므로, 뜯어낸 기존 스티치의 실밥을 완전히 제거한다. 깔끔하게 실밥을 제거해야 재봉 시 걸리거나 보기 싫게 남는 것을 방지할 수 있다.

5. 워싱단 연결 준비작업

① 워싱단과 몸판 너비 확인:
- 워싱 처리된 밑단 부분과 몸판의 너비가 일치하는지 확인한다.
- 바지의 핏에 따라 너비가 다를 수 있으므로, 수선 후에도 자연스러운 연결이 되도록 맞춰주는 것이 중요하다.

② 옆솔기 스티치 맞추기:
- 밑단을 수선할 때 옆솔기의 스티치가 끊어지지 않고 자연스럽게 이어지도록 주의해야 한다.
- 기존 스티치 선을 정확히 확인하고, 수선 후에도 동일한 위치에 스티치가 연결되도록 한다.

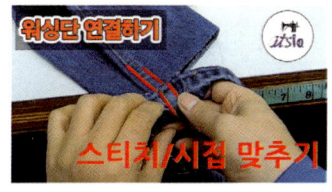

③ 솔기 정렬 후 미싱 준비:
옆솔기 부분을 정확히 맞춰잡고 미싱에 끼운다.

④ 노루발 폭에 맞춰 위치 조정:
미싱의 노루발 폭만큼의 시접으로 봉제를 시작한다.

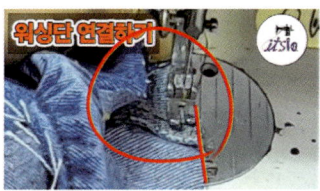

6. 워싱단 연결하기

① 너비 맞추기:

옆솔기 부분을 정확히 맞춘 상태에서 워싱단과 몸판을 잡고 살짝 당겨 너비가 동일해지도록 조절한다.

② 재봉 준비:

바지통의 약 절반 정도 되는 부분을 잡고, 원단을 평평하게 펴서 재봉할 준비를 한다.

③ 삼각형으로 펴서 봉제:

손으로 원단을 삼각형 모양으로 잡고 펴면서 재봉한다.
주의: 이때 위쪽과 아래쪽 두 겹의 원단 끝선이 항상 일정하게 맞춰지도록 신경쓴다.

④ 반복 작업:

옆솔기 부분을 잡고 너비를 다시 한번 확인한 후, 삼각형 모양으로 원단을 펴서 봉제하는 과정을 반복한다.

⑤ 솔기 부분 봉제:

옆솔기 부분은 원단이 두꺼워 미싱이 잘 넘어가지 않을 수 있다.
이때는 손가락으로 두꺼운 부분을 살짝 밀어주면서 천천히 재봉한다.

7. 워싱단 접어 다리기

① 워싱단 내리기:

봉제하여 연결된 워싱 밑단 부분을 아래로 내려 제자리를 잡는다.

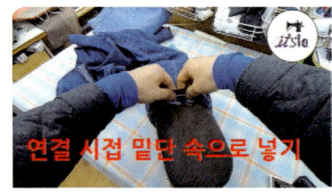

② **안쪽 워싱단 다림질:**
안쪽으로 들어간 워싱단 부분을 다리미로 눌러 평평하게 자리를 잡는다. 이 과정은 밑단의 겉모습을 더욱 깔끔하게 해준다.

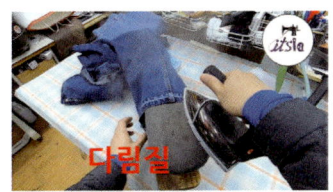

③ **워싱단 펴면서 손으로 정리:**
연결된 워싱 밑단 부분을 위아래로 부드럽게 펴면서 봉제선이 바르게 나오도록 손으로 매만져 정리한다. 이 과정을 반복하여 자연스러운 워싱 형태를 만들어준다.

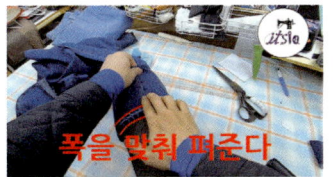

④ **다림질로 최종 보완:**
워싱단의 두께나 선의 흐름이 어색한 부분이 있다면 다림질을 이용하여 수정하고 보완한다. 다림질은 밑단 전체를 안정시키고 완성도를 높이는 중요한 단계이다.

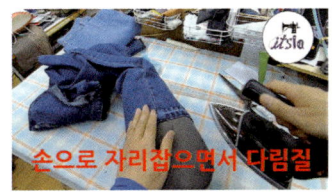

8. 투박한 솔기 잘라내기

넘솔이나 쌈솔로 처리된 바지 밑단은 솔기 부분이 두꺼워질 수 있다. 이를 방지하고 깔끔한 마무리를 위해 접혀 들어가는 시접을 정리하는 것이 좋다.

① **연결점 자르기:**
먼저 솔기 봉제 부분의 연결 지점을 조심스럽게 잘라낸다.

② **쌍침 바깥쪽 스티치 자르기 (해당하는 경우):**
쌍침 스티치로 되어 있다면 바깥쪽 스티치 선을 따라 잘라낸다.

③ **쌍침 안쪽 스티치 자르기 (해당하는 경우):**
이어서 안쪽 스티치 선도 잘라낸다.

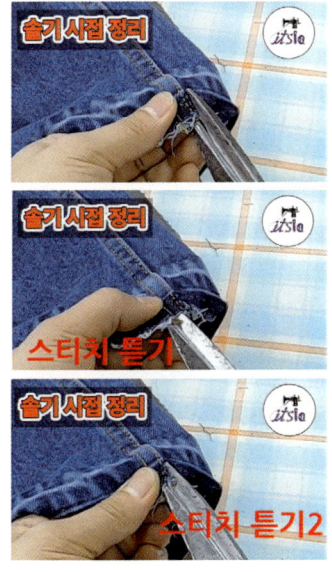

④ **안쪽 시접 수평으로 자르기:**
스티치를 자르면 안쪽의 여분 시접이 드러난다. 이 시접을 바지 밑단과 수평이 되도록 깔끔하게 잘라낸다.

⑤ **시접 제거 확인:**
위와 같이 시접을 잘라내면 뉨솔의 경우 두 겹, 쌈솔의 경우 세 겹의 원단을 제거하여 밑단 두께를 줄일 수 있다.

9. 두꺼운 솔기 얇게 만들기 (망치질 활용)

뉨솔이나 쌈솔처럼 솔기가 여러 겹으로 겹쳐 두꺼워진 부분을 얇게 만들어 작업성을 높이고 깔끔한 마무리를 위한 방법이다.

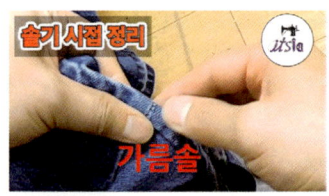

① **가름솔 말아주기:**
가름솔로 된 부분은 솔기를 양쪽으로 갈라서 각각 안쪽으로 말아준다.

② **망치질 준비:**
평평하고 단단한 바닥에 쇠뭉치 등의 받침을 놓고, 두꺼워진 솔기 부분을 올려둔다.

③ **뉨솔, 쌈솔의 두께:**
뉨솔은 일반적으로 7겹, 쌈솔은 9겹의 원단이 겹쳐지므로 2~3겹을 잘라내더라도 여전히 두툼한 느낌이 있을 수 있다.

④ **망치로 두들기기:**
망치를 사용하여 솔기 부분을 골고루 두들겨준다. 이 과정을 통해 원단의 겹쳐진 부분이 눌려 얇아지는 효과를 얻을 수 있다.

⑤ **말아서 다시 두들기기:**
솔기를 안쪽으로 말아 넣은 상태에서 다시 한번 망치로 두들겨주면 두께가 훨씬 더 얇아진다.

효과
솔기 부분이 얇아지면 작업하기도 수월해지며, 완성된 옷의 밑단 부분도 훨씬 깔끔하고 자연스러운 모습으로 마무리된다.

10. 워싱단 박기

① **솔기 맞추기:**
먼저 스티치가 되어 있는 옆솔기 부분을 정확하게 맞춰 잡는다.

② **초반 고정:**
솔기 맞춘 부분을 미싱에 넣고, 두세 땀 정도 박아 고정한다.

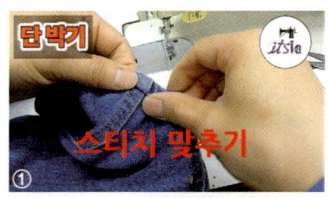

③ **워싱단 끝선 스티치:**
워싱된 밑단 끝 선을 따라 스티치를 진행한다. 이때 아래쪽 끝 선과 스티치의 간격이 일정하게 유지되도록 주의한다.
  * **주의:** 말아 넣은 아랫단에 스티치가 빠지지 않도록 왼손 손톱으로 확인하면서 박는다.

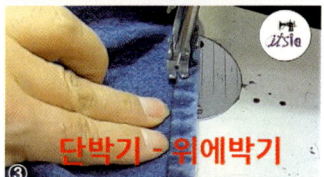

④ **밑단 폭 유지하며 봉제:**
솔기 부분을 잡고 밑단의 너비를 펼쳐준 후, 절반을 잡고 간격이 일정하게 유지되도록 펴주면서 봉제한다.

⑤ **양손으로 원단 컨트롤:**
오른손으로는 바늘이 박힐 위치를 정확히 맞춰주고, 왼손으로는 원단을 평평하게 펴면서 아래쪽 원단까지 제대로 봉제되는지 확인하며 진행한다.

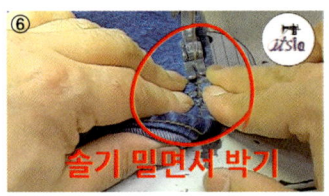

⑥ 솔기 부분 주의:

옆솔기 부분은 원단이 두꺼워 미싱이 잘 나가지 않을 수 있다. 이때는 손가락으로 두꺼운 부분을 밀어주면서 한 땀 한 땀 천천히 진행한다.

11. 워싱 밑단 살리기 후 다림질 및 최종 확인

워싱 처리된 밑단을 봉제한 후에는 다림질과 최종 확인 과정을 거쳐 완성도를 높인다.

① 단폭 및 스티치 확인:

워싱단 박음질이 완료되면 밑단의 폭과 스티치 상태를 꼼꼼하게 확인한다. 봉제 과정에서 밑단 너비가 약간 늘어나는 경우가 발생할 수 있다.

② 단 너비 수축 다림질:

늘어난 밑단 너비는 다리미를 사용하여 수축시키면서 다린다. 원단의 특성에 맞춰 적절한 온도와 압력으로 다림질한다.

③ 전체 다림질 및 디테일 조정:

솔기 부분과 밑단 폭 등을 세심하게 조절하며 다림질한다. 솔기뿐만 아니라 바짓가랑이 부분까지 다려주면 전체적인 착용감이 향상된다.

④ 완성된 워싱 밑단:

다림질까지 완료되면 청바지의 워싱된 밑단이 자연스럽게 살아나면서 기장이 줄어든 것을 확인할 수 있다.

수선의 목표

리폼 또는 수선 작업의 최종 목표는 원래 상태와 최대한 유사하게 만들거나, 때로는 원래 상태보다 더 나은 품질로 개선하는 것이다.

8 커프스 (카브라, 턴업)

아래 그림과 같이 바지 밑단을 약 3cm 폭으로 접어 올려 커프스 스타일을 연출하는 방법이다.

* 3㎝ 커프스 만드는 방법은 기장의 끝에서 여유분을 8㎝ 정도 주고, 접어서 박고, 접어주면 약 3㎝ 폭으로 노출된다.

① 준비:

바지통을 안쪽으로 뒤집는다. 원하는 최종 기장선에서 위로 1.5cm 되는 위치에 선을 그린다.

참고:
3cm 폭의 커프스를 만들려면
3cm(노출폭) + 3cm(접힘 분) + 2cm(안으로 들어가는 여유분) = 총 8cm의 여유분이 필요하다.

② 첫 번째 접기:

위에서 그린 1.5cm 선을 기준으로 원단을 위쪽으로 접어 올린다.

③ 박음질:

처음에 그었던 기장선(1.5cm 위)을 따라 일자로 박음질한다.

④ 뒤집기 및 접기:

- 바지통을 겉면이 보이도록 뒤집는다.
- 원래의 기장선을 따라 밑단을 접어 올린 후, 끝부분을 위쪽으로 향하게 한다.

⑤ 고정 박음질:

옆솔기선 바로 위의 부분을 따라 박음질하여 커프스를 고정한다.

⑥ 다림질:

접어 올린 커프스 폭이 3cm가 되도록 일정하게 조절하면서 다림질한다.

참고 사항:

S, V라인 등 좁아지는 바지:

밑단이 좁아지는 형태의 바지에 커프스를 만들 때는 밑단 통을 일자로 수정한 후에 작업해야 한다.

이는 바짓단 구조에서 설명된 이유와 같다.

커프스 폭 변경:

만약 커프스 폭을 5cm로 넓게 만들고 싶다면, 처음 재단 시 여유분을 더 많이(5cm + 5cm + 2cm =12cm) 남기면 된다.

9 바짓단 시보리 마감

시보리는 소매나 밑단에 사용되는 신축성 있는 니트 소재이다.

① 기장 계산:

시보리의 폭을 고려하여 바지 기장을 재단하고 봉제해야 한다. 시보리가 부착될 부분을 제외한 바지 본체의 길이를 정확히 측정해야 한다.

② 시보리 종류:

일반적으로 시보리는 원단 상태로 판매되며, 이를 원하는 폭으로 잘라 접어서 두 겹으로 사용하는 경우가 많다.

◆ 골 간격이 0.2cm에서 0.6cm 정도 되는 다양한 골조직의 시보리가 있으므로, 디자인에 맞춰 선택하여 사용할 수 있다.

끝단이 이미 처리되어 있어 한 겹으로 바로 사용할 수 있도록 만들어진 시보리도 있다.

③ 활용 부위:

시보리는 티셔츠, 점퍼, 바지, 코트 등 다양한 의류의 소맷단, 카라, 기장 끝부분에 사용되어 신축성을 더하고 착용감을 높이는 역할을 한다.

10 모닝컷

일반적인 바짓단의 경우, 발등 부분은 옷감이 남아 접히고 뒤꿈치 부분은 옷감이 부족해 보이는 경향이 있다. 이는 활동 시 불편함을 초래하고 옷의 실루엣을 망칠 수 있다.

따라서, 여기에서는 이러한 일반적인 바짓단의 문제점을 개선하여 발등 부위는 접히지 않고 뒤꿈치 부위는 옷감이 모자라지 않도록 하는 이상적인 바짓 길이 조절 방법을 제시한다.

핵심
바지 기장을 측정할 때 발등을 기준으로 하여, 발등에 옷감이 접히지 않을 정도의 최적의 길이를 설정하는 것이 중요하다.

① 말아박기 시 뒤 기장 늘리기:
- 말아박기로 밑단을 처리할 때, 뒤쪽 기장을 앞쪽보다 약 2cm 정도 더 길게 재단한다.
- 주의: 기장의 여유분은 3cm 이내로 주는 것이 적절하다.

  ◆ 보통 면바지나 청바지 등의 캐주얼에 사용한다.
  ◆ 말아박는 폭을 많이 줄 경우 밑단이 우는 현상이 생긴다.

② 새발뜨기 정장 바지 모닝컷:
- 새발뜨기로 마무리하는 정장 바지에서 뒤쪽이 더 길게 내려오는 모닝컷 스타일을 연출할 때는 바짓단 안쪽에 안단을 덧댄다.

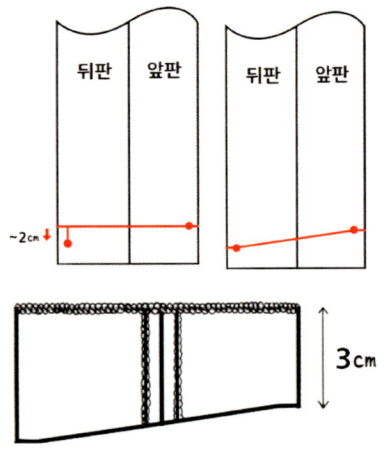

- 재단: 앞쪽과 뒤쪽 기장에 약 3cm 정도의 편차를 두고 재단하되, 겉감에는 박음질할 시접만 남긴다.
- 안단 제작: 뒤꿈치 부분에 덧댈 안단을 별도로 재단하여 준비한다.

③ **안단 모양 맞추기:**
덧댈 안단의 모양은 겉감과 바지통의 너비와 동일하게 맞춰야 자연스럽다.

④ **모닝컷 완성:**
안단의 끝선을 겉감에 이어 박음질(백스티치)로 고정한 후, 새발뜨기(단뜨기)로 밑단을 마무리한다. 이 방법을 통해 뒤꿈치 부분이 더 길게 내려오는 세련된 모닝컷 스타일을 완성할 수 있다.

https://www.youtube.com/@refashion5975 옷 새로이
https://youtu.be/rl-fJlLTlBg 모닝컷

11 날라리 혹은 인타

스판덱스나 쉬폰과 같이 얇고 부드러운 소재의 밑단 마감에 주로 사용되는 방법이다.

특징:

- 별도의 여유분 없이 기장의 끝을 깔끔하게 잘라낸 후, 날라리라는 특수 장비를 사용하여 마무리한다.
- 이는 오버록의 한 종류로, 원단의 끝부분을 실로 아주 촘촘하게 감싸 풀어지지 않도록 처리하는 방식이다.
- 가볍고 자연스러운 느낌을 주어 섬세한 소재에 적합하다.

12 투블럭

언밸런스 기장 연출
- 앞판과 뒤판의 길이를 다르게 하여 독특한 스타일을 연출하는 방법이다.

앞/뒤 분리 작업:
앞판은 발등에 살짝 덮이는 길이로, 뒤판은 뒤꿈치까지 늘어지는 길이로 각각 따로 기장을 조절하여 작업한다.

옆트임 및 편차 조절:
옆 부분에 트임을 주어 활동성을 높이거나, 트임 없이 앞뒤 기장의 편차만 두어 디자인 포인트를 살릴 수 있다.

13 핸드메이드

울 또는 캐시미어 소재의 방모 원단을 두 겹으로 합쳐 도톰하게 만든 원단을 일반적으로 핸드메이드 원단이라고 부른다.

① 핸드메이드 원단의 마무리:
- 두 겹으로 된 핸드메이드 원단의 끝부분은 올이 풀리지 않도록 각각의 겹을 갈라서 안쪽으로 말아 넣어 마무리한다.
- 이러한 마무리 작업을 주로 손바느질로 진행하기 때문에 '핸드메이드'라는 명칭이 붙기도 했다.

② 핸드메이드 원단의 다른 명칭 및 특징:
- 핸드메이드 원단은 이중지(또는 이중직)라고도 불린다. 이는 두 장의 원단을 하나의 원단처럼 만든 것을 의미한다.

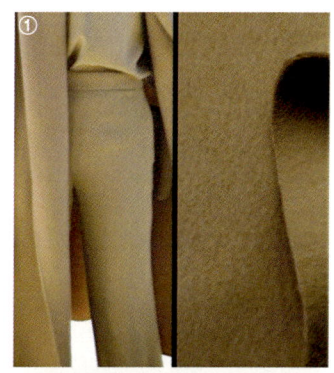

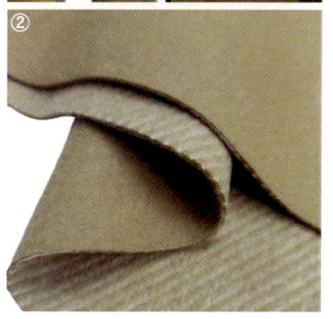

- 때로는 서로 다른 소재나 다른 색상의 두 원단을 겹쳐서 만들기도 하여 독특한 질감과 색감을 표현할 수 있다.

핸드메이드 작업 방법

① 핸드메이드 바지 밑단 처리 (테이프 보강) - 1단계

핸드메이드 원단으로 만든 바지의 밑단을 깔끔하고 견고하게 처리하기 위한 첫 번째 단계이다.

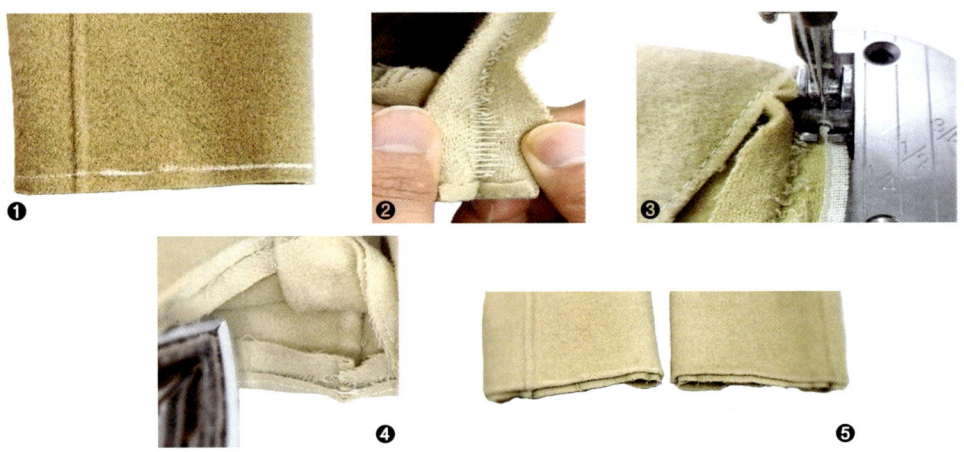

❶ 밑단 여유분 자르기: 최종 원하는 기장에서 약 0.5cm 정도의 여유분을 남기고 밑단을 자른다.

❷ 원단 끝부분 가르기: 잘라낸 밑단 끝부분의 두 겹 원단을 약 1.5cm (0.5인치) 깊이로 일정하게 갈라준다.

❸ 다대 테이프 겉면 박기: 늘어나지 않는 얇은 테이프 (¼인치 너비, 다대 테이프)를 겉면의 가른 원단 위에 대고 박음질한다.

- **이유**: 원단을 가르는 과정에서 늘어날 수 있으며, 핸드메이드 원단 자체가 힘이 없는 경우가 많아 밑단 형태를 안정적으로 유지하기 위해 테이프로 보강하는 것이다.
- **주의**: 테이프를 박을 때는 원단을 살짝 수축시키면서 박아야 울거나 뒤틀리는 것을 방지할 수 있다.

❹ 테이프 접어 다림질: 박음질한 테이프를 안쪽으로 접어 다리미로 눌러준다. 테이프를 따라 자연스럽게 접히므로 일정한 간격으로 접는 효과도 얻을 수 있다.

❺ 안쪽 원단 펴기: 접혀 있는 안쪽 원단을 다시 펼쳐 다음 손바느질 작업을 준비한다.

② 핸드메이드 바지 밑단 처리 (손바느질 마무리) - 2단계

테이프로 밑단 보강 작업을 마친 후, 손바느질로 깔끔하게 마무리하는 단계이다.

❻ 밑단 접고 손바느질: 접힌 원단의 끝부분에 엄지손가락을 대고 안쪽으로 정교하게 접어 넣으면서 감치기 또는 공그르기 방법으로 손바느질한다.

❼ 바늘땀 간격:
- 바늘땀의 간격은 약 0.3cm 정도가 적당하다. 너무 크거나 작지 않게 일정한 간격으로 꿰매는 것이 중요하다.
- 팁: 왼손으로 접힌 부분을 단단히 잡고 고정하면서 꼼꼼하게 손바느질하여 마무리한다.

❽ 완성:
- 완성된 핸드메이드 바지 밑단 모습이다. 이 예시에서는 공그르기와 감치기, 두 가지 방법을 혼용하여 마무리하였다.
- 겉에서는 바느질 자국이 거의 보이지 않으면서도 튼튼하게 고정된 것을 확인할 수 있다.

공그르기

감치기

14 안감 있는 바지의 구조와 처리법

안감은 겉감 안쪽에 덧대어 옷의 착용감과 보온성, 형태 보존을 도와주는 보이지 않는 기능성 구조물이다. 바지에서 안감은 특히 무릎 아래로 끌려 올라가는 현상이나 정전기, 착용 마찰을 줄이는 데 중요한 역할을 한다. 이 장에서는 안감이 있는 바지를 봉제하거나 수선할 때 유의

할 점과 방식에 대한 설명이다.

① 안감을 따로 마감하는 방식
안감을 겉감과 따로 떨어뜨려 마감하는 경우, 안감의 기장을 겉감 기장만큼 재단한다. 그 후 안감 끝부분을 말아박기(말아올려 박음질)하여 마무리한다.

보조 연결: 안감이 위로 딸려 올라오지 않도록, 겉감의 솔기나 특정 지점과 실이나 가는 원단을 이용해 연결한다. 이 연결은 보이지 않게 최소화하되, 착용 시 안감이 말려 올라가지 않도록 안정감을 준다.

② 안감을 겉감에 봉제하는 방식(기모안감, 누빔안감, 패딩, 다운바지 등)
두꺼운 안감(기모, 퀼팅, 패딩 등)은 보온성 확보를 위해 겉감에 직접 봉제하는 방식이 자주 사용된다.
이때는 안감을 겉감보다 1.5~2㎝ 더 길게 재단한다.

그 이유는 안감에 여유분이 있어야, 무릎을 굽혔을 때나 움직일 때 안감이 당겨져 올라가는 현상을 막을 수 있기 때문이다.
이 길이 차이는 안감의 자연스러운 드레이프를 유도하고, 착용감을 높인다.

길게 재단한 안감은 겉감의 끝기장 선에 맞춰 말아박기하여 마감한다. 겉감으로 안감을 감싸듯 말아 박음으로써, 겉에서 안감이 드러나지 않으면서도 안감이 안정적으로 고정된다. 이 방식은 특히 겉감과 안감이 붙어 있어야 할 바지에서 많이 사용한다.

③ 안감에 여유분을 두는 이유
안감은 단순히 감싸는 것이 아니라, 움직임에 대응하는 여유 공간이다.
무릎을 굽혔을 때 생기는 주름이나, 정전기로 인한 안감 말림 현상, 안감이 당겨져 올라가 착용감이 나빠지는 문제. 이런 문제들을 해결하기 위해, 안감에는 항상 기장 여유가 필요하다. 보이지 않지만 바지 착용자의 편안함을 지키는, 세심한 기술이 숨어 있는 부분이다.

https://youtu.be/f5ldWHrFu4c 패딩바지 말아박기

 하의 수선의 모든 것

바지 기장 늘리기

바지 기장을 늘려야 하는 이유는 단순히 길이가 짧아서만이 아니다.
일상적인 착용 환경, 체형 변화, 용도 변화 등에 따라 기장 조정이 필요한 이유는 다양하다.
아래는 기장 수선이 필요해지는 대표적인 다섯 가지 이유이다.

① 성장 또는 체형 변화
키가 자란 청소년, 혹은 운동이나 체중이 변화한 경우, 기존 바지가 짧아져 기장을 늘려야 할 필요가 생긴다.
예) 중고등학생 교복, 다리 근육이 발달한 운동선수 등

② 허리 수선과 함께 비례 조절이 필요한 경우
허리 사이즈를 늘리거나 줄이면서, 바지의 기장 비율이 어색해지는 경우가 있다. 이때는 허리뿐 아니라 기장까지 함께 조절해 전체적인 균형을 맞춰야 한다.
예) 허리를 4cm 줄였더니 다리가 상대적으로 짧아 보여 기장을 2cm 늘림

③ 착용 시 밑단이 들리는 현상 보완
앉거나 걸을 때 바지의 뒷기장이 들리거나 허벅지에 말리는 현상이 있을 경우, 기장이 부족한 것이 원인일 수 있다. 특히 힙이 크거나 다리 굴곡이 있는 체형에서는 뒷기장만 늘리는 투블럭 수선이 필요하기도 하다.

④ 기능성과 활동성 개선
겨울철에는 기모 바지나 내복, 부츠를 함께 착용하기 위해 바지 기장이 살짝 더 필요한 경우가 있다. 또는 운동복의 경우, 활동 시 복사뼈까지 드러나지 않도록 기장을 늘리는

수선이 필요하다.

㉮ 발목까지 덮도록 트레이닝 바지 기장 늘리기

⑤ **디자인 또는 스타일 변경**

기장이 짧아져 촌스럽거나 유행이 바뀌었을 경우, 기장을 늘려 실루엣을 현대적으로 바꾸는 수선을 하게 된다.

㉮ 9부 슬랙스를 10부 또는 발등까지 떨어지는 정장 핏으로 변경

1 기장을 늘리는 다섯가지 방법

바지의 기장은 실루엣과 착용감의 중심을 결정하는 요소이다. 특히 기장이 짧은 바지를 늘리는 수선은 단순한 연장 이상의 섬세한 판단과 기술이 필요하다. 바지 기장을 늘리는 대표적인 5가지 방식에 관한 설명이다.

1. 안단 꺼내기 (기장을 조금 늘릴 때)

안단이란 바지 안쪽으로 말아 넣어 마감한 부분을 말한다. 기장을 늘릴 때 가장 먼저 고려할 수 있는 방식이다.

- 적용 조건: 안쪽에 접혀 있는 여유분이 있는 경우
- 늘릴 수 있는 범위: 안단의 절반 정도까지
- 장점: 겉에서 표시가 거의 나지 않음
- 단점: 늘릴 수 있는 길이에 한계가 있음 (약 1~2cm 이내)

❖ 정장 바지, 슬랙스 등 겉모습 유지가 중요한 바지에 적합하다.

2. 덧단 대기 (기장을 최대한 늘릴 때)

겉에서 보이지 않게 안쪽에 덧단을 덧대고 기장을 연장하는 방식이다. 끝단은 백스티치나 감침질 등으로 깔끔하게 마무리한다.

- 적용 조건: 안단만으로는 부족한 기장이 필요한 경우
- 늘릴 수 있는 범위: 최대 4~5cm까지도 가능
- 장점: 겉에서 티가 거의 나지 않음
- 단점: 덧단 원단의 선택이 중요함

3. 레이스 추가하기 (기장이 아주 짧을 때, 같은 원단이 없을 때)

원단이 부족하거나 바지 자체가 너무 짧은 경우, 밑단에 레이스, 프릴, 직조 테이프 등을 덧대어 기장을 연장한다.

- 적용 조건: 여성복, 아동복, 디자인 응용이 가능한 경우
- 늘릴 수 있는 범위: 레이스 폭만큼(2~6cm)
- 장점: 장식 효과와 기장 연장 두 가지 효과
- 단점: 캐주얼 또는 디자인 요소로만 적합

4. 시보리 덧대기 (기장이 짧고 통도 줄일 때)

시보리는 탄성 있는 원단으로, 바짓단에 덧대면 기장을 늘리고 핏을 잡는 데 효과적이다. 특히 운동복, 트레이닝 바지, 조거 팬츠에 잘 어울린다.

- 적용 조건: 캐주얼 스타일, 통 줄이기 겸용
- 늘릴 수 있는 범위: 시보리 폭만큼(5~10cm)
- 장점: 활동성이 좋아지고 통 조절도 가능
- 단점: 클래식 바지에는 적합하지 않음
- ❖ 기장이 짧은 조거 팬츠를 기장 늘려 맞추고 싶을 때 이상적이다.

5. 투블럭 덧대기 (기장 비대칭 조절 - 뒷기장만 늘릴 때)

일반적인 덧단은 앞·뒤 기장을 같이 늘리지만, 투블럭은 앞은 그대로 두고 뒷기장만 늘리는 방식이다.

- 적용 조건: 앞기장보다 뒷기장이 짧은 경우
- 늘릴 수 있는 범위: 원하는 만큼 설정 가능
- 장점: 자연스러운 기장차 보정
- 단점: 앞뒤 밸런스에 주의해야 함

쏘잉(sewing)의 기본 요소

1 봉제의 기본 - 네 가지 솔기 방식

의류 봉제에서 '솔기'란 두 장의 원단을 잇는 기본적인 바느질 방식이다. 솔기의 종류는 봉제 순서, 시접 정리 방식, 원단의 두께나 용도에 따라 나뉘며, 완성도의 차이를 결정짓는 중요한 요소이다. 다음은 실무에서 자주 사용하는 가름솔, 넘솔, 통솔, 쌈솔의 기본 구조와 사용법이다.

1. 가름솔

가장 기본적이고 보편적인 봉제 방식으로, 대부분의 의류에서 사용된다.

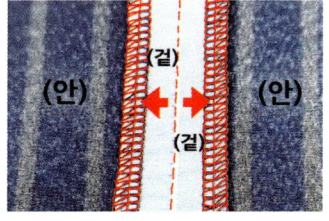

① 원단 끝에 한 장씩 오버록한다.
   양쪽 원단을 각각 오버록 처리하여 올풀림을 방지한다.
② 원단을 겉면이 마주보도록 겹친 후 박는다.
   겉과 겉이 마주보게 하여 솔기를 형성한다.
③ 안쪽에서 시접을 가른다.
- 박은 후, 시접을 양쪽으로 펼쳐 다림질하여 평평하게 마무리한다.
- 장점: 솔기 선이 깔끔하며, 시접이 좌우로 고르게 된다.

2. 뉨솔

한쪽으로 시접을 눕히는 방식으로, 겹침을 강조할 때 사용된다.

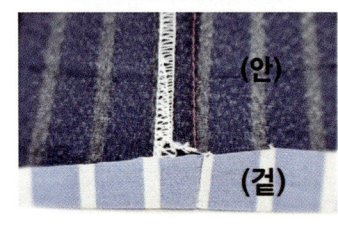

① 원단을 겉면이 마주보도록 먼저 박는다.
  기본 박음질을 한 뒤 시접 처리를 준비한다.
② 원단 끝에 두 장을 합쳐서 오버록한다.
  두 겹을 하나로 오버록 처리해 마감한다.
③ 안쪽에서 시접을 한쪽으로 눕혀 다린다.
- 시접이 한 방향으로 눕혀져 있어, 봉제선이 한쪽으로 무게를 가질 수 있다.
- 활용: 티셔츠 옆선, 셔츠 소매선 등에서 자주 사용한다.

3. 통솔

시접을 감싸 마무리하는 방식으로, 얇은 원단이나 속옷류, 실크 소재 등에 적합하다.

① 원단 겉면을 바깥으로 해서 박는다.
  겉면이 밖으로 보이게 놓고, 0.5㎝ 정도 시접을 남기고 바느질한다.
② 겉면이 안으로 가도록 뒤집어서 안쪽 시접을 감싸서 다시 박는다.
  봉제선을 뒤집은 후, 안쪽에서 다시 한번 봉제하여 시접을 완전히 감싼다.
③ 오버록 없이 마무리된다.
  깔끔한 내부 마감이 가능하므로, 별도의 오버록이 필요 없다.

주의사항: 마지막 봉제에서 나중에 박는 시접이 먼저 박은 시접을 완전히 감싸야 하므로, 첫 시접을 적게 주거나 잘라내야 한다.

4. 쌈솔

시접을 말아 넣고 스티치로 눌러 고정하는 마감 방식으로, 셔츠 옆솔기나 청바지 옆선 등에서 자주 사용한다.

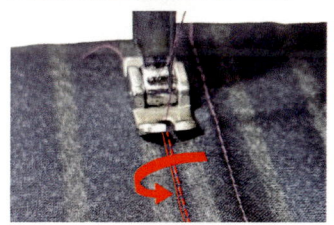

① 원단의 겉면이 안쪽으로 가도록 마주 대고 먼저 박는다. 아래 시접이 위 시접을 감쌀 수 있도록, 위의 시접을 잘라서 크기를 조정하기도 한다.
② 옷감을 펼쳐 안감을 위로 놓고, 아래 시접을 위 시접 쪽으로 말아 넣고 눌러 박는다.
  감싸는 시접 구조로, 안쪽이 매우 깔끔하게 정리된다.
③ 원단을 뒤집은 후, 겉면에서 쌍침(투 바늘)으로 스티치 한다.
- 스티치를 통해 디자인 포인트이자 강도 확보가 동시에 이루어진다.
- 시접 양 조절은 좌우 대칭으로 자르거나, 좌우 다르게 처리하기도 한다.
- 숙련도에 따라 방식이 조금씩 달라질 수 있다.

솔기 종류	시접 정리	오버록	특징 및 활용
가름솔	양쪽 펼쳐 다림질	개별 오버록	일반 봉제에 가장 보편적
뉨솔	한쪽으로 눕혀 다림질	합쳐서 오버록	티셔츠, 캐주얼 의류
통솔	감싸서 이중 박음	없음	얇은 원단, 고급 마감
쌈솔	말아넣기 후 쌍침	없음	셔츠, 데님, 강한 봉제선

https://youtu.be/sn8h8DhsyMQ 솔기박기의 종류

2 스티치의 종류와 기능

스티치는 옷을 만드는 데 있어 단순히 바늘과 실로 박는 작업을 넘어서, 옷의 형태를 유지하고, 마감의 완성도를 결정짓는 핵심 요소이다. 스티치는 각각의 솔기 방식에 맞게 사용되며, 때

로는 장식의 역할도 있다. 이 장에서는 의류 제작과 수선에서 자주 사용되는 다섯 가지 스티치 방식에 대해 알아보겠다.

1. 끝 스티치 (Top Stitch)

끝 스티치는 솔기 가장자리를 따라 한 줄로 박는 스티치이다. 주로 뉨솔, 통솔방식에서 사용되며, 겉면에서 박음선이 보이는 것이 특징이다.

용도
- 솔기를 단단히 눌러 고정하는 역할
- 원단이 말리지 않도록 안정화
- 장식적인 효과를 주어 옷에 포인트 부여
- 원단 자체의 강도 보강

❖ 셔츠 앞여밈, 포켓, 칼라 등에서 자주 볼 수 있다.

2. 쌍침 스티치 (Double Stitch)

쌍침 스티치는 두 줄의 스티치를 나란히 박는 방식으로, 쌈솔에서 주로 사용되며, 장식성과 기능을 동시에 만족시킨다.

용도
- 솔기의 강도와 내구성 보강
- 형태의 안정성 유지
- 외부에서 보기 좋은 장식 효과

❖ 데님 팬츠, 캐주얼 재킷, 골반 바지 등 두꺼운 옷에 자주 사용되며, 쌍침 전용 미싱(두 바늘 기계)이 따로 있을 만큼 전문 장비도 활용된다.

3. 일반 스티치 (Straight Stitch)

가장 기본적인 봉제 방식으로, 단일 실로 직선 방향으로 박는 스티치이다.

용도
- 모든 솔기에 기본적으로 사용
- 패턴의 실루엣 형성
- 봉제 시작과 끝의 고정

스티치 간격
- 1/8인치(약 0.3cm)
- 1/4인치(약 0.6cm)
- 3/8인치(약 0.9cm)
- 1/2인치(약 1.2cm)

❖ 옆선, 어깨선, 소매선 등 모든 봉제선에 사용되며, 가장 기본이자 가장 중요한 스티치이다.

4. 히든 스티치 (Hidden Stitch)

히든 스티치는 겉에서 스티치가 거의 보이지 않도록 박는 방식이다. 눈에 띄지 않지만, 옷의 완성도를 결정하는 중요한 디테일 중 하나이다.

용도
- 허리벨트와 몸판 사이를 연결
- 벨트 고리를 보이지 않게 고정
- 바지 엉덩이 부위 안쪽에서 솔기를 추가 고정

❖ 스티치가 '없는 것처럼' 보이지만, 옷의 형태와 구조를 보조하는 숨은 주인공이다.

5. 백스티치 (Back Stitch)

백스티치는 겉면에서는 보이지 않지만 안쪽에서는 박음선이 보이는 스티치이다. 형태를 안정적으로 잡기 위한 보조적인 박음으로 많이 사용된다.

용도
- 허리벨트 안쪽 고정
- 셔츠나 재킷의 칼라 안쪽 고정
- 자켓의 앞판 안단 마감

특징
- 겉면의 미관을 해치지 않으면서 구조를 보강
- 끝스티치처럼 보일 수 있으나, 외부에서는 거의 드러나지 않음

❖ 백스티치는 봉제선의 '속살'을 잡아주는 역할을 하며, 외형보다 기능을 중시할 때 사용된다.

 하의 수선의 모든 것

인치(inch) 단위 쉽게 이해하기

봉제나 수선 작업에서는 인치 단위를 자주 사용한다. 하지만 익숙하지 않은 사람들에게는 인치가 낯설고 어렵게 느껴질 수 있다. 이 장에서는 인치를 간단히 이해하고, 전자계산기를 이용해 빠르게 환산하는 방법을 소개한다.

1/16															
1/8		2		3		4		5		6		7		8	
1/4				2				3				4			
1/2								2							
1인치															

1. 인치는 '1'을 기준으로 쪼갠 단위이다

인치는 원래 '하나(1)'이다. 이 하나를 나누어 쓰는 방식이 바로 '분수'이다.

표현	읽는 법	뜻
1/2	반 인치	1개를 2개로 나눈 것 (0.5) = 1.27cm
1/4	사분의 일 인치	1개를 4개로 나눈 것 (0.25) = 0.635cm
1/8	팔분의 일 인치	1개를 8개로 나눈 것 (0.125) = 0.3175cm
3/8	팔분의 삼 인치	8개 중 3개 (0.375) = 약 0.95cm
3/4	사분의 삼 인치	1/2(0.5) + 1/4(0.25) = 0.75 = 약 1.9cm

2. 1인치는 몇 센티미터?

1인치 = 2.54cm이다. 이 기준을 이용해 간단히 계산할 수 있다.

- 1/2인치 = 2.54 × 0.5 = 1.27cm
- 3/8인치 = 2.54 × 0.375 = 0.9525cm

3. 전자계산기로 쉽게 환산하는 법

분수 표현	계산기 입력	소수	센티미터(cm)
1/8	1 ÷ 8	0.125	0.3175
1/4	1 ÷ 4	0.25	0.635
3/8	3 ÷ 8	0.375	0.9525
1/2	1 ÷ 2	0.5	1.27
5/8	5 ÷ 8	0.625	1.5875
3/4	3 ÷ 4	0.75	1.905
7/8	7 ÷ 8	0.875	2.2225
1	1	1.0	2.54

4. 인치를 어렵게 느끼는 분들에게

인치는 자로 직접 보고 익히기보다, 표를 보면서 전자계산기로 계산하는 습관이 훨씬 빠르고 정확하다. 계산기에서 3 ÷ 8= 0.375, 그 수에 × 2.54= 약 0.95cm. 이런 식으로 분수 → 소수 → 센티미터 순서로 확인해 보면, 숫자가 머릿속에 익혀진다.

분수	1	$\frac{7}{8}$	$\frac{3}{4}$	$\frac{5}{8}$	$\frac{1}{2}$	$\frac{3}{8}$	$\frac{1}{4}$	$\frac{3}{16}$	$\frac{1}{8}$	$\frac{1}{16}$	$\frac{1}{32}$	$\frac{1}{64}$
소수	1	0.875	0.75	0.625	0.5	0.375	0.25	0.187	0.125	0.062	0.031	0.016
cm	2.54	2.22	1.9	1.58	1.27	0.95	0.63	0.47	0.31	0.15	0.07	0.04

 하의 수선의 모든 것

공업용 미싱 사용법

1 실 끼우기

1. 윗실 끼우는 순서

① 실타래를 실받침에 올린다.

② 실을 위쪽 방향으로 뽑아, 첫 번째 실가이드 구멍에 통과시킨다.

③ 실가이드 기둥의 구멍에 실을 넣는다.

④ 실사절 뭉치를 통과시킨다.

⑤ 접시 모양의 텐션 디스크 사이로 실을 넣고, 위쪽으로 빼낸다. 텐션 디스크는 양쪽이 접시처럼 마주 보고 있으며, 실을 그 사이에 넣어야 적절한 실의 장력이 유지된다.

⑥ 스프링 철사를 넘겨 아래로 내려온다.
텐션 디스크 위쪽에 위치한 스프링 철사를 실이 가볍게 넘어가도록 하고, 다시 아래쪽으로 실을 내린다.

⑦ 스프링 뭉치 부위를 정확히 통과시켜야 한다.
텐션을 지난 실은 스프링 뭉치 부분을 통과하게 되는데, 이 부위를 잘못 끼우면 봉제 중 실이 끊어지거나 실의 장력이 불안정해질 수 있다. 스프링 뭉치는 재봉틀의 텐션 메커니즘 중 민감한 부분이므로, 반드시 정

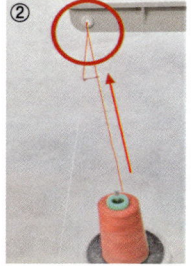

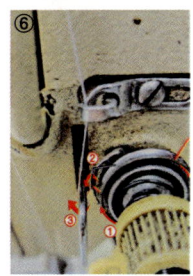

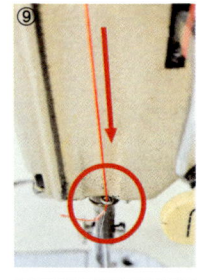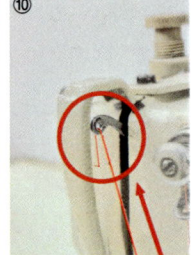
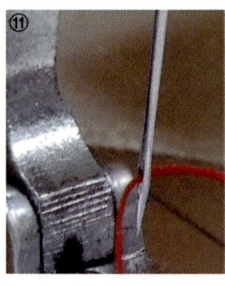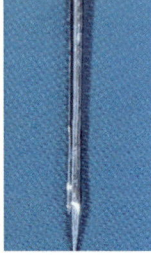
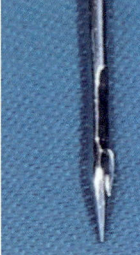

확한 위치로 통과시켜야 한다.

⑧ 'ㄱ'자 모양의 쇠 부위를 아래에서 위로 통과한다.
실은 재봉틀 전면에 위치한 'ㄱ'자 모양의 금속 지지대 아래를 통과한 후, 위로 올라가도록 한다. 이 과정은 실의 방향을 바르게 유지하는 데 중요한 역할을 한다.

⑨ '학머리' 형태의 실채기 구멍을 지나 아래로 내린다.
실채기는 재봉틀 작동 시 위아래로 움직이며 실을 당겨주는 중요한 장치이다. 학의 머리처럼 생긴 구멍을 실이 정확하게 지나가야 재봉 시 실이 뻑뻑하게 당겨지지 않고, 매끄럽게 작동한다.

⑩ 바늘 위에 위치한 실가이드 구멍을 통과한다.
실은 바늘 상단에 있는 작은 금속 고리나 구멍(실가이드)을 반드시 통과해야 한다.
이 과정을 생략하면 실이 바늘귀로 향하는 중간에 흔들리거나 벗어나기 쉽다.

⑪ 바늘 귀는 왼쪽에서 오른쪽 방향으로 실을 끼운다.
재봉틀용 바늘은 한쪽 면에 홈이 파여 있으며, 일반적으로 왼쪽 면에 길게 홈이 나 있다. 실은 왼쪽에서 오른쪽으로 끼우며, 홈을 따라 실이 부드럽게 흐를 수 있도록 해야 한다.

⑫ 바늘 오른쪽 면에는 움푹 파인 부분이 있다.
이 홈은 실이 바늘과 천 사이로 지나갈 수 있는 공간을 제공하며, 바늘의 구조적 특징이다. 실이 이 움푹 파인 부분을 따라 자연스럽게 움직이며 봉제 시 걸림 없이 작동하게 된다.

https://youtu.be/NHKeU6GuTz4 미싱실 끼우기

2. 밑실 끼우는 순서

① 보빈을 북집에 넣는다.
　실이 감겨 있는 보빈을 손에 들고, 북집 안쪽에 보빈을 넣는다. 이때 실이 시계 방향으로 풀리도록 방향을 맞추는 것이 중요하다.

② 북집 측면의 틈에 실을 끼운다.
　실은 북집 옆면에 있는 얇은 틈으로 넣어야 한다. 이 틈은 텐션을 조절하는 역할을 하며, 실이 이 경

로를 제대로 따라가야 안정된 봉제가 가능하다.

③ 누름판(텐션 스프링) 아래로 실을 통과시킨다.
   실을 위에서 아래로 누름판 아래로 밀어 넣으면 '딱' 하고 걸리는 느낌이 있다.
   이때 실을 살짝 당겨보았을 때 약간의 저항이 있어야 정상이다.

④ 북집의 손잡이를 잡는다.
   북집 윗부분에 달린 작은 손잡이를 펼쳐 쥐고, 가마에 넣을 준비를 한다.

⑤ 가마에 북집을 끼워 넣는다.
   침판 아래에 위치한 가마(보빈케이스)에 북집을 넣는다.
   이때 북집의 반달 모양 홈이 반드시 위를 향해야 한다.
   방향이 틀어지면 보빈이 헛돌거나 재봉이 제대로 이루어지지 않을 수 있다.

⑥ 가마 속에 북집이 정확하게 들어간 상태를 확인한다.
   북집이 '딸깍' 소리와 함께 제자리에 들어가야 하며, 손잡이를 살짝 흔들어보아 고정 여부를 확인한다.

 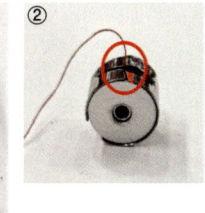
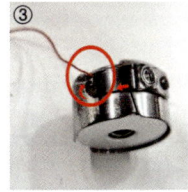 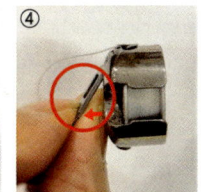
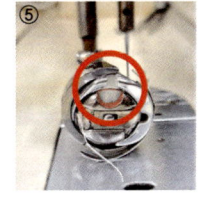 

 ◆ 가마가 미싱에 고정되어 있는 모습이다.

 ◆ 가마는 뾰족한 부분이 바늘의 홈을 지나면서 실을 걸어준다.

북집을 가마에 넣을 때 **똑** 하는 소리가 났을 때 제대로 끼워진 것이다.
제대로 끼우지 않고 미싱을 사용하게 되면 바로 **고장**이 생긴다.

3. 밑실 감는 방법 1

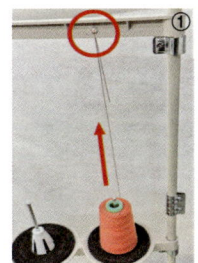 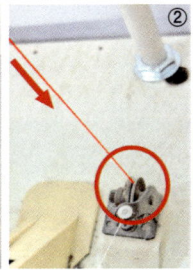 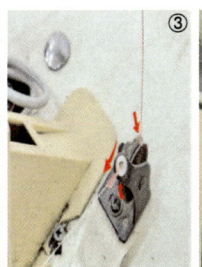   

공업용 미싱 사용법   75

① 실타래를 실꽂이에 올리고, 실을 첫 번째 구멍에 통과시킨다.
실타래를 재봉틀 위의 실꽂이에 올린 후, 실이 위쪽으로 자연스럽게 풀리도록 조정한다.
그다음 실꽂이 옆의 첫 번째 금속 고리나 구멍을 실이 지나가도록 한다.

② 접시 모양의 텐션 디스크 사이에 실을 끼우고 위로 빼낸다.
실을 텐션 디스크 사이에 끼워서 위로 당겨준다.
이 단계는 실이 균일한 장력으로 보빈에 감기도록 도와준다.

③ 흰색 가이드 구멍을 아래에서 위로 통과시켜 실을 뽑아낸다.
일부 재봉틀에는 흰색의 작은 실가이드 구멍이 있으며, 실을 아래에서 위로 통과시켜야 실이 흐트러지지 않는다.

④ 빈 보빈을 보빈축에 끼운다.
실을 통과시킨 후, 빈 보빈을 재봉틀 상단의 보빈 감기 전용 축에 끼운다.
보빈은 딱 들어맞는 위치에 정확히 끼워야 한다.

⑤ 실을 보빈에 시계 방향으로 감아준다.
보빈의 구멍에 실을 넣고, 시계 방향으로 몇 바퀴 손으로 감아준다. 이는 초기 고정을 위한 작업으로, 실이 헛돌지 않도록 하는 중요한 단계이다.

⑥ 보빈축을 오른쪽으로 밀고, 발판을 밟아 감기기를 시작한다. 보빈축을 앞으로 밀면 자동으로 감기 모드로 전환된다. 이후 재봉틀의 발판(페달)을 밟으면 보빈이 회전하며 실이 감기기 시작한다.

4. 밑실 감는 방법 2

① 바늘에 끼운 실(윗실)을 잡아 빼내어, 오른쪽 옆에 위치한 보빈에 감는다.
바늘실은 이미 텐션을 지난 상태로 적절한 장력을 가지고 있으므로, 이를 그대로 이용해 보빈에 실을 감을 수 있다.

② 보빈에 실을 시계 방향으로 약 12바퀴 정도 손으로 감는다.
실을 감기 시작할 때는 손으로 천천히 고르게 감아야 보빈이 헛돌지 않으며, 이후 자동 감기 시에도 안정적으로 이어질 수 있다.

③ 보빈을 앞쪽으로 밀어주면, 피대(모터 회전축)에 바퀴가 닿아 자동으로 감기 모드로 전환된다.
이때 '딸깍' 하는 느낌과 함께, 보빈이 회전하며 실을 감을 준비가 된다.

④ 보빈과 바늘에 각각, 직각을 이루도록 손으로 지지해준다.

2 미싱 기본 상태

① 윗실과 아랫실의 장력 맞추기

봉제 시 윗실과 아랫실은 서로 당기는 힘이 같아야 한다.
이를 장력(조시)이라고 하며, 균형이 맞지 않으면 실이 위아래로 치우쳐 매듭이 겉으로 드러나는 문제가 생긴다.

- 실의 색을 구분하여 설명하면, 윗실이 파란색, 아랫실이 빨간색일 때 윗면에서는 빨간 실이 거의 보이지 않는 정도가 적정 장력이다.
- 만약 윗실의 장력이 너무 강하면 아랫실이 위로 올라오고,
- 반대로 아랫실의 장력이 강하면 윗실이 아래로 내려가면서 원단의 안팎에 실이 들쑥날쑥하게 드러난다.

장력 조절 방법

재봉틀의 앞부분에 위치한 장력 조절 나사(사진의 1번)를 사용한다.

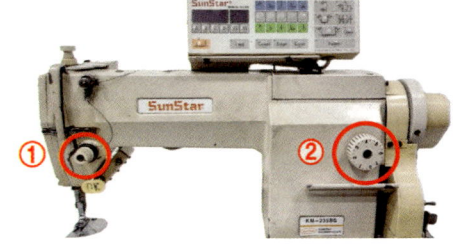

- 왼쪽(반시계 방향)으로 돌리면 → 장력이 느슨해지고
- 오른쪽(시계 방향)으로 돌리면 → 장력이 팽팽해진다.

또한, 윗실만 조정해도 해결되지 않을 경우, 아랫실(보빈)의 장력도 점검해 보아야 한다.
보빈 케이스 측면의 작은 나사를 조절하면 아랫실 장력도 조정할 수 있다.

② 바늘 땀수 조절하기 (스티치 길이)

땀수는 바늘이 한 번에 전진하며 만드는 스티치의 길이이다.
일반적으로 2~3mm 사이가 기본 설정이다.

- 땀수가 너무 짧으면 → 실이 뭉쳐지고 천이 뻣뻣해질 수 있습니다.
- 땀수가 너무 길면 → 실이 느슨하고 뜯어지기 쉬운 봉제가 됩니다.

땀수 조절 방법
재봉틀 앞쪽의 땀수 조절 나사(사진의 2번)를 이용하여 조정한다.

봉제할 원단의 두께, 질감, 의류의 용도에 따라 땀수를 적절히 조절해주는 것이 좋다.

3. 미싱을 하는 기본 자세

① 바늘을 중심으로 '직각 삼각형'을 만든다

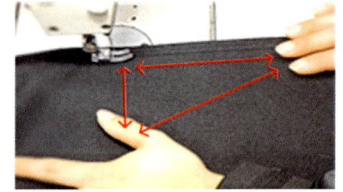

바늘이 원단에 꽂힌 지점을 한 점으로 삼고, 왼손과 오른손을 각각 좌우로 벌려 천을 잡는다.
이 세 지점을 연결하면 '직각 삼각형'의 형태가 되며, 이것이 기본 봉제 자세이다.

- 원단은 팽팽하지만 긴장하지 않은 상태로 펼쳐야 한다.
- 이렇게 하면 천이 울거나 주름지지 않고, 곧게 봉제가 가능하다.

② 재봉틀은 직선 전진만 가능하다

재봉틀은 구조적으로 발판을 밟으면 전진하는 직선 봉제만 가능하다.
기계는 앞쪽으로만 밀며 바느질하므로, 사람이 천을 비틀면 바늘이 삐뚤게 박히게 된다.

주의사항:
- 이 비틀리거나 사선으로 박히는 주된 원인은 손에 불필요한 힘이 들어가 있기 때문이다.

- 손은 '끌고 가는 역할'이 아니라 '받쳐주는 역할'을 해야 한다.
- 바늘에 꽂힌 원단을 한 점으로써, 직각으로 삼각형이 되도록 한다.

③ 왼손과 오른손의 역할

- 왼손: 천이 바늘보다 뒤처지지 않도록 부드럽게 밀어주거나 받쳐주는 역할을 한다. 힘을 줘서 당기는 것이 아니라, 기계가 천을 앞으로 보낼 때 그 흐름을 따라가도록 도와주는 것이다.
- 오른손: 천의 방향을 조절하고, 시접(바느질 선 위치)을 바르게 유지시켜 주는 역할을 한다. 바늘이 어느 선을 따라 박힐지를 시각적으로 확인하며, 방향을 잡아주는 것이 핵심이다.

핵심 팁
"재봉은 손이 밀고 끄는 게 아니라, 기계가 당기는 것을 손이 받쳐주는 작업이다." 따라서 손에 불필요한 힘을 빼고, 천이 자연스럽게 직진하도록 부드럽게 움직여야 한다.

https://youtu.be/gOQfQ0BA_PM 재봉하는 자세

4 재봉 자세와 정지 훈련 - 숙련을 위한 기본기

재봉틀을 다룰 때 가장 중요한 것은 바른 자세와 정확한 멈춤의 감각이다. 단순히 바느질을 이어 나가는 것이 아니라, 원하는 지점에서 원하는 타이밍에 정확히 멈출 수 있는 능력이야말로 숙련자의 핵심 기술이다.

1. 바른 자세는 '직각 삼각형'에서 시작된다

재봉을 시작할 때의 손 위치는 매우 중요하다. 기본 자세는 세 개의 점을 기준으로 한 '직각 삼각형'을 만드는 것이다.

- 바늘: 천에 실을 박는 기준점

- 오른손: 박는 방향과 폭을 조절하는 점
- 왼손: 천의 흐름을 보조하는 점

이 세 점이 직각 삼각형을 이루도록 원단을 펼치고, 허리를 곧게 편 채 안정된 자세로 재봉을 시작해야 한다.

2. 재봉틀은 '멈출 수 있는 기술'이 관건이다

재봉틀은 발판을 밟으면 전진하고, 발을 들면 멈추는 구조이다. 하지만 실제로 원하는 위치에서 정확히 멈추는 것은 단순한 동작 이상의 기술이다.

- 초보자는 멈추는 타이밍을 놓치고,
- 숙련자는 박고 싶은 정확한 지점에서 노루발을 들고 방향을 바꾼다.

특히 직각선(코너)에서는 반드시 멈춘 뒤, 노루발을 들어 방향을 꺾어야 천이 꼬이지 않는다.

3. 노루발을 들 때 실이 끊어지는 이유

노루발을 들지 않은 상태에서 천을 돌리거나, 급하게 들려고 하면 실이 끊어지는 경우가 많다. 이러한 실수는 초보자에게 흔히 나타나는 현상이며, 노루발을 드는 타이밍과 실의 여유를 파악하는 반복 훈련을 통해 개선할 수 있다.

4. 5cm씩 멈춰가며 연습하는 것이 진짜 실력

초보자에게 가장 효과적인 훈련 방법은 5cm 단위로 끊어 박는 연습이다.

- 한 번에 쭉 이어 박는 것은 단순한 기계적 반복일 뿐,
- 5cm마다 멈추고 다시 방향을 잡는 연습을 통해 진짜 기술을 익힐 수 있다.

이런 연습은 손의 감각, 시야의 정확성, 발판의 조절력을 동시에 키워준다.

5. 종이 위에 박으며 감각을 익히자

실제 천으로 연습하기 전에는 종이를 원단 위에 올리고 박는 연습이 매우 효과적이다.

- 종이는 바늘 자국이 선명하게 남아, 박음선의 정확성을 쉽게 확인할 수 있고
- 천 위에 올려두면 원단의 밀림 없이 연습이 가능하다.

결국, 숙련자란 박는 속도가 아니라 '멈추는 기술'을 가진 사람이다.
자기만의 자세와 리듬을 만들어가기 위한 반복 연습이, 재봉을 진짜 기술로 끌어올린다.

아래의 그림을 복사해서 연습하는 가이드로 사용하면 된다.

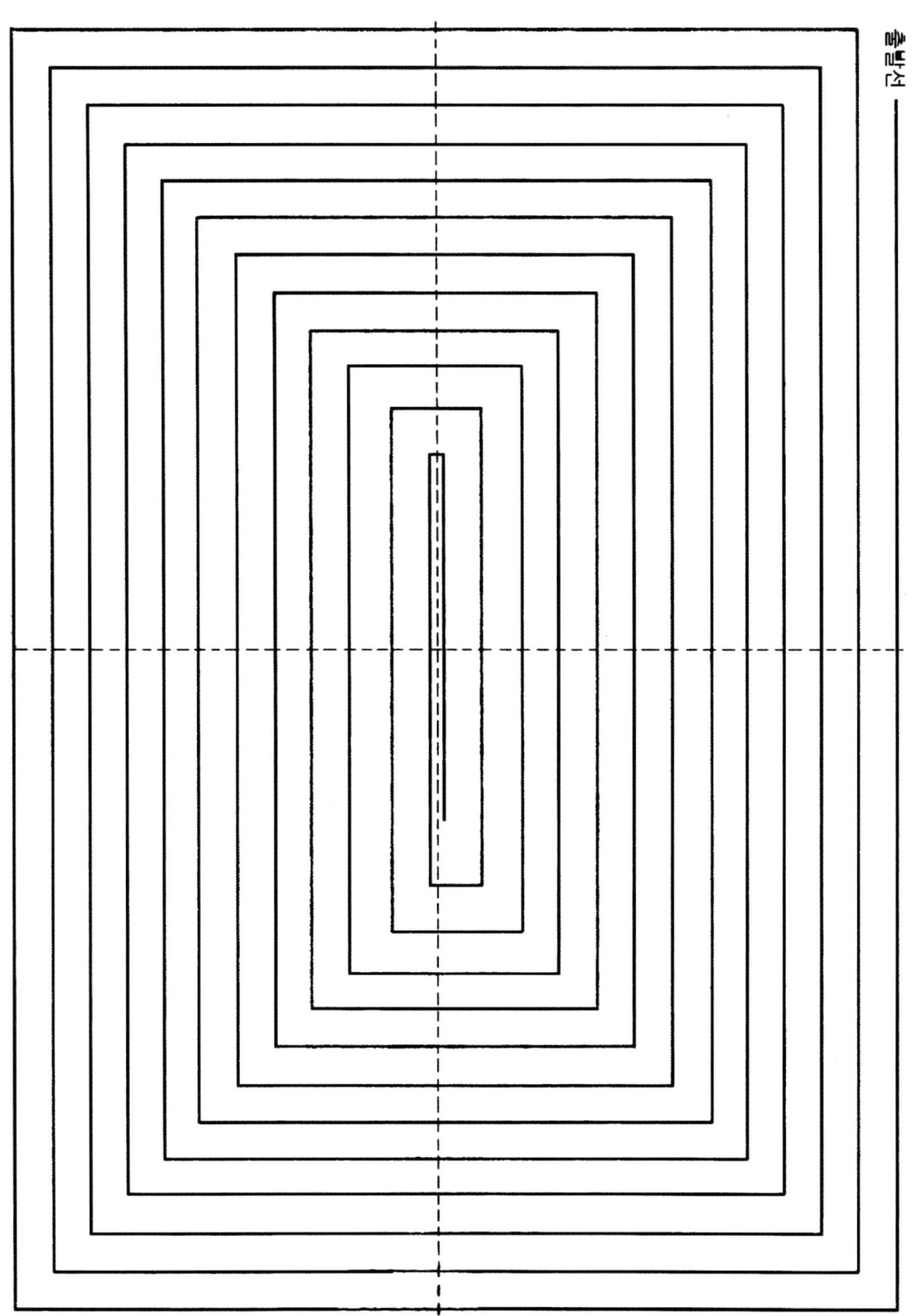

5. 미싱의 테크닉을 연습하는 가이드

미싱은 '직선 기계', 곡선은 '사람의 기술'

재봉틀(미싱)은 기본적으로 전원을 켜고 발판을 밟으면 앞으로 직선으로 전진하는 기계이다. 실제로 옷을 봉제하는 힘은 미싱이 내지만, 방향과 위치를 조절하는 역할은 오롯이 사람의 손과 몸에 달려 있다.

1. 미싱의 기본 원리: 기계는 전진, 사람은 조율

- 오른손은 박음질이 이루어질 지점을 정확히 안내해주는 역할을 한다.
- 왼손은 원단이 뒤처지지 않도록 받쳐주거나 가볍게 밀어주는 역할을 한다.

❖ 단, 왼손이 앞에서 세게 당기거나, 오른손이 뒤에서 끌어당기는 일은 특수한 상황(예: 두꺼운 원단, 경사진 박음선 등)에서만 필요하다. 일반적인 경우, 미싱은 스스로 원단을 끌어가며 박고 있기 때문에 손은 방향과 위치만 가볍게 안내하면 된다.

2. 곡선 박음질: 손과 발, 무릎까지 모두 사용하는 '전신 기술'

곡선이나 꺾인 선을 박을 때는 단순히 미싱을 밟는 것만으로는 해결되지 않는다.
이때는 사람의 손과 발, 무릎까지 모두 동원되어야 한다.

- 오른 무릎: 노루발을 들어 원단의 방향을 바꾸기 위해 사용
- 오른발: 발판을 밟아 재봉의 리듬을 조절
- 양손: 원단을 살짝 돌리고, 위치를 맞추며, 천의 흐름을 보조

이러한 움직임은 단순히 기계를 조작하는 것이 아니라, 사람이 능동적으로 곡선을 만들어내는 과정이다.

3. 곡선 재봉의 리듬 - '박고, 들고, 돌리고, 놓고' 반복

곡선을 재봉할 때는 다음의 순서를 한 땀, 두 땀씩 매우 천천히 반복해야 한다.

박고 → 들고 → 돌리고 → 놓고 → 박고 → 들고 → 돌리고 → 놓고...

이 동작을 리듬처럼 반복하면서 천천히 곡선을 따라가야 매끄러운 곡선, 혹은 정교한 원형이 만들어진다.

❖ 한 번에 '드르륵' 박아서 원이 완성되는 일은 없다. 사람이 직접 박는 곡선은 천천히, 정성스럽게 만들어지는 것이다.

4. 곡선 연습의 기본 태도

곡선을 잘 박기 위한 유일한 방법은 반복 연습뿐이다. 곡선을 따라 정확히 박아가는 손의 감각, 발의 조절력, 노루발을 드는 무릎의 타이밍까지 이 모든 것은 몸으로 익히는 숙련의 영역이다.

- 재봉은 기계의 일이 아니라 사람의 일이다.
- 기계는 직선으로만 전진하지만, 곡선은 사람의 몸 전체로 만들어내는 섬세한 기술이다.

아래의 그림을 복사해서 연습하는 가이드로 활용하면 된다.

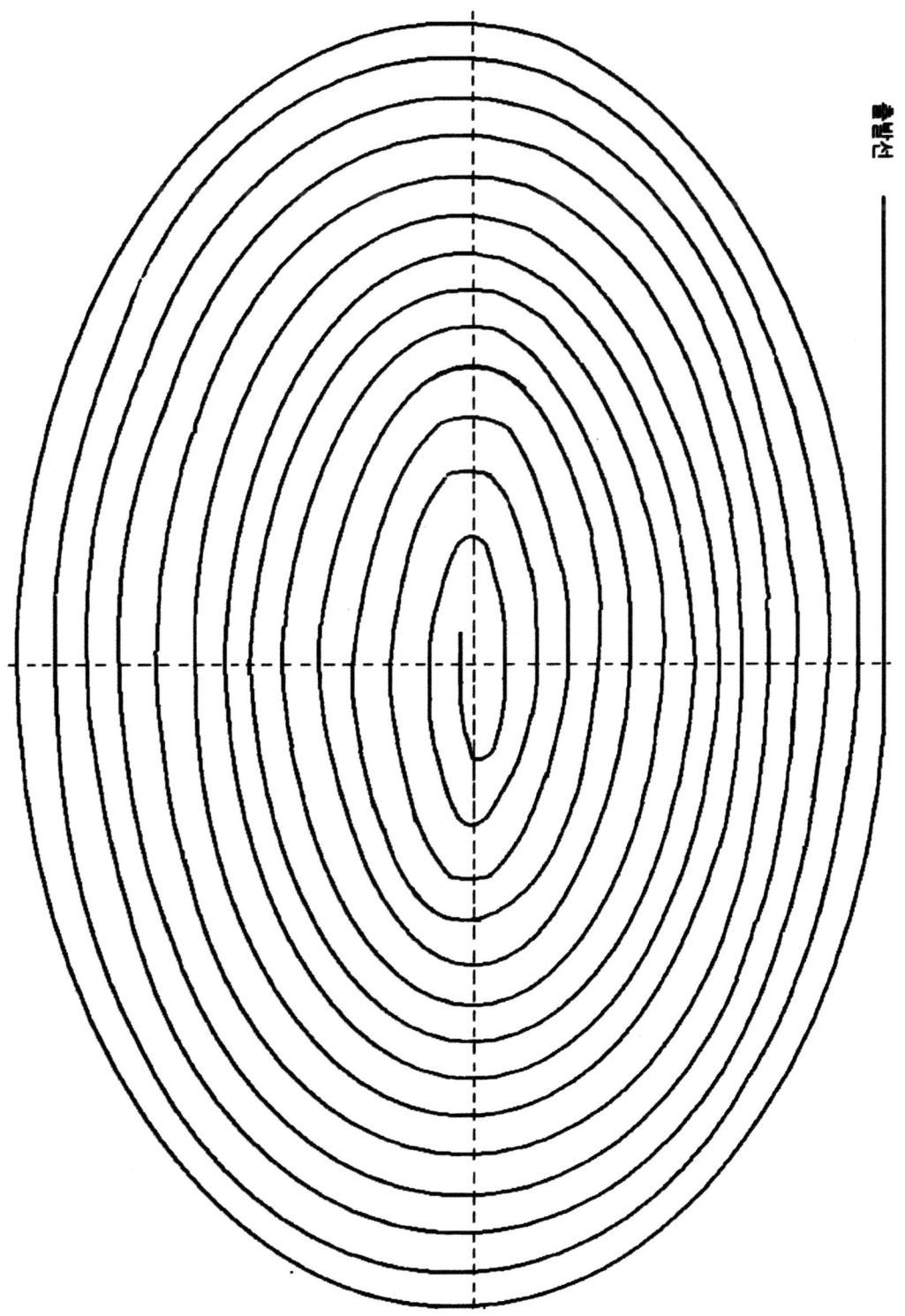

수선의 미학
— 완벽함이 아닌, 회복에서 피어나는 아름다움

세상에는 새것을 좋아하는 흐름이 있다. 반짝이는 옷, 한 번도 입지 않은 태그가 붙은 옷, 주름 하나 없는 매끈한 옷. 그러나 오래 입은 옷에는, 새 옷이 줄 수 없는 다른 종류의 아름다움이 있다. 그 아름다움은 '흠 없는 상태'에서가 아니라, 시간과 손질을 통해 회복된 자리에서 태어난다. 그것이 바로 수선의 미학이다.

수선은 어떤 이상적인 형태를 다시 만드는 일이 아니다. 그보다는 실패하거나 망가진 것을 받아들이고, 그것을 안고 다시 조율하는 예술이다. 기장을 자르고, 주름을 펴고, 뜯어진 솔기를 박는 이 모든 과정은 단순히 고치는 행위가 아니라, 남겨진 것의 가능성을 믿는 태도이기도 하다.

수선은 과거의 흔적을 지우는 것이 아니다. 오히려 그 흔적을 존중하면서도 지금의 몸, 지금의 감각, 지금의 상황에 어울리도록 옷을 다듬는 일이다. 그래서 수선된 옷은 완전히 새 옷과는 다르다. 그 옷에는 사람의 손길이 담겨 있고, 몸의 기억이 남아 있으며, 그 옷을 입고 살아온 시간들이 여전히 스며 있다.

미학이란 '아름다움에 대한 철학'이다. 그렇다면 수선의 미학은 이렇게 말할 수 있다.

"흠 없는 것이 아름다운 것이 아니라, 흠을 지나온 것에 정성을 더해 다시 살아난 것이 아름답다."

바느질 선 하나, 손으로 누른 다림선 하나, 시접 끝의 마무리 하나에도 미학이 깃든다. 그 옷을 입는 사람은 자신도 모르게 그런 '조용한 손끝의 정성'을 느끼게 된다.

수선된 옷을 입고 거울 앞에 선 순간, 사람은 스스로에게 말하게 된다.

"아, 나 아직 괜찮구나."

이 말 한마디가, 수선이라는 행위가 품고 있는 가장 깊은 아름다움이 아닐까?

수선은 낡은 옷을 살리는 일이지만, 그 안에는 삶을 다시 존중하고, 자신을 다시 사랑하게 만드는 힘이 숨어 있다.

그 조용하고 깊은 움직임이 바로 수선의 미학이다.

바느질의 본질
— 잇는 일, 지우지 않고 연결하는 기술

바느질은 단순히 천과 천을 이어 붙이는 일이 아니다. 그 사이에는 끊어진 것을 다시 잇고, 떨어진 것을 붙이며, 무너진 형태를 다시 세우는 정리의 손길이 숨어 있다.

무엇이든 새롭게 만들 때는 자유가 있다. 그러나 고쳐야 할 때는 자유보다 겸손이 먼저 필요하다. 있는 것을 지우지 않고, 있던 것을 존중하며 흔적을 감싸는 방식으로 연결하는 것. 그것이 바느질의 본질이다.

실 한 줄, 바늘 한 자루에 담긴 마음은 생각보다 깊다. 한 땀을 박고 나면, 그 위에 다시 한 땀을 올리지 않는다. 앞선 바늘의 흐름을 따르며, 다음 자리를 정한다. 혼자 나아가지 않고, 이전의 흐름과 어긋나지 않으려는 태도. 바느질은 그렇게 '질서 속의 창조'이다.

빠르게 꿰매는 것이 능숙한 게 아니다. 어디에 박아야 옷이 더 편안하게 흐를지를 생각하며, 박은 선이 입는 사람의 몸을 따라 유연하게 움직이도록 하는 것. 그것이 좋은 바느질이다.

수선이라는 일이 대단해 보이지는 않는다. 그러나 바느질 하나로 옷이 다시 살아나고, 입는 사람이 '다시 자신다워지는' 순간을 만들어낼 수 있다.

그래서 리패셔너는 단순히 꿰매는 사람이 아니다. 흐름을 읽고, 감정을 꿰고, 몸과 옷 사이를 연결하는 사람이다. 바느질의 본질은 그래서 다음과 같이 말할 수 있다.

"새로 만드는 것이 아니라, 다시 이어주는 것."

끊어진 시간과 의미, 흔들린 핏과 기억의 조각을 실과 손끝으로 다정하게 묶는 그 기술.

그것이 리패셔너의 바느질이고, 우리가 지켜야 할 수선의 정신이다.

직선과 곡선 사이
— 핏을 결정하는 것은 자, 감각, 그리고 마음

옷을 고칠 때 우리는 먼저 선을 긋는다. 직선을 긋고, 곡선을 긋고, 그 선을 따라 원단을 자르고 봉제를 시작한다. 그러나 그 선은 단순한 도형이 아니다. 직선과 곡선 사이에는 수치로는 설명되지 않는 감각이 숨어 있다. 직선은 정직하다. 눈으로 보기에 정확하고, 자로 재기에도 편리하다. 깔끔하고 단단하며, 안정감을 준다.

하지만 옷은 사람이 입는다. 사람의 몸은 직선으로 되어 있지 않다. 허리는 둥글고, 어깨는 기울고, 팔은 움직이며, 움직임은 항상 곡선으로 이루어진다.

그래서 수선을 하다 보면 늘 부딪히게 된다. '이건 직선으로 잘라야 할까, 곡선으로 다듬어야 할까.' 자로 잰 그대로 선을 그었지만, 막상 입으면 이상한 경우가 생긴다.

이론적으로는 완벽하지만, 몸이 원하는 자연스러운 흐름을 따르지 못했기 때문이다. 리패셔너는 그 사이를 읽어야 한다. 정확함과 자연스러움, 계산과 감각 사이의 공간. 그 좁고 미묘한 간극 안에서 진짜 '핏'이 만들어진다.

어떤 바지는 무릎부터 일자로 뻗어야 안정되고, 어떤 재킷은 어깨 곡선을 조금 더 타이트하게 줄여야 자연스럽다. 하지만 그 판단은 오직 '입는 사람'을 머릿속에 떠올릴 수 있을 때만 가능하다.

직선과 곡선 사이에는 기술이 있지만, 그보다 더 중요한 건 그 사람을 떠올리는 마음이다.

리패셔너는 실력자가 아니다. 몸을 이해하고, 마음을 배려하고, 선 위에서 결정을 내리는 조율자이다.

직선 하나를 곡선으로 바꾸는 일,

혹은 곡선 하나를 직선처럼 곧게 펴는 일은 단순한 수정이 아니라,

그 사람의 하루를 상상하는 손끝의 철학이다.

핏의 정의
─ 치수로는 설명할 수 없는 어울림

핏이란 무엇일까? 허리 29인치, 어깨 44cm, 소매 60cm. 수치는 옷을 설명할 수 있지만, 사람을 설명하지는 못한다. 핏은 단지 '맞는 것'이 아니라, 어울리는 것이다. 몸에 맞는 옷이라고 해서 그 옷이 나에게 편한 것은 아니다. 딱 떨어지는 실루엣이라 해도 마음까지 편안해지는 것은 또 다른 문제이다. 그래서 리패셔너는 수치보다 느낌을 먼저 묻는다.

"이 옷, 입었을 때 어떤 느낌이 드셨나요?"

핏은 숫자보다 감각이다. 걸을 때 자연스러운지, 앉을 때 당기지 않는지, 거울 앞에 섰을 때 내 모습이 편안한지. 핏은 '정확함'보다는 '어울림'에 가깝다. 옷이 몸에 붙는 방식, 몸이 옷을 따라 움직이는 방식, 그리고 그것이 나라는 사람의 기분과 태도까지 변화시키는 흐름. 리패셔너는 그 흐름을 읽는다.

'이 사람은 허벅지가 조금 더 여유 있어야 마음이 편하구나.'

'이분은 어깨가 넓은 편이지만, 부드럽게 흘러야 어울리는구나.'

그 판단은 자로 잴 수 없고, 눈과 손, 그리고 마음으로 느끼는 균형이다. 핏을 만든다는 것은 단순히 옷을 줄이거나 늘리는 것이 아니라, 그 사람의 걸음걸이, 말투, 표정까지 함께 상상하는 일이다. 그래서 핏은 기술이 아니라, 해석이다. 몸이라는 텍스트를 읽고, 그 위에 어울리는 문장을 다시 써주는 작업. 핏을 잘 맞췄을 때, 사람은 스스로를 다르게 느낀다.

"이 옷, 나 같아요."

그 한마디에 담긴 뉘앙스는 명확하다.

핏이 맞았다는 건, 내가 나로 느껴진다는 뜻이다.

핏의 정의는 이렇다.

몸을 감싸는 치수이자, 몸에 어울리는 감각이며, 마음을 잇는 여백.
그것이 우리가 다듬는 핏이다.

 하의 수선의 모든 것

바지통 줄이기

1 바지 옆솔기 정확한 봉제 방법

    바지의 옆솔기나 안솔기를 봉제할 때, 두 판의 길이가 같아 보이더라도 실제로 봉제를 해보면 미세한 차이로 인해 한쪽이 늘어나거나 밀리는 현상이 자주 발생한다. 이로 인해 바지통이 비틀어지거나, 완성 후 기장이 어긋나는 문제가 생기기 쉽다. 이러한 오류를 방지하려면, 봉제를 한 번에 끝내려 하기보다는, 구간을 나누어 조정하며 박는 방식이 훨씬 안정적이다.

2 정확한 봉제를 위한 단계별 요령

1. 허리선을 미싱에 먼저 물린다.

    봉제를 시작할 위치인 허리선을 미싱에 고정시켜 놓는다.
    실을 걸고 박기 전 위치만 맞춰두는 단계이다.

2. 손으로 발목 끝점을 잡아 길이를 확인한다.

    허리를 고정한 상태에서 손으로 발목 끝부분을 가볍게 당겨서,

좌우 판의 길이가 정확히 맞는지 확인한다.
이때 차이가 생긴다면, 시접을 다시 조정하거나 너치를 기준으로 다시 맞추어야 한다.

3. 중간 지점을 잡아 1차 봉제를 시작한다.

허리와 발목 끝을 맞춘 상태에서 중간 지점을 찾아 핀으로 고정하거나 손으로 눌러 조정한다. 그런 다음, 허리에서 중간까지 1차 봉제를 진행한다.

4. 다시 끝을 맞추고, 남은 구간을 봉제한다.

중간까지 봉제한 뒤, 다시 발목 끝을 맞추고, 남은 구간의 중간을 잡아가며 중간 → 발목 방향으로 봉제를 이어간다. 이 과정을 반복하면 원단이 밀리지 않고 꼬임도 방지된다.

3 한 번에 끝까지 박으려는 실수

처음부터 끝까지 봉제를 단숨에 마치려 하면, 봉제 기계의 압력과 손의 힘, 원단의 성질 등에 의해 미세한 밀림이 생기기 마련이다. 이 미세한 오차는 작업 도중에는 눈에 잘 띄지 않지만, 완성 후에는 다리 기장이 다르거나, 봉제선이 뒤틀리는 문제로 이어질 수 있다.

4 바지 안솔기 정확한 봉제 방법

1. 너치(notch) 표시와 정렬 - 앞뒤 판의 비대칭을 고려한 정밀 봉제

안솔기를 정확하게 봉제하기 위해 너치를 표시하는 것은 필수이다. 하지만 여기서 더 중요한 것은, 앞판과 뒤판의 너치 위치가 서로 다르다는 점을 이해하고, 이를 조정하면서 봉제하는 것이다.

2. 너치 위치 요약

샅점에서 3cm 정도 떨어진 지점에 하나, 무릎선에서 약 5㎝ 올라간 지점에 하나가 있다. 앞판과 뒤판 너치의 위치를 비교해보면 길이가 서로 다르다. 앞판은 인체의 앞쪽 곡선(완만한 곡선)에 맞춰져 있어 너치 위치가 상대적으로 높거나 짧게 설정된다. 뒤판은 힙과 허벅지의 라인을 감싸야 하므로 더 깊은 곡선을 가지며, 너치가 상대적으로 낮고 길게 배치된다.

3. 이때 주의할 점

너치 위치가 다르더라도, 봉제 시에는 두 지점을 "살짝 당겨 맞추어" 정렬해주는 것이 핵심이다. 두 너치를 정확히 맞춰서 고정한 후, 원단을 살짝 당기듯 조절하면서 봉제해야 무릎선부터 발목까지가 깔끔한 직선으로 연결된다.

https://www.youtube.com/@refashion5975 옷새로이
https://youtu.be/XF6gdQl11yk 통 전체 줄이기

왜 이렇게 해야 할까?
앞판보다 뒤판의 길이가 더 길게 재단되는 이유는, 인체의 곡선을 자연스럽게 감싸기 위한 입체 설계 때문이다. 이 차이를 그대로 두고 봉제하면 무릎 아래 봉제선이 휘거나, 바지통이 뒤틀리는 현상이 생긴다.
따라서 다음과 같은 순서로 봉제하는 것이 이상적이다. 샅점 기준 너치를 맞춰 고정한 후, 무릎 너치의 위치를 확인하고, 앞판 쪽 원단을 살짝 당기듯 정렬하고 봉제한다. 무릎 너치점을 박았으면 발목 기장 끝을 잡아 길이를 확인하고 밀리지 않게 일정한 시접으로 봉제한다.

실무 조언

"너치는 '같은 위치'가 아니라 '기준을 맞춰주는 점'이다."

봉제자는 이 기준점을 어떻게 활용하느냐에 따라 결과물이 달라진다. 단순히 너치를 맞추는 것이 아니라, 그 차이를 인지하고 '조정하는 힘'이 필요하다.

① 바지통 수선 전 핏 확인과 표시 방법

바지통을 줄이고자 할 때는, 수선에 앞서 실제로 바지를 착용해 보고 핏을 정하는 것이 바람직하다. 입체적으로 몸에 맞는 라인을 확인함으로써, 단순한 이론상의 조정보다 더 정밀하고 자연스러운 수선이 가능하다.

❶ 착용 후 핏을 확인한다.

바지를 착용한 상태에서 전신 거울 앞에 서서 전체적인 실루엣을 점검한다.
이때 허리, 힙, 허벅지, 무릎, 발목 등 주요 부위의 여유 있는 부분을 중심으로 주의 깊게 살펴본다.

❷ 여유분은 핀으로 체크한다

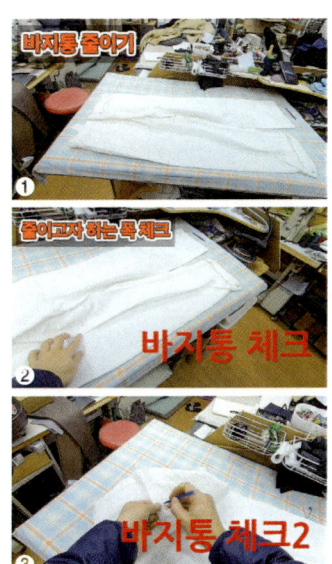

핏이 넉넉하거나 뜨는 부분은 손으로 살짝 집어 핏을 잡은 후, 핀으로 고정하여 줄이고자 하는 양을 시각적으로 확인한다.
좌우 균형이 맞도록 고정하는 것이 중요하며, 필요 시 보행이나 앉은 자세도 함께 고려하여 조절한다.

❸ 핀 고정 부위는 쵸크나 펜으로 표시한다

핀으로 고정한 부위는 수선 전 반드시 표시해 두어야 한다.
쵸크나 열펜, 등을 활용하여 표시한 뒤, 핀은 제거한다.
이 과정을 통해 수선 작업 중 기준선을 놓치지 않고 정확한 수선이 가능해진다.

❹ 원단의 색상에 따라 표시 도구를 선택한다

유색 옷감의 경우에는 백색 쵸크(자고)를 사용하면 표시가 잘 보인다.
흰색 원단에는 열펜을 활용하면 눈에 잘 띄고, 다림질 시 자연스럽게 사라져 깔끔한 처리가 가능하다.

② 바지통 수선을 위한 준비 작업

바지통을 줄이기 위한 수선은 단순한 축소 작업이 아니라, 전체적인 실루엣을 조정하는 정밀한 과정이다. 이를 위해서는 본격적인 봉제에 앞서 분해, 정리, 다림질의 준비 단계를 철저히 거쳐야 하며, 이 과정에서의 정교함이 완성도 높은 결과물을 결정짓는다.

❶ 허릿단과 몸판을 분리한다

이때 허릿단에 부착된 벨트 고리, 라벨, 사이즈 탭 등도 함께 제거하며,

작은 부속물은 분실되지 않도록 별도의 주머니나 지퍼백 등에 따로 보관한다.

❷ 봉제선을 분해한다

분해는 뒷중심의 힙선부터 시작한다.
그다음 안솔기 전체를 분리하여 바지통이 완전히 펼쳐질 수 있도록 한다.
이러한 분해 과정을 통해 앞판과 뒤판을 자유롭게 펼쳐 다룰 수 있으며, 수선선을 정확하게 설정할 수 있다.

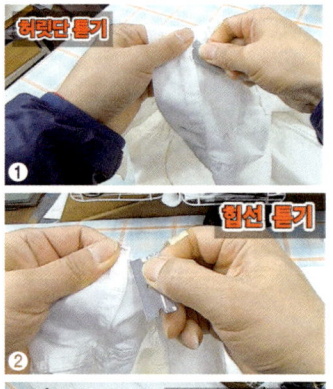

❸ 앞판과 뒤판을 마주 놓고 다림질한다

분해가 완료되면, 앞판과 뒤판을 겉면이 서로 마주보도록 포갠 상태로 놓고,
원단의 주름과 말림을 다림질로 곧게 펴준다.
앞판의 무릎 부위가 착용으로 인해 늘어난 경우에는 스팀 다림질을 활용하여 늘어난 부분을 줄여준다.
또한 실밥이나 먼지가 남아 있는 봉제선 부위는 깨끗이 제거하고, 말려 있던 원단은 전체적으로 펼쳐 정돈한다.

❹ 뒤판의 밑위(살) 부분을 조정한다

분해된 바지를 살펴보면, 대부분 뒤판의 밑위 곡선, 즉 살 부분이 착용과 활동으로 인해 늘어나 있는 경우가 많다.
이 부분은 원단의 결 방향에 맞추어 가볍게 당겨 조정하거나, 스팀 다림질을 통해 형태를 복원한다.
늘어난 원단을 억지로 줄이기보다는, 원단이 본래 지닌 방향성과 탄성을 고려하여 자연스럽게 되돌리는 것이 바람직하다.

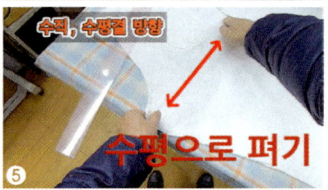

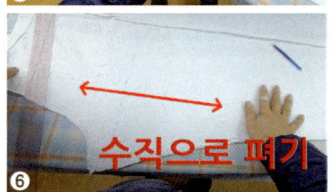

❺ 다림질은 결 방향을 기준으로 진행한다

다림질을 할 때는 반드시 원단의 결 방향을 기준으로 진행하여야 한다.
잘못된 방향으로 다림질할 경우, 원단이 비틀리거나 형태가 왜곡될 수 있기 때문이다.
결 방향을 확인하는 방법은 간단하다.
원단을 양옆으로, 또는 위아래로 가볍게 당겨 보았을 때 비틀림이 발생하지 않으면 결이 맞는 방향이다.
만약 뒤틀림이 느껴진다면, 원단의 위치를 조금씩 조정하면서 정확한 결 방향을 찾아야 한다.

❻ 정리하면

바지통 수선은 겉으로 보이는 봉제선보다, 그 아래 숨겨진 준비 과정이 더욱 중요하다.
허릿단의 분리, 봉제선의 해체, 스팀 정리, 결 방향 다림질 등 일련의 절차는 바지의 형태를 재정립하는 과정이며,
이 과정을 정성스럽게 수행하면 봉제 이후의 실루엣 또한 깔끔하고 안정적으로 마무리된다.

③ 기장 및 바지통 조절선 그리기

바지통 수선 작업은 단순히 줄이는 것을 넘어, 신체에 맞는 비율과 자연스러운 실루엣을 형성하는 데 목적이 있다.
기장과 통의 조절선을 정확히 그리는 것은, 수선의 정확도와 완성도를 높이는 핵심 작업이다.

❶ 키에 맞는 기장을 체크하고, 여유분을 두어 자른다

착용자의 키에 알맞은 위치에서 기장을 표시한다.
이때 완성선보다 여유분(시접)을 고려하여 약간 아래쪽에 자를 선을 설정한 후, 재단한다.

❷ 발목 통은 줄이고자 하는 양을 양쪽으로 나누어 표시한다

원하는 최종 발목 통 너비를 기준으로 줄일 총량을 계산한다.
해당 수치를 바지 옆선과 안솔기 방향으로 각각 절반씩 나누어 표시한다.

❸ 무릎 통 역시 같은 방식으로 체크한다

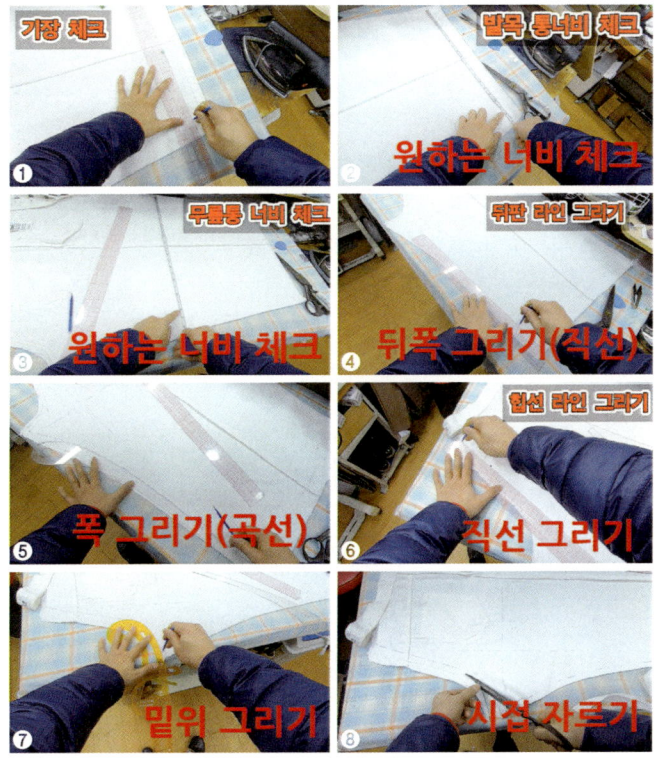

무릎 부위도 줄이고자 하는 양을 정확히 측정한 후, 좌우로 나누어 표시한다.
이 과정을 통해 좌우 균형이 유지되며, 착용 시 자연스러운 실루엣이 형성된다.

❹ 발목과 무릎의 체크된 점은 직선으로 연결한다

무릎에서 발목까지는 비교적 곧게 떨어지는 라인이므로, 두 점을 직선으로 연결하여 표시한다.

❺ 무릎에서 샅점까지는 곡선으로 연결한다

무릎 위부터 샅점까지의 라인은 허벅지 곡선을 따라가는 부분으로, 자연스러운 곡선을 사용하여 연결한다.
곡선의 크기가 클수록 바지통은 더 타이트한 느낌을 주며, 곡선을 작게 하거나 직선에 가깝게 설정하면 여유 있는 핏이 형성된다.

❻ 허리선에서 힙선까지는 직선으로 표시한다

허리에서 엉덩이 윗부분까지는 상대적으로 곡선이 크지 않으므로, 직선으로 연결하는 것이 적절하다.

❼ 힙선에서 샅점까지는 곡선으로 처리한다

힙 아래에서 샅까지 이어지는 밑위 곡선은 인체의 굴곡을 고려하여 자연스럽게 처리해야 한다.
이 구간의 곡선을 그릴 때는 암홀자의 큰 곡면을 활용하면 보다 정밀하고 부드러운 곡선을 그릴 수 있다.

❽ 시접은 1/2인치(약 1.6cm) 정도 남기고 재단한다

표시한 수선선을 따라 재단할 때는, 봉제 시 여유를 고려하여 1/2인치(1.6cm) 정도의 시접을 남긴 상태로 원단을 자른다.
시접이 너무 좁으면 봉제 시 안정성이 떨어지고, 너무 넓으면 말리는 현상이 생기므로 적절한 폭을 유지하는 것이 중요하다.

④ 앞판 선 그리기 및 시접 설정

앞판의 수선 라인을 설정할 때에도, 뒤판과 마찬가지로 자연스럽고 균형 잡힌 실루엣을 고려하여 직선과 곡선을 적절히 활용하는 것이 중요하다.

❶ 앞판도 발목에서 무릎까지는 직선으로 연결한다

앞판 역시 발목과 무릎 사이의 구간은 직선으로 선을 그린다.
이 구간이 직선이어야 바지통이 비틀리지 않고 깔끔하게 떨어지며, 봉제 시 좌우 통이 어긋나는 것을 방지할 수 있다.

❷ 무릎에서 샅점까지는 곡선으로 연결한다

일반적으로 허벅지 둘레가 무릎보다 넓기 때문에, 무릎에서 샅점까지는 부드러운 곡선을 이용하여 선을 설정한다.
이 곡선은 허벅지 라인을 자연스럽게 감싸는 역할을 하며, 인체 곡선과의 조화를 고려해야 한다.

허벅지가 굵은 경우에는 직선을 활용하여 여유를 둔다
허벅지가 굵은 체형의 경우, 곡선을 사용하면 지나치게 타이트해질 수 있다.
이럴 때에는 곡선 대신 직선에 가까운 선을 그려 여유분을 확보하는 방식으로 조정한다.
핏이 지나치게 밀착되지 않도록 조절하는 것이 포인트이다.

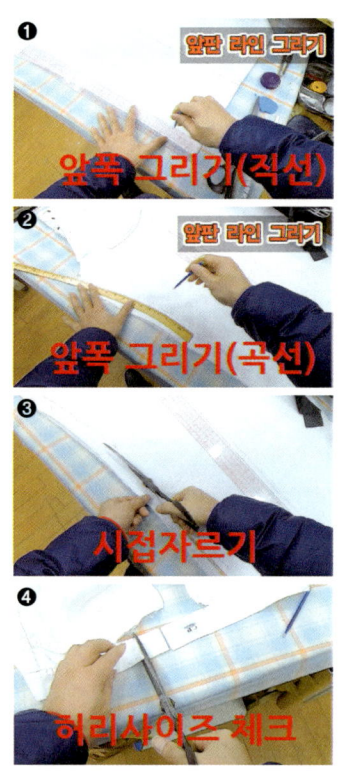

❸ 표시한 선을 따라 반 인치(약 1.6cm)의 시접을 두고 재단한다

설정한 수선선 위에 시접을 반 인치 정도 남긴 후, 정확히 재단한다.
시접은 봉제 작업 시 안정성과 유연성을 확보하는 데 필수적인 여유분이다.

❹ 허리 너비를 체크한 후 시접을 남기고 재단한다

허리 둘레 역시 수선 대상이라면, 정확한 치수를 기준으로 체크한 뒤, 봉제를 고려한 시접을 남긴 상태에서 재단한다.
허리선은 착용 시 압박감을 주지 않아야 하므로, 실측보다 약간의 여유를 더해 설정하는 것이 좋다.

⑤ 바지통 봉제를 위한 준비와 재봉 요령

바지통을 봉제하기 전에는 앞살과 뒤살이 자연스럽게 연결될 수 있도록 사전 정비가 필요하다.
이와 함께, 봉제 과정에서는 원단의 길이 차이와 시접 균형에 주의를 기울여야 정확하고 안정된 결과물을 얻을 수 있다.

❶ 앞살을 분해하여 연결을 준비한다

앞살과 뒤살을 자연스럽게 연결하기 위해, 앞판의 살 부분을 미리 뜯어 분해한 상태로 준비한다.
이로써 살점의 곡선이 부드럽게 이어지며, 뒤판과의 결합이 정확하게 이루어진다.

❷ 바지통 봉제의 기본 요령은 앞에서 자세히 설명했다.

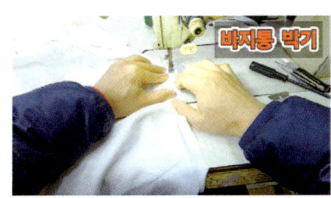 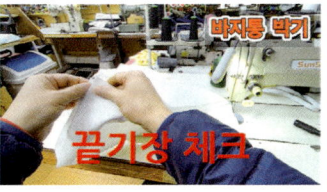 

시접 폭은 항상 일정하게 유지한다
봉제 시 모든 시접은 일정한 폭으로 박는 것이 기본 원칙이다.

윗부분과 아랫부분의 시접 폭이 서로 달라질 경우, 봉제선이 틀어지거나 최종 사이즈에 오차가 발생할 수 있다.
특히 옆솔기와 안솔기처럼 양쪽이 연결되는 부위에서는 시접의 균형이 전체 바지 형태에 직접적인 영향을 미친다.

https://www.youtube.com/@refashion5975 옷새로이
https://youtu.be/XF6gdQl11yk 통 전체 줄이기

⑥ 솔기 마감과 봉제 순서

바지 수선에서 봉제가 완료된 후에는, 오버록과 마무리 스티치를 통해 내구성과 형태를 안정시켜야 한다. 특히 봉제선이 풀리지 않도록 마감하는 과정은 바지의 완성도를 높이는 중요한 절차이다.

❶ 솔기는 원단이 풀리지 않도록 오버록한다

모든 봉제선은 시간이 지나도 올이 풀리지 않도록 오버록(overlock) 처리한다.
이는 봉제 후 원단의 내구성을 확보하고, 착용 시 마찰이나 세탁으로 인한 손상을 방지하는 역할을 한다.

❷ 박은 솔기는 다림질로 자리 잡게 한다

봉제 후에는 반드시 다림질을 통해 시접을 눌러 정리해야 한다.
이 과정을 통해 봉제선이 안정되고, 솔기가 들뜨거나 울지 않도록 모양을 고정할 수 있다.

❸ 바지통을 먼저 박고, 밑위는 나중에 박는다.

봉제 순서는 바지통(옆솔기 및 안솔기)을 먼저 봉제한 후, 양쪽 다리를 연결하는 밑위(힙선) 봉제는 마지막에 진행한다.
이 순서를 지키면 중심선의 좌우 균형을 정확하게 맞출 수 있으며, 바지의 비틀림을 방지할 수 있다.

❹ 뒷중심 힙선에는 보강 스티치를 추가한다.

힙선은 특히 움직임이 많은 부위이므로, 봉제선이 벌어지지 않도록 보강 스티치를 추가한다.

- 일반적으로 한 줄 스티치 또는 쌍침(투니들 스티치)을 사용하여 내구성을 강화한다.
- 경우에 따라 스티치가 겉으로 보이지 않도록, 숨은 스티치(인비저블 스티치)를 안쪽에 사용하기도 한다.

❺ 허릿단을 연결하여 허리 사이즈를 맞춘다

분리해 두었던 허릿단을 다시 연결하여, 최종 허리둘레가 정확히 맞도록 조정한다.

허릿단의 구조에 따라 원래의 형태를 기준으로 되살리는 것이 중요하다.
몸판과 허릿단의 둘레가 일치하는 경우에는 별도의 조정 없이 바로 연결할 수 있다.

❻ 허릿단은 원형대로 동일하게 연결한다

연결 시 허릿단의 형태와 방향, 스티치 방식 등은 기존의 봉제 구조와 동일하게 유지한다.
이를 통해 원단의 흐름과 착용감을 자연스럽게 복원할 수 있다.

❼ 허리벨트를 박고, 라벨 등 부속물을 다시 부착한다

분리해 두었던 허리벨트를 재봉하고, 함께 제거했던 라벨, 사이즈 탭, 브랜드 태그 등은 원래 부착되어
있던 위치에 맞추어 다시 달아준다.

❽ 기장을 줄이며 마무리한다

기장 수선은 기존 바지의 마감 구조를 관찰한 후, 기존 방식과 동일한 형태로 줄이는 것이 원칙이다.
마무리선, 접는 폭, 박음질 방식 등이 원래와 어긋나지 않도록 유의한다.

❾ 작업한 부위는 다림질로 정리한다

수선이 완료된 부위는 다림질을 통해 시접을 눌러 안정시키고, 전체적인 형태를 정돈한다.
특히 허릿단과 기장 끝, 바지통 측면 등 마무리선은 다림질을 통해 선을 살려준다.

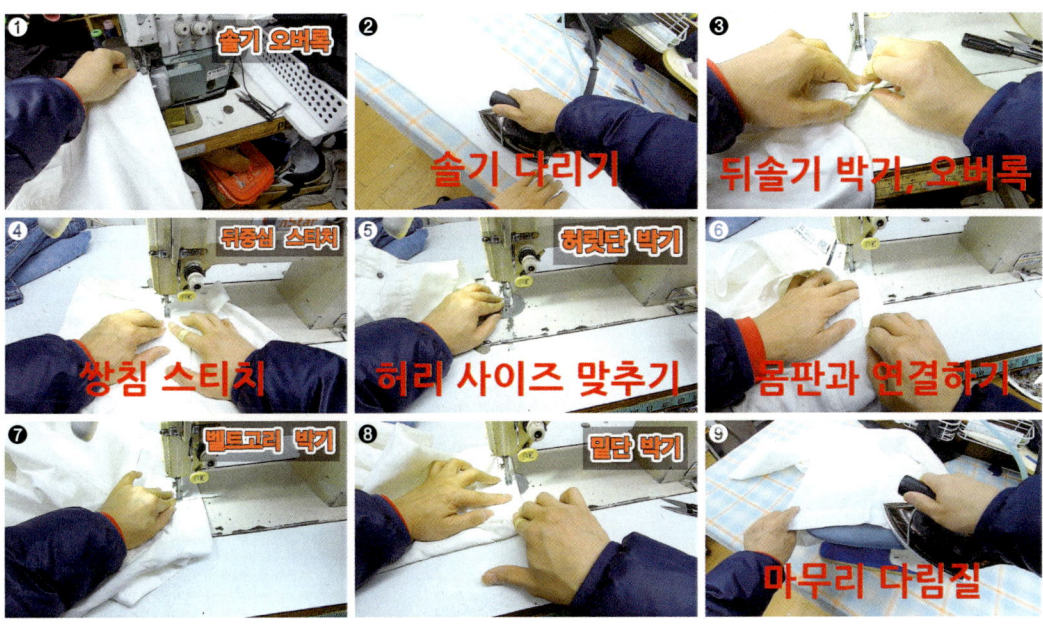

 하의 수선의 모든 것

바지통 늘리기(옆솔기)
덧단 디자인의 활용법 - 기능을 넘은 감각의 전환

바지의 통이 너무 좁아져 착용이 불편할 경우, 우리는 선택의 기로에 놓인다. 버릴 것인가, 다른 사람에게 줄 것인가, 아니면 수선해서 다시 입을 것인가. 바지를 수선하여 다시 입기로 마음먹었다면, 구체적으로 어떤 방법으로 통을 늘릴지를 고민해야 한다.

바지통을 늘리기 위해 덧단을 덧대는 작업은 원래는 기능적 필요에서 시작된 수선이다. 하지만 덧단은 단순한 보완이 아니라, 디자인의 전환점이 될 수 있다. 적절한 소재와 배치, 마감 방식에 따라 바지 전체의 인상이 새롭게 바뀔 수 있다.

1. 배색 디자인 - 존재를 드러내는 선택

원단이 달라도 괜찮다. 오히려 색이 다른 원단을 활용하면, 바지의 측면에 배색 라인을 넣은 듯한 효과를 낼 수 있다.

- 블랙 바지에 화이트, 그레이, 또는 네온 컬러를 넣으면 스포티하고 캐주얼한 분위기를 연출할 수 있다.
- 데님 바지에는 톤이 다른 데님이나 워싱 처리된 원단을 활용하면 빈티지한 감성이 살아난다.

이러한 디자인은 단순한 수선을 넘어, 마치 디자이너 제품처럼 보일 수 있게 해준다.

2 소재 믹스 - 촉감의 대비로 감각 더하기

원단의 종류가 다르면, 소재 자체가 디자인 요소가 된다.

- 면바지에 가죽이나 인조 가죽 덧단을 넣으면 스트리트 감성을 더할 수 있고,
- 울 바지에 패턴 원단이나 니트 조직을 사용하면 따뜻하고 개성 있는 스타일로 바뀐다.

중요한 것은, 소재가 다르더라도 착용자의 활동을 방해하지 않고, 전체 실루엣에 어색함이 없어야 한다는 점이다.

3 스티치 활용 - 수선의 흔적을 예술로 바꾸다

덧단과 기존 원단의 경계에 독특한 스티치를 넣는 방식도 효과적이다.

- 장식 스티치, 백스티치, 핸드스티치 등 다양한 봉제 기법으로 의도적인 디테일을 줄 수 있다.
- 특히 수작업 티가 나는 스티치는, 개성 있는 수선 스타일로 받아들여지며 '의미 있는 흔적'이 된다.

이러한 마감은 '왜 이렇게 했는가?'라는 질문에 분명한 미학적 이유를 만들어준다.

4 라인 변화 - 실루엣을 다르게 제안하다

덧단을 단순히 곧은 폭으로 넣는 것이 아니라, 라인을 다르게 구성할 수도 있다.

- 허벅지는 많이 넓히고 밑단은 좁히는 테이퍼드 형태
- 무릎 아래만 넓히는 플레어 라인
- 반대로 밑단만 좁히는 조거 스타일 등

덧단을 단순한 보완이 아닌, 바지의 실루엣 자체를 다시 설계하는 기회로 삼을 수 있다.

수선은 감각의 제안입니다

덧단은 본래 옷의 부족함을 채우기 위한 '보완'이었지만,
이제는 그 자체로 옷의 '정체성'을 재정의하는 감각의 도구가 되었다.
누군가에게는 필요에서 시작된 선택이,
또 다른 이에게는 스타일의 표현이 될 수 있다.
수선은 그렇게 감각과 기능의 경계를 넘나드는 작업이다.

바지통 늘리기의 구조적 특징

바지통을 늘리는 작업은 단순히 '폭을 넓히는 것' 이상의 의미를 지닌다.

- 패턴 구조를 다시 짜는 작업이며,
- 양쪽 솔기(사이드 심)를 해체하고,
- 힙과 허벅지, 무릎, 밑단까지 이어지는 라인을 전체적으로 다시 맞춰야 한다.

이 과정에서 신체 비율과 움직임을 고려해야 하므로, 숙련된 수선사의 노하우가 필요한 부분이다. 많은 사람들이 공감하는 상황이 있다.

"예전에 잘 입던 바지가 있는데, 살이 쪄서 더 이상 맞지 않는다."

하지만 그 바지는 디자인도 마음에 들고, 나에게 잘 어울렸던 옷이다. 그래서 쉽게 버릴 수도, 남에게 줄 수도 없다. 이럴 때 수선은 단순한 복원이 아니라, '기억과 감성의 복원'이 되기도 합니다. 다음은 실제 고객이 맡긴 바지 수선 사례를 바탕으로 정리한 내용이다.

① 시접 여유 확인
기존 옆솔기의 시접이 매우 좁아, 여유분만으로는 늘릴 수 없었다.

② 덧단 활용 방식 결정
- 동일하거나 유사한 소재의 원단을 덧대어 전체 통을 확장하기로 결정했다.
- 색감이 살짝 다른 톤의 원단을 선택하여 '배색 디자인' 효과도 고려한다.

③ 전체 옆솔기 분해
- 바지의 좌우 옆솔기 전체를 뜯어 분해
- 힙선부터 밑단까지 일자로 넓힐 수 있도록 준비한다.

④ 허릿단 분리 작업
- 허리를 넓히기 위해 옆솔기 상단과 뒷중심까지 허릿단을 분리한다.
- 분리된 부분에 추가 원단이 자연스럽게 들어갈 수 있도록 구성한다.

⑤ 앞판과 뒤판 분리 후 정렬
- 바지의 양 옆선을 따라 전체 옆솔기를 뜯어낸다.
- 이때 앞판과 뒤판을 각각 분리한 뒤, 겹쳐서 다림질로 반듯하게 펴주는 작업을 한다.

바지 원단이 구김 없이 평평해야,
- 이후 덧단이 매끄럽게 연결된다.
- 앞판은 앞판대로, 뒤판은 뒤판대로 정리한다.
→ 원단패턴의 선이 어긋나지 않게 맞추는 것이 핵심이다.

⑥ 실밥 제거 및 시접 정리
- 솔기를 뜯은 후 남은 실밥을 하나하나 깨끗이 제거한다.
- 실밥이 남아 있으면 덧단 작업 시 원단이 울거나, 봉제선이 흐트러질 수 있다.
- 시접 안쪽도 정리하여 올풀림 방지
- 필요시 시접 부분에 오버록 또는 바이어스 마감

⑦ 덧단 재단 및 준비
늘리고자 하는 폭만큼 덧단 원단을 재단한다.
이때 중요한 것은 덧댈 위치와 길이에 따른 일관성이다.
- 옆선 전체를 일자로 덧대면 시각적으로도 깔끔하게 정리된다.
→ 허벅지부터 밑단까지 동일한 폭으로 재단
- 앞뒤판 길이를 정확히 측정한 후, 좌우 대칭을 맞추어 재단

※ **원단 선택 시**,
- 기존 원단과 최대한 유사하거나
- 의도된 배색으로 스타일링할 수 있는 소재를 사용한다.

⑧ 덧단 제작 및 연결
- 바지 전체 라인과 흐름에 맞추어 덧단 패턴 제작한 후

- 좌우 대칭을 유지하면서 연결
- 허리, 힙, 허벅지, 밑단까지 전 구간에 걸쳐 약 3~4cm 확장

덧단을 박을 때도 앞에서 설명한 솔기를 박는 요령으로 박으면 된다.

 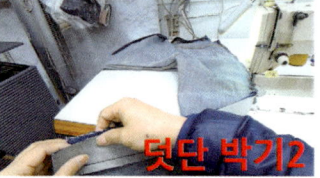

⑨ 오버록 처리 - 올풀림 방지와 정리
덧단을 박은 후, 바지 원단과 새로 덧댄 원단이 만나는 시접 부분을 오버록(Overlock)으로 감싸준다.
- 원단의 올풀림을 막아 수명의 연장을 도와준다.
- 봉제선 안쪽을 정돈함으로써 깔끔하고 전문적인 마감이 가능하다.

※ **특히 면이나 린넨처럼 올이 잘 풀리는 원단은 꼭 오버록 처리로 마무리해 주는 것이 좋다.**

⑩ 스티치 마감 - 디자인과 흐름을 살리다
덧단과 기존 옷의 연결 부위에 스티치(Topstitch)를 추가하는 경우도 있다.
이는 단순한 봉제가 아니라, 디자인 요소이자 구조적 보강의 역할을 한다.
- 옷의 원래 스티치 흐름을 따라가면서 덧단 위에도 연속된 선처럼 봉제하면 마치 처음부터 그렇게 디자인된 듯 자연스럽게 보인다.
- 반대로, 일부러 스티치를 강조하여 배색 라인이나 의도된 장식으로 활용할 수도 있다.

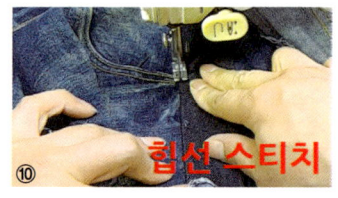

⑪ 허릿단 재단
분리했던 허릿단을 늘어난 바지통에 맞춰 덧단으로 준비한다.

⑫ 허릿단 너비 덧대기
허리둘레를 늘리기 위해, 기존 허릿단 사이에 같은 소재 혹은 유사한 원단의 조각(덧단)을 연결해 준다.
- 덧댈 부분은 허릿단 양쪽 끝이나 중심 부분 등 봉제선이 있는 곳에 자연스럽게 이어 붙인다.
- 덧단의 시접은 다리미로 벌려가며 정리해준다.
→ 시접을 갈라 다리면, 두께가 고르게 분산되어 착용 시 울퉁불퉁한 느낌이 줄어든다

⑬ 겉허릿단과 안쪽 허릿단 연결
허릿단은 겉면과 안쪽이 이중 구조로 되어 있다.
이를 윗부분부터 먼저 연결해 고정해준다.
- 겉허릿단과 안쪽 허릿단의 윗선을 정확하게 맞추어 봉제
- 단단히 연결된 후, 안정감을 주는 스티치로 눌러 마무리
- 이 스티치는 단순 고정보다도, 디자인과 내구성을 동시에 고려한 작업이다.

⑭ 허릿단과 몸판 연결
허릿단 전체를 바지의 몸판 위에 정확히 맞춘 후, 일정한 간격과 곡선에 맞춰 봉제한다.
- 특히 허리 옆선과 뒷 중심이 틀어지지 않도록 정렬
- 이 부분이 틀어지면 착용 시 허리선이 울거나 한쪽이 올라가는 불균형이 발생할 수 있다.

⑮ 최종 다림질 - 형태와 착용감의 완성
봉제가 끝나면, 전체 허릿단을 다리미로 다림질한다.
- 봉제선 위에 증기를 충분히 주며 눌러주면 전체 라인이 안정적으로 고정된다.

https://www.youtube.com/@refashion5975 옷새로이
https://youtu.be/gblhRW1JCDU 청바지 치수늘리기

바지통 늘리기(안솔기)

바지의 통이 좁아져 엉덩이나 허벅지가 끼는 경우, 옆솔기뿐만 아니라 안쪽 솔기(안솔기)를 활용하여 바지통을 늘릴 수 있다. 안솔기를 활용한 수선은 겉으로 티가 적고, 바지 전체 라인을 자연스럽게 조정할 수 있는 효과적인 방법이다. 그러나, 구조적 원리를 정확히 이해하지 않으면 실루엣이 망가질 수 있는 고난이도 작업이기도 하다.

1 시접 범위 내에서 늘리기

안솔기 부분의 봉제선을 뜯고, 시접 여유분을 활용하여 통을 넓혀주는 방식이다.
- 바지 안쪽에 숨겨진 부분이므로 외관상 표시가 거의 나지 않는다.
- 시접 여유가 충분한 경우에만 가능한 방식이며, 최대 늘림 폭은 약 1~2cm 정도로 제한적이다.
  ※ 무리하게 늘리면 봉제선이 당겨지거나 착용 시 터질 위험이 있으므로, 여유 판단이 중요하다.

2 안솔기에 덧단을 넣어 늘리기

시접만으로는 부족할 경우, 안솔기선을 따라 덧단을 추가하여 통을 확장한다.

시접만으로는 부족할 경우, 안솔기선을 따라 덧단을 추가하여 통을 확장한다.

① 엉덩이 부분이 작을 경우: 덧단을 무릎까지 연결해준다.

② 허벅지가 특히 불편한 경우: 덧단을 종아리나 발목까지 이어준다.
　이 수선은 '허벅지 통 줄이기'의 역순 개념으로 접근하면 이해가 쉽다.

③ 바지의 엉덩이나 허벅지를 넓히되, 발목통은 원래대로 유지하고 싶은 경우에는 아래와 같이 진행한다.
- 바지 몸판에서 덧단을 넣을 폭만큼 잘라낸다. 잘라낸 부분과 동일한 폭으로 새 원단을 덧대어 연결한다.
- 이 방법은 덧단이 바지 전체를 따라가지 않기 때문에 원래의 밑단 스타일은 유지하면서 허벅지 라인만 자연스럽게 확장할 수 있다.

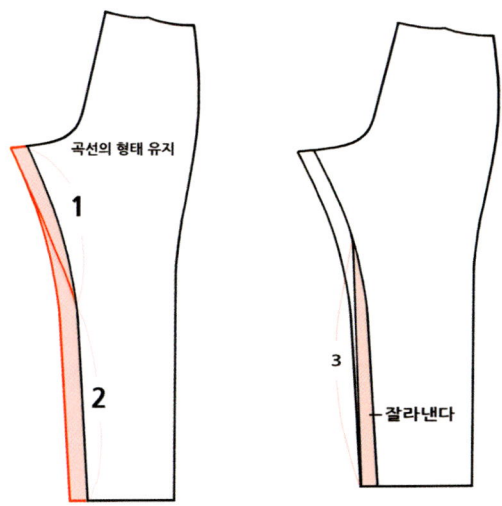

설계 시 주의할 점
- 덧댈 원단은 기존 바지와 유사한 컬러와 소재를 사용한다.
- 반드시 뒤판의 곡선과 안솔기의 곡선을 따라, 부드러운 라인을 유지하며 봉제해야 한다.
- 덧단의 형태는 마름모나 삼각형처럼 뚝 끊기는 모양이 아니라, 길고 자연스럽게 흐르는 곡선형이어야 한다.
- 마름모나 삼각형처럼 갑작스러운 확장은 오히려 실루엣을 망가뜨리고 '수선 티'를 극대화시키는 결과를 낳는다.

엉덩이(HIP) 줄이기

1 옆에서 줄이기

엉덩이가 남는 경우, 옆솔기를 따라 바지통을 줄여준다. 이는 바지의 전체 라인을 크게 해치지 않으면서 가장 깔끔하게 핏을 보정할 수 있는 방식이다.

수선 방식

- 바지의 양쪽 옆솔기를 1~2cm 정도 안쪽으로 재봉하여, 엉덩이 부분의 여유분을 줄여준다.
- 봉제는 엉덩이의 굴곡을 고려해 부드러운 곡선을 유지하며 이어야 한다.
- 단순히 직선으로 줄이면, 착용 시 엉덩이 아래에 불필요한 주름이 생기거나 걸을 때 당기는 느낌이 들 수 있다.

※수선할 때는 항상 양쪽을 대칭으로 줄이는 것이 원칙으로, 한쪽만 줄이면 바지의 밸런스가 무너질 수 있다.

2 뒷중심에서 줄이기

엉덩이가 헐렁한 바지를 입었을 때, 어딘가 모르게 핏이 무너지고 바지가 자꾸 흘러내리거나 들뜨는 느낌이 든다.

특히 엉덩이 볼륨이 작거나, 바지 자체의 샅길이(크로치 길이)가 길게 설계된 옷에서는 이런 현상이 더욱 도드라진다.

때로는 바지가 엉덩이 틈으로 말려 들어가 '엉덩이가 옷을 먹는' 불편한 상황이 생기기도 한다. 이러한 경우에는 뒷중심(Back Center Seam)을 조정하여 엉덩이 라인을 정돈해주는 수선이 필요하다.

엉덩이를 줄일 때는 단순히 한 부위만 손대는 것이 아니라, 허리와 힙, 샅, 허벅지 라인까지의 전체 흐름을 함께 고려해야 한다.

① 허리는 맞고 엉덩이만 클 때

이 경우는 허리에 비해 엉덩이만 여유 있는 경우로, 상대적으로 뒤판 볼륨이 크거나 패턴이 깊게 잡힌 옷에서 자주 발생한다.

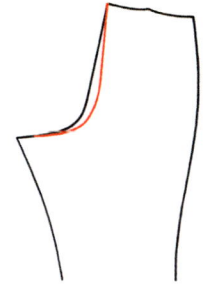

수선 방법

- 옷을 입은 상태에서 엉덩이 부위가 얼마나 남는지 직접 체크
- 여유분을 확인한 후, 남는 양만큼 뒤판을 잘라내어 조정
- 줄이는 부위는 주로 뒷중심이 되며, 곡선이 부드럽게 이어지도록 설계해야 한다.

※ 허리는 그대로 두고 엉덩이만 줄여야 하므로 허릿단은 필요한 부분만 최소한으로 조정한다.

② 허리도 크고 엉덩이도 클 경우

이 경우는 바지 자체가 전체적으로 큰 사이즈로 제작되었거나 체중 감소로 인해 허리, 힙 전체가 여유로워진 경우이다.

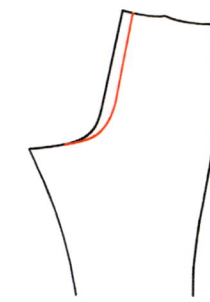

수선 방법

- 허리부터 엉덩이, 그리고 샅을 지나 허벅지로 이어지는 곡선 전체를 따라 일정하게 라인을 줄여준다.
- 허리 단도 뜯어서 폭을 줄인 후, 바지 몸판과 다시 연결한다.
- 샅길이 조정도 함께 들어가야 착용감이 개선된다.

※ 허리-엉덩이-허벅지로 이어지는 선은 '하나의 곡선'처럼 다뤄야 자연스러운 결과가 나온다.

발목통 줄이기

1 바지 라인의 6가지 유형

라인명	형태 설명	예시 스타일
A 라인	위는 좁고 아래로 퍼지는 나팔 형태	부츠컷, 플레어 팬츠
W 라인	전체적으로 넉넉하고 풍성한 바지통	와이드 팬츠, 벌룬 팬츠
H 라인	허리에서 발목까지 폭이 일정한 일자형	스트레이트 팬츠
S 라인	가장 일반적인 기본 바지 형태	슬랙스, 면바지
V 라인	위는 넉넉하고 아래로 좁아지는 형태	테이퍼드 팬츠, 조거팬츠
T 라인	몸에 밀착되는 매우 타이트한 형태	레깅스, 스키니진

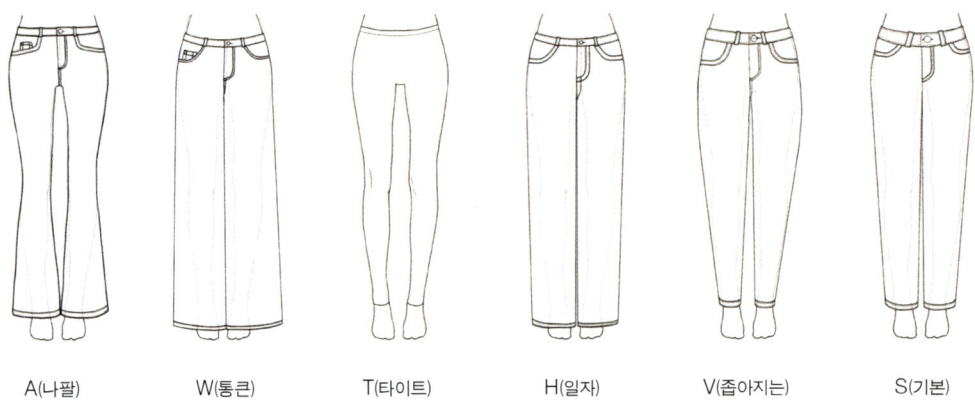

A(나팔)　　W(통큰)　　T(타이트)　　H(일자)　　V(좁아지는)　　S(기본)

① 발목 수선의 기본 원칙

❖ **양쪽 줄임이 원칙**
- 안쪽 솔기, 바깥쪽 솔기 중 한쪽만 줄이면 통이 돌아가 보일 수 있다.
- 기본적으로는 양쪽을 대칭으로 줄이는 것이 안정적이다.

❖ **예외 상황**
- 스티치나 장식이 있는 부분은 피하는 것이 원칙이다.
- 한쪽에서만 줄이되, 시각적으로 흐트러지지 않도록 해야한다. 통 전체의 구성과 비례를 고려해 결정한다.

② 라인 변화에 따른 수선 방향

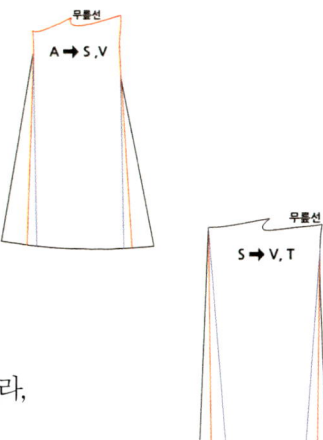

- A라인 ⇒ S or V라인
  나팔바지를 일자형 또는 좁아지는 형태로 변경

- S라인 ⇒ V or T라인
  보통 바지의 발목이 커 보여서 더 슬림하게 만들고자 할 때

이처럼 발목을 줄이는 수선은 단지 끝만 자르는 것이 아니라,
전체 실루엣의 방향을 바꾸는 작업이기도 하다.

③ 수선 범위의 기준

발목통을 줄일 때는 단지 발목선만 손보는 것이 아니다.

- 줄임 기준은 발목에서 시작하지만, 수선선은 무릎까지, 경우에 따라 허벅지 중간까지 올라가야 자연스러운 라인이 만들어진다.

❖ **발목 수선은 곡선이 아닌 '직선'으로 자르기**
- 바지의 발목통을 줄이는 데 있어서도, 봉제선 자체는 직선으로 재단하고 박는 것이 일반적이다.
- 이는 울거나 돌아가는 현상을 줄여주기 위한 기술적인 처리 방식이다.

발목을 줄인다는 건 '인상의 끝'을 바꾸는 일

사람이 바지를 볼 때, 발목선의 좁고 넓음은 전체 바지핏의 인상을 결정짓는다. 단지 끝을 다듬는 것 같지만, 그 작은 조정이 옷 전체의 스타일을 바꾸고 때로는 체형까지 달라 보이게 만든다. 발목통 줄이기는 바지 수선 중 작지만 미묘하면서도 효과가 크게 드러나는 작업이다.

 하의 수선의 모든 것

무릎통 줄이기
- 바지의 중심 곡선을 재설계하다

바지의 인상을 결정짓는 중심은 어디일까? 많은 사람들이 허리나 발목을 먼저 떠올리지만, 실제로는 무릎 부분의 곡선이 바지의 전체 실루엣을 지배한다. 무릎통이 넓으면 바지가 퍼져 보이고, 무릎통이 잡혀 있으면 날씬하고 단정한 인상을 준다.

특히 V라인 바지처럼 위는 넉넉하고 아래로 좁아지는 형태에서 무릎통이 과하게 클 경우, 실루엣이 무너져 보일 수 있다. 이럴 때 무릎통을 줄여 S라인으로 전환하는 수선이 필요하다.

1 V라인 → S라인

- 곡선을 살려주는 무릎통 조정

- V라인은 힙에서 발목까지 거의 일자로 좁아지는 라인이다.
- 반면 S라인은 무릎 부분이 살짝 들어갔다가 발목으로 내려가는 인체의 곡선형이다.

무릎통을 줄인다는 것은 그저 폭을 줄이는 것이 아니라, 바지 전체의 흐름에 '곡선'을 되살리는 작업이다.

2 수선 원칙 및 작업 요령

① 수선 부위 선택 - 바깥쪽이 기본
무릎통은 바깥쪽 솔기에서 줄이는 것이 가장 무난하다.

- 시각적으로 덜 티 나며,
- 원단이 덜 울고,
- 작업 구조가 간단하다.

단, 바지 디자인이나 스티치, 장식이 있는 경우에는 안쪽 또는 양쪽 병행 수선이 필요할 수 있다.

② 시접 처리 - 반드시 정리할 것
- 줄인 후 남는 시접은 반드시 잘라내어 정리해야 한다.
- 시접을 그대로 두면, 무릎 굽힘에 따라 안쪽에서 겹치고, 주름이 발생할 수 있다.

시접이 많은 경우 바지 안에서 뭉치고, 외부에서 보기에도 실루엣이 울어 보일 수 있다.

③ 재봉 방향 - 직선보다는 완만한 곡선
- 재단은 직선처럼 보이게 하되, 실제 봉제선은 인체 곡선을 따라 자연스럽게 이어져야 한다.
- 특히 힙에서 무릎, 무릎에서 발목으로 이어지는 선이 급격하게 꺾이지 않도록 연결해주는 것이 관건이다.

하의 수선의 모든 것

치마(skirt) 기장 줄이기

1 치마 길이에 따른 구분

① 마이크로미니
② 미니
③ 내츄럴
④ 클래식
⑤ 미디
⑥ 맥시
⑦ 롱스커트

2 치마 기장 줄이기

치마의 기장 줄이기 방법은 기본적으로 바지 기장 줄이기와 같은 기술을 사용한다. 다만, 바지와는 달리 치마는 허리에서부터 밑단까지 일직선으로 떨어지지 않고, 통으로 넓게 퍼지는 형태를 가지고 있다는 점이 가장 큰 차이이다. 특히 A라인, 플레어, 반원, 또는 주름치마처럼 구조적으로 넓게 퍼지는 디자인의 경우, 기장을 줄일 때에는 단순히 길이만 줄이는 것이 아니라 형태와 비율을 고려한 섬세한 처리가 필요하다.

❖ 치마 기장 줄이는 주요 방법

① 밑단 접어올리기 방식
가장 일반적인 방식으로, 밑단을 안쪽으로 접어올리고 새롭게 단처리를 하는 방법이다.

② 단 뜯은 후 재단 방식
원래 단처리를 모두 뜯은 뒤, 원하는 길이만큼 절단하고 다시 단을 접어 마무리한다.
단을 뜯을 때는 곡선 형태를 따라 정확히 자르고, 주름이나 셔링이 있는 경우에는 자연스럽게 연결되도록 주의한다.

③ 허리 쪽에서 줄이기
치마 밑단에 자수나 장식이 있어 밑단 수선이 어려운 경우에는, 허리쪽에서 줄이는 방법도 고려한다. 이때는 허리띠를 완전히 분리한 후, 몸판을 위로 당겨 올린 뒤 다시 허리띠를 연결하는 방식이다. 이는 치마의 비율과 선을 가장 자연스럽게 유지할 수 있는 방법이지만, 공정이 복잡하고 고난이도의 기술을 요한다.

④ 절개선을 활용한 기장 조정
디자인상 절개선(예: 패널 스커트의 선)이 존재할 경우, 해당 선에서 절단 후 다시 연결하는 방식도 가능하다. 이 방법은 단순 접기보다 완성도가 높고, 겉에서 수선의 흔적이 보이지 않는 장점이 있다.

3 수선 시 유의사항

곡선의 균형: 치마는 곡선으로 흐르는 실루엣이 생명이다. 기장을 줄일 때 전체적인 곡선을 해치지 않도록 양쪽 길이를 정확히 맞춰야 한다.

안감 조정: 대부분의 치마는 안감을 포함하고 있다. 겉감과 안감 모두 동일한 길이로 줄여야 하며, 겉감보다 안감이 더 짧게 마무리되어야 착용 시 노출되지 않는다.

장식 요소: 레이스, 자수, 프릴 등의 장식이 있는 경우, 수선 후에도 디자인의 균형이 맞도록 위치 조정이 필요하다.

① 기장을 체크한다

치마를 착용자에게 맞추어 입혀본 후,
최종적으로 원하는 길이를 정확히 표시한다.
이때 치마가 퍼져 있다면 곡선에 따라 시야가 왜곡되기 쉬우므로, 착용한 상태에서 수직선으로 길이를 체크해야 한다.

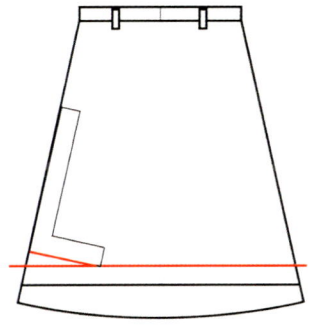

② 안단으로 들어갈 여유분을 고려하여 자른다

단을 접어 넣을 분량(약 2.5~4cm)을 포함해 자를 위치를 표시하고 재단한다. 그러나 이 단계에서 재단만 하고 멈추면 안 된다.

③ 옆선은 대각선으로 넓어지므로 주의가 필요하다

치마의 옆선은 대부분 밑으로 내려갈수록 벌어지는 곡선 구조이다. 따라서 재단 시 이를 고려하지 않으면, 옆선이 튀어나오는 V자형 기장 오차가 생길 수 있다. 이를 방지하기 위해 옆선 부분은 반드시 직각으로 다듬어준다. 직각 보정을 하지 않으면 옆에서 봤을 때 단이 툭 튀어나와, 착용 시 마무리가 어색해 보일 수 있다.

④ 곡선자는 필수 도구

직각만으로는 해결되지 않는 부드러운 곡선은 곡자(곡선자)를 활용해 다듬어준다. 특히 플레어 스커트, 반원형 스커트는 부드러운 흐름을 만들기 위해 곡자 사용이 중요하다.

⑤ 전체 길이 균형 체크

치마는 퍼져 있는 상태에서 자르면 좌우 기장이 불균형하게 되기 쉽다. 따라서 반드시 허리선부터 밑단까지 수직으로 자를 대고 기장을 체크해야 한다.
특히 원단이 미끄럽거나 비치는 재질일수록 주의가 필요하다.

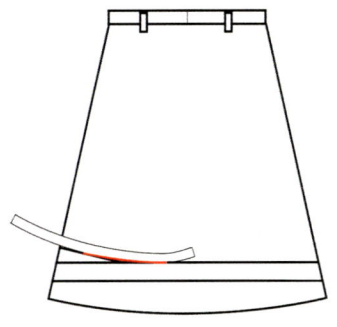

❖ **중심선을 활용한 자르기 요령**

- 스커트 중심선을 기준으로 반을 접은 뒤 자르면 좌우 균형이 정확히 맞는다.
- 특히 **플레어 스커트(180°, 360°)**처럼 원형 회전형으로 구성된 경우, 중심축을 정확히 맞춘 후 반으로 접어 자르는 방식이 가장 이상적이다.
- 중심선이 틀어지면 전체 기장이 비대칭이 되어, 착용 시 한쪽이 들리거나 휘는 현상이 생긴다.

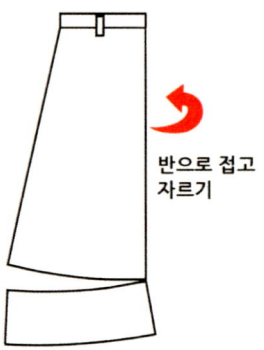

반으로 접고 자르기

https://youtu.be/C9KicDcWlBY 스커트 기장 줄이기 1

 하의 수선의 모든 것

트임(vent, slit)
- 움직임을 허락하는 디테일

앞뒤로 움직이는 보폭보다 좁게 설계된 타이트 스커트나 H라인, 쎄미 스타일의 스커트는 착용자의 움직임에 제약을 줄 수 있다. 특히 무릎을 덮는 기장의 경우, 보폭이 충분히 확보되지 않으면 걷거나 계단을 오를 때 불편함을 느끼게 된다. 따라서 이러한 스타일의 스커트에는 트임(vent, slit)이 반드시 들어가야 한다.

트임이 필요한 이유

❖ **보행의 자유 확보**
타이트한 구조는 허벅지와 무릎 주위를 감싸게 되며, 걸음걸이를 제한한다. 트임이 없으면 보폭을 넓게 할 수 없어 자연스러운 보행이 어렵고, 원단이 당기거나 말릴 위험이 있다.

❖ **계단 오르기 등의 동작 지원**
일상생활에서는 걷는 것 외에도 앉고 일어나거나, 계단을 오르는 등 다양한 동작이 반복된다. 트임이 없는 경우, 무릎과 허벅지 부분이 긴장되어 원단에 강한 압력이 가해지며, 찢어짐이나 뜯어짐의 원인이 된다.

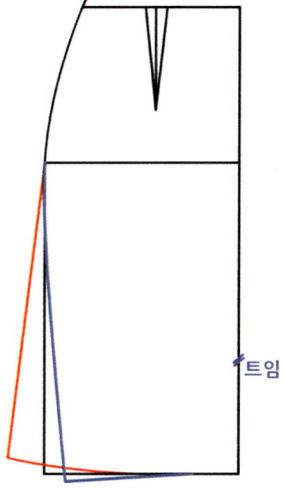

1 맞트임

- 맞트임은 중심 솔기나 옆선을 따라 만들어지며, 트임을 넣을 구간만 박음을 생략하여 틈을 남긴다.
- 트임 아래쪽은 마감 처리를 하되, 겉에서 실밥이 드러나지 않도록 접어서 정리한다.
- 완성된 트임은 겉으로 볼 때는 봉제선의 연장처럼 자연스럽게 보이지만, 움직임이 있을 때 안쪽이 벌어지며 보폭을 넓혀주는 구조이다.

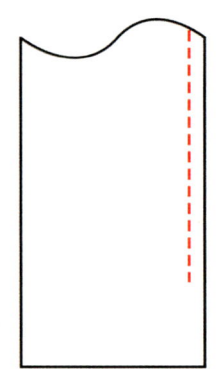

트임의 위치와 형태

- 뒤트임(back vent): 가장 일반적인 방식으로, 중심 뒤솔기 또는 절개선을 따라 트임을 넣는 방식이다. 깔끔한 실루엣을 유지하면서도 움직임을 확보할 수 있다.
- 옆트임(side slit): 약간의 여유가 있는 쎄미 스타일이나 디자인을 강조하고자 할 때 사용되며, 움직임이 더 자유로워진다.
- 앞트임(front slit): 최근에는 디자인 요소로 사용되기도 하며, 활동성을 높이는 동시에 개성을 표현할 수 있다.

1. 스티치 - 시접을 눌러 잡는 기본 처리

트임 부위는 원단이 겹치거나 힘이 가해지기 쉬운 곳이기 때문에, 시접이 들뜨거나 뒤틀리는 것을 방지하기 위해 스티치 처리를 한다.

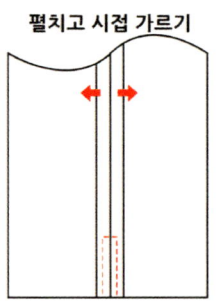

펼치고 시접 가르기

- 시접선에서 약 1/4인치 거리에 따라 스티치를 넣어 고정한다.
- 이 스티치는 겉으로 드러나지 않지만, 안쪽에서 시접이 벌어지거나 틀어지는 것을 막아주는 역할을 한다.
- 특히 활동이 잦은 트임 부위에서는 필수적으로 적용되는 기본 처리 방식이다.

2. 말아박기 - 외관까지 고려한 깔끔한 마무리

트임이 겉에서 드러나는 디자인일 경우에는, 시접을 안으로 말아 넣어 박는 '말아박기'방식으로 마무리한다. 이는 외부에서 보았을 때 단정하고 정돈된 인상을 준다.

말아박기 작업 순서:

① 가윗밥 주기

트임이 시작되는 지점에 가윗밥을 넣어 시접이 자연스럽게 말릴 수 있도록 한다.
이 단계는 트임이 벌어질 수 있는 구간을 부드럽게 처리하기 위한 준비 과정이다.

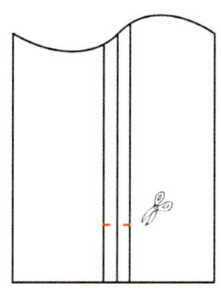

② 시접을 안으로 접어 말아박기

시접을 일정한 폭으로 안쪽에 말아 넣어 재봉하며, 트임이 되도록 스티치를 정밀하게 넣는다.
이 과정은 섬세한 손기술을 요하며, 원단의 종류에 따라 박음 길이나 압력을 조절해야 한다.

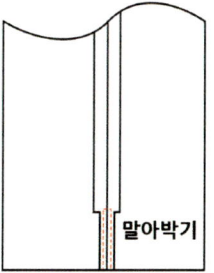

3. 안감 처리 - 트임과 안감의 정리된 연결

스커트에 안감이 포함되어 있는 경우, 트임과의 연결을 어떻게 처리하느냐에 따라 착용감과 완성도가 달라진다.

안감 처리 방식은 크게 두 가지로 나뉜다:

① 안감을 트임 위에서 짧게 자른다

일반적으로 안감은 겉감보다 3~5cm 정도 짧게 제작되며, 트임보다 위에서 끝나게 한다.
이 경우 겉감 트임은 자유롭게 열리고 닫히며, 안감은 트임에 간섭하지 않아 활동성이 높아진다.

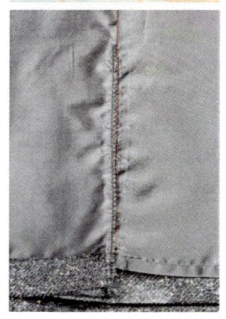

② 안감이 트임 아래까지 내려오는 경우

트임의 벌어짐에 따라 안감이 보일 수 있으므로, 안감을 트임 안쪽에 고정 스티치로 연결한다. 이때는 겉에서 안감이 보이지 않도록 조심스럽게 연결해야 하며, 트임이 벌어질 때 안감이 자연스럽게 따라 움직이도록 유연성을 확보해야 한다.

2 겹트임 - 기능성과 품격을 더하는 중첩의 미학

트임은 단순히 틈을 만드는 것이 아니라, 착용자의 움직임을 배려하고 옷의 균형을 맞추는 기능적 요소이다. 특히 겹트임은 한 겹 위에 또 다른 겹이 덮여지는 구조로, 움직임을 돕는 동시에 겉으로는 단정한 외형을 유지할 수 있는 고급 마감 방식이다.

1. 겹트임이 사용되는 대표적 의류

① 코트의 앞판 겹침 부분

단추가 있는 앞여밈 부위에서는 단추 사이 벌어짐을 방지하기 위해 겹치는 트임이 필수적이다. 특히 더블 브레스트(Double-breasted) 코트에서는 겹트임 구조가 중심을 잡아주고 외풍을 막아주는 역할을 한다.

② 코트 뒤판의 트임

코트 뒷중심 하단에는 활동성을 위한 트임이 들어가며, 이를 겹트임 구조로 만들어 겉으로는 절제된 디자인을 유지하고, 안으로는 여유 있는 움직임을 가능하게 한다.

③ 스커트 및 원피스

특히 무릎 아래로 내려가는 H라인 또는 타이트한 실루엣의 스커트에는 겹트임이 자주 사용된다. 맞트임보다 겉감이 한 겹 더 덮이기 때문에 노출을 줄이고, 더 포멀하고 안정적인 실루엣을 제공한다.

④ 바지, 블라우스, 남방 등

바지 옆선의 장식성 트임, 셔츠의 옆트임, 블라우스의 소매 트임 등 디자인 요소와 기능성을 겸비한 구조에서도 겹트임이 활용된다. 특히 소매 부분의 겹트임은 손목 단추 여밈을 자연스럽게 감싸며, 착용 시 깔끔한 핏을 유지해준다.

2. 겹트임의 특징

① 움직임 속 단정함 유지
활동성이 강조되는 의류에서도, 겹트임 구조를 사용하면 겉보기에는 절제된 실루엣을 유지할 수 있다.

② 디자인 응용이 용이함
겹트임은 단순한 솔기 트임에 비해 구조적으로 복잡하지만, 그만큼 디테일을 살릴 수 있는 디자인적 여백을 제공한다.
사선 겹트임, 비대칭 겹트임, 포켓 겸용 트임 등 다양한 변형이 가능하다.

③ 내구성과 마감도 향상
겹쳐진 부분이 마찰을 분산시키고, 트임 끝의 벌어짐을 줄여주므로 내구성 측면에서도 유리하다.

3. 겹트임의 구조

겹트임은 트임이 나는 부위의 한쪽 면에 '여밈분(겹침 시 여유 분량)'을 더해 안단처럼 구성된다. 이 여밈분이 겹쳐지며, 마치 한 겹 더 감싸는 것처럼 보이게 되므로 안쪽이 노출되지 않는다. 트임 사이로 안감이나 피부가 드러나지 않고 가려진 형태를 유지할 수 있어, 포멀 웨어나 고급 의류에서 자주 사용된다.

4. 겹트임의 여밈 위치 설정

겹트임은 단순히 여밈분을 더한다고 해서 기능을 하는 것이 아니라, 어느 쪽에 여밈분을 둘 것인가에 따라 완성도의 차이가 생긴다.

① 옆솔기에 트임이 있는 경우
일반적으로는 뒤판 쪽에 여밈분을 둔다. 이는 앞에서 보았을 때 트임이 노출되지 않도록 하기 위한 마감 방식으로, 움직임이 많은 앞판 쪽은 깔끔하게 마감되고, 뒤쪽에서 자연스럽게 열리도록 설계된다.

② 뒤판 중심에 트임이 있는 경우
겉에서 봤을 때, 입은 사람 기준으로 왼쪽 편에 여밈분을 둔다. 이는 시선의 흐름과 겹쳐지는 방향을 고려한 배치로, 자연스럽게 좌우 균형을 맞추고 걸을 때 더 안정적인 움직임을 유도한다.

https://youtu.be/C9KicDcWIBY 스커트 기장 줄이기 1

3 겹트임 기장 줄이기 - 정밀한 구조의 시작

겹트임 구조의 스커트를 수선하거나 새로 제작할 때, 기장 마감과 트임 설계는 매우 섬세한 조정이 필요한 공정이다. 특히 기장의 여유분 설정, 안감과 겉감의 길이 차이, 그리고 접힘선의 정리와 심지 부착까지 모든 과정이 유기적으로 연결되어야 완성도 높은 결과물을 얻을 수 있다.

다음은 겹트임 수선 시 기장 마감의 표준 절차이다.

① 기장 체크 및 재단
먼저, 최종적으로 원하는 기장을 체크한 뒤, 3~5cm 정도의 여유분을 두고 자른다.
이 여유분은 밑단을 접어 넣을 공간이며, 원형 스커트의 구조에 최대한 가깝게 유지하는 것이 이상적이다.

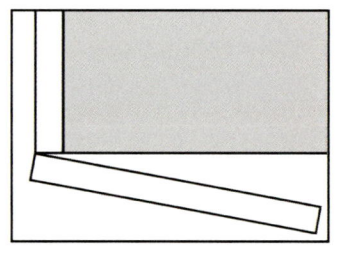

❖ 여유분은 원형의 비례를 해치지 않는 선에서 확보한다. 지나치게 줄이거나 늘릴 경우, 옷의 균형이 무너질 수 있다.

② 안감 기장 조정

안감이 있는 경우, 겉감보다 1cm 짧게 자르는 것이 원칙이다.

단, 이때 1cm는 여유분이 아닌 최종 접힌 상태에서의 차이이므로, 여유분 계산을 별도로 해야 한다.

❖ 겉감이 안감보다 길어야 착용 시 안감이 보이지 않는다.

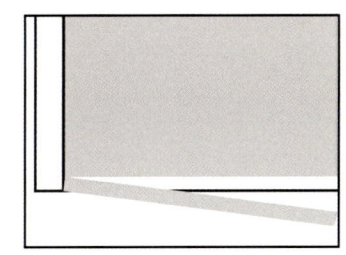

③ 끝단 심지 부착

기장 끝선을 접기 전에, 끝단 접히는 부분에 심지를 부착한다.

- 심지는 원단을 보강해주는 역할을 하며, 마감선을 안정적으로 유지하도록 도와준다.
- 심지는 전체 단에 붙이거나, 트임 부분에만 부분적으로 붙이는 방식도 가능하다.
- 심지의 종류는 원단 두께와 성질에 따라 결정하며, 너무 딱딱하거나 두꺼운 심지는 피한다.

❖ 심지는 단을 깔끔하게 접고, 모양을 유지하기 위한 보이지 않는 기반이다.

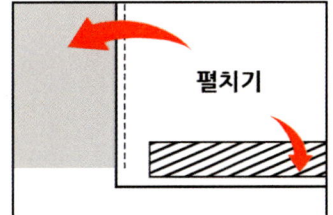

④ 기장 끝선 다림질 접기

심지를 부착한 후, 기장 끝선을 따라 다림질로 선명하게 접는다.

이 접힘선은 추후 박음선의 기준이 되므로, 정확한 위치와 평행을 유지해야 한다.

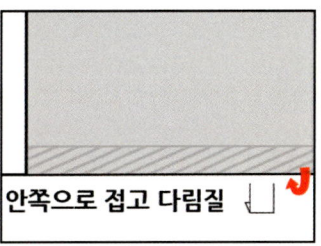

④ 트임 부분의 꺾임 다림질

겹트임 부분은 일반 밑단과 다르게 다음과 같이 다려야 한다.

- 겉감과 안단을 서로 겹쳐 꺾어 다린다.
- 겉감(날개 역할을 하는 부분)이 안단보다 조금 더 길어야 한다.
- 이때 두 장을 함께 접은 후, 따로 분리해 정리하면 자동으로 알맞은 기장 차이가 생긴다.

❖ 겉감이 안단보다 길어야 자연스러운 겹침이 가능하며, 트임이 벌어졌을 때 안감이 드러나지 않는다.

4 트임 날개 - 끝선 마무리(오픈형 안감)

① 트임 날개 안단(밑가시)을 뒤로 접어 박기

트임에서 겉감이 겹쳐져 나오는 '날개 부분'은, 그 안쪽에 안단 역할을 하는 밑가시가 있다. 이 밑가시는 트임이 열릴 때 안쪽을 가리고, 형태를 안정적으로 유지하는 구조물이다.

- 작업 순서상, 밑가시를 뒤로 접은 후,
- 몸판의 기장선에 맞춰 스티치(표기: 빨강선)로 고정한다.

❖ 이때 봉제선이 트임의 시작점과 정확히 일치해야 균형 잡힌 겹침이 완성된다.

② 밑가시를 뒤집어 원형 복귀

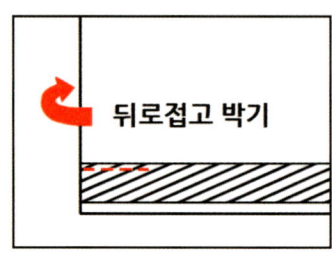

밑가시를 박기 위해 한 번 뒤집었던 부분을 다시 원상태로 돌려, 겉감이 바깥으로 나오도록 뒤집어 정리한다.

- 이때 밑가시 안쪽의 여분 시접은 깔끔하게 정리한다.
- 시접만 남기고 과감히 잘라내야, 겹쳐지는 부분이 두껍지 않고 자연스러운 실루엣이 나온다.

❖ 불필요한 여분이 남아있으면 트임 끝단이 울거나 들뜨는 현상이 생긴다.

③ 다림질 후 안감 박기

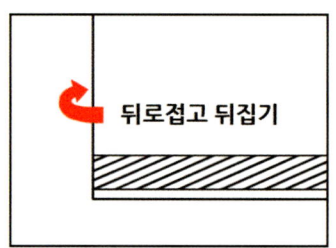

트임의 형태를 정리하기 위해 다림질로 눌러 고정한 후, 안감을 연결한다.

- 안감은 트임 아래까지 내려오지 않도록 조절하며, 안단에만 안감을 고정시키는 구조로 마무리한다.

❖ 안감은 '오픈형'일 경우, 트임 가장자리에 말아박기 처리로 마감하면 깔끔하다. 트임의 움직임에 따라 안감이 자연스럽게 반응할 수 있도록 여유를 남겨야 한다.

④ 트임 부분 마무리 (빨강선 위치 기준)

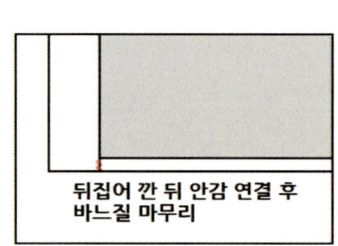

트임 부분(빨강선 위치)은 최종적으로 다음 중 한 가지 방식으로 마무리한다.

- 오픈형: 트임이 자유롭게 열리도록 그대로 남겨 두는 방식.

- 시침질: 임시 고정의 용도로 트임을 가볍게 봉제하여 움직임을 최소화하는 방식.
❖ 디자인과 기능성에 따라 완전 오픈, 반시침, 완전 봉제로 선택이 달라진다.

5 대각선 마감 - 트임 없는 절제미, 선으로 말하다

트임은 움직임을 위한 기능적 요소이지만, 때로는 트임 없이도 충분한 여유를 설계하거나, 시각적 간결함과 고급스러움을 극대화하고자 할 때, 특별한 마감 방식이 필요하다. 그중 대표적인 방식이 바로 밑단 대각선 마감(Diagonal Hem Finish)이다. 이 방식은 트임 없이도 착용 시 불편함이 없도록 설계하며, 외관상 깔끔하고 세련된 인상을 주는 고급 마감 방식으로 알려져 있다.

대각선 마감의 특징

- 트임이 없는 형태로 마무리되며, 밑단 모서리가 자연스러운 대각선으로 떨어진다.
- 실루엣이 간결하고 정제되어 보이며, 겉으로 보이는 재봉선이 적어 고급 브랜드에서 자주 사용하는 마감 방식이다.
- 움직임에 대한 물리적 여유는 최소화되지만, 심미적인 완성도는 극대화된다.

① 안단과 밑단 여유분의 모서리 정렬

- 겉감의 밑단 여유분과 안단의 끝선을 모서리 점에 정확히 맞춘다.
- 이때 두 조각이 만나는 지점을 기준으로 선분을 그리거나, 다림질로 선을 남긴다.
- 이 선은 뒤집은 후 박음질 위치를 결정짓는 기준선이 되며, 모서리 각도를 일정하게 유지하는 데 필수적이다.

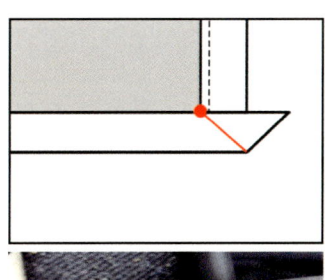

❖ "모서리 점이 어긋나면 전체 대각선의 라인이 흐트러져, 완성도에 큰 영향을 준다."

② 안쪽으로 뒤집은 후, 선을 따라 봉제

- 안단과 밑단 여유분을 겉감이 안쪽으로 들어가도록 뒤집는다.
- 앞서 만든 기준선을 정확히 맞대고, 선을 따라 곧게 봉제한다.
- 박음선은 일반적으로 사선(45도 각도 전후)으로 설정되며, 두 모서리가 정면에서 일치해야 가장 정갈한 형태가 된다.
- ❖ 박음 중 가장 흔한 실수는 모서리 점이 밀리거나 당겨지는 것인데, 이는 뒤집은 후 울림의 원인이 된다.

③ 남은 시접 정리

- 봉제 후 남은 시접은 모양을 방해하지 않도록 과감히 자른다.
- 시접은 일반적으로 0.5~0.7cm 내외로 남기고 제거하며, 곡선이 섞인 구조일 경우에는 가위밥을 넣어 뒤틀림을 방지한다.
- ❖ "시접을 너무 많이 남기면 각이 둔하게 무너지고, 너무 적게 남기면 풀릴 위험이 있으므로 적정한 균형이 중요하다."

④ 가름솔 다림질

- 뒤집은 후에는 가름솔 다림질로 선을 정리한다.
- 가름솔은 양쪽 시접을 펼쳐 다림질함으로써, 봉제선의 부피를 줄이고 마감 선이 울지 않도록 한다.
- 이 과정은 대각선 모서리를 날렵하게 유지하는 데 결정적인 역할을 한다.

⑤ 안감 연결

- 안감이 포함된 의류의 경우, 말아박기로 먼저 안감 밑단을 마감한 후, 안단에 연결하여 고정한다.
- 이때 안감은 겉감보다 약간 짧게 조절되며, 움직임에 따른 들뜸이나 당김이 없도록 여유를 준다.
- ❖ "안감이 당기면 밑단이 말리거나 착용 시 불편해질 수 있으며, 너무 길면 겉으로 드러날 수 있다."

오픈형 대각선 마무리는 보이지 않는 곳에서 완성도를 결정짓는 정밀한 디테일이다. 곡선과 각, 시접과 여유, 봉제선과 안감의 조화가 하나의 선으로 모일 때, 그 의류는 기능을 넘

어서 품격을 가진 옷이 된다.

밀폐형 구조는 겉감과 안감의 단이 모두 봉제되어 안이 보이지 않는 마감을 뜻한다.

밀폐형 안감 마감의 핵심
- 안감의 끝선과 안단의 끝선을 서로 맞대어 접은 후, 봉제하여 하나의 선으로 연결한다.
- 겉에서 보았을 때 안감이나 시접이 드러나지 않으며, 안쪽에서도 마감선이 완전히 닫혀 있는 상태가 된다.

6 겹트임 완성 마무리 – 안단, 안감, 스티치의 조화

겹트임을 완성할 때는 겉으로 보이는 라인뿐 아니라, 안쪽의 안단과 안감, 시접 정리까지 깔끔하게 처리되어야 비로소 품격 있는 결과물이 만들어진다. 특히 겹트임 구조에서는 트임 날개 역할을 하는 겉감과 안단, 그리고 안감이 삼중으로 겹치는 구조이므로, 마감 방식에 따라 전체 착용감과 내구성이 크게 달라진다.

1. 트임 안단 마감: 끝스티치로 완성

- 이 방식은 겉면에서도 스티치가 일정하게 보이므로, 바늘땀의 길이와 선 정렬이 중요하다.
- 끝스티치를 사용할 경우, 안단이 들뜨거나 안감이 쏠리는 현상을 방지할 수 있어 내구성에서도 유리하다.

2. 안감 처리 방식의 선택

안감 연결에는 여러 방식이 있지만, 마감의 완성도에 따라 다음과 같이 구분된다.

① 안감을 단순히 접어서 박는 방식

구조는 간단하지만, 안쪽 시접이 밖으로 드러날 수 있어 정돈되지 않은 인상을 줄 수 있다.

일시적 수선이나 내부 노출이 적은 의류에서만 제한적으로 사용된다.

② 안감으로 밑단을 감싸서 박는 방식

가장 깔끔한 방식으로, 안감이 겉감 밑단을 감싸듯 덮은 후 봉제하는 마감이다.

이 경우 시접이 안감 안쪽에 감춰지므로, 겉에서 봐도 단정하고 안쪽에서도 정리가 잘된 느낌을 준다.

트임 안단은 겉감과 안감을 끝스티치(Final Edge Stitch)로 함께 박아 마무리한다.

3. 겹트임 마감 시 가장 중요한 주의사항

겉감 날개가 안단보다 길어야 한다.
- 트임에서 날개 역할을 하는 겉감이 안단보다 짧으면, 트임이 벌어질 때 속이 노출될 수 있다.
- 따라서 겉감은 최소 0.5cm 정도 길게 설계하여, 트임이 열려도 자연스럽게 겹치도록 한다.
- ❖ 이 길이 차이는 봉제 후 다림질로 확실히 눌러 정리해야 마무리 선이 뜨지 않고 안쪽이 감춰진다.

7 오픈형 날개 - 대각선 마무리 (밀폐형 안감)

절제된 움직임, 구조적 완성미를 담은 고급 마감 기법

오픈형 날개 구조에 대각선 마무리 방식과 밀폐형 안감이 결합된 방식은, 실루엣의 간결함과 마감의 안정성을 동시에 확보할 수 있는 고급 봉제 기술이다.

이 방식은 트임이 있는 겉감 부분이 '날개처럼 한쪽 방향으로만 겹쳐지는 구조'이며, 끝단은 대각선으로 접혀 자연스러운 각을 형성한다. 또한 안감은 밀폐형으로 처리되어, 내부 시접이나 단면이 드러나지 않도록 끝선에서 완전히 봉합된 상태로 정리된다.

① 뜯어낸 안감을 먼저 정리하여 박기

안감이 이미 봉제되어 있다가 분해된 상태라면, 우선적으로 안감을 원위치에 고정하는 것이 첫 단계이다. 이때는 단단한 고정보다 가볍고 정확한 임시 봉제(시침 또는 박음선)로 형태를 잡아주는 것이 좋다.

❖ "형태가 흐트러진 안감을 정리하지 않고 다음 단계로 넘어가면, 전체 라인이 뒤틀릴 수 있다."

② 안단의 기장 끝선을 그린다

- 안단의 하단, 즉 기장이 끝나는 위치를 기준으로 직선 가이드 라인을 그려준다.
- 이 선은 겉감과 안감이 만나는 기준점이자, 뒤집었을 때 밑단이 정확히 정렬되게 해주는 기준선이다.

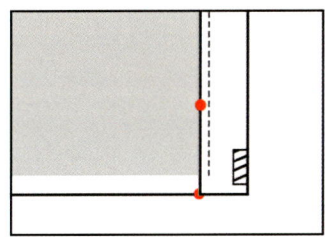

③ 안감과 연결된 솔기에서 2~3cm 아래로 선 긋기

- 안감이 연결된 솔기에서 아래로 약 2~3cm 떨어진 위치에 두 번째 선을 긋는다.
- 이 선은 시접을 따라 봉제할 기준선이며, 전체 밑단 마무리의 수평 기준이 된다.

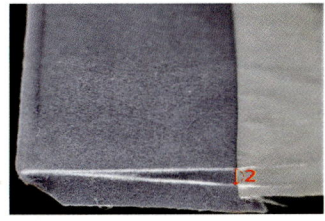

④ 뒤집어서 밑단 모서리 봉제

- 안감과 안단을 뒤집은 상태에서, 밑단 모서리를 기장 끝선에서 약 2cm 위쪽으로 고정 박음한다.
- 이어서, 앞서 그려 놓은 선(③번) 시접선에 맞춰 따라 박음질을 한다.
- ❖ "두 단계로 나누어 박는 이유는, 겹치는 구조에서 벌어지지 않도록 라인을 한 번 더 잡아주기 위함이다."

⑤ 안단 시접 정리

- 박음이 완료되면, 안단은 시접만 남기고 과감히 잘라낸다.
- 특히 모서리는 비스듬히(사선) 정리하여, 뒤집었을 때 뭉침 없이 자연스럽게 펼쳐질 수 있도록 한다.
- ❖ "두꺼운 원단일수록 모서리의 시접을 정리하지 않으면 뒤집었을 때 단 끝이 울거나 솟는다."

⑥ 뒤집어서 다림질로 마무리

- 봉제 후 구조를 뒤집은 뒤, 다림질로 모서리와 밑단선을 정확하게 눌러 정리한다.
- 이때 겉에서 박음선이 드러나지 않도록 조심스럽게 눌러주는 것이 중요하다.
- 원단의 종류에 따라 다림질 압력과 온도를 조절해야 손상 없이 선명한 라인이 유지된다.
- ❖ 이와 같이 비스듬히 박는 이유는 안단에 트임도 생기지 않고, 안단에 여유가 만들어져서 안감이 상하로 움직일 경우, 밑단이 뒤틀리는 현상을 예방할 수 있다.
- ❖ 안단이 처지는 것을 방지하기 위해 안단을 솔기에 찝어주거나, 공그르기 등으로 안단을 떠주는 마도메 과정이 필요하다.

트임이 생기지 않도록 보호

안단을 직선으로 박으면, 안감이 움직일 때 당김이 직접적으로 전달되어 안단에 꼬임이나 들뜸이 발생할 수 있다. 비스듬히 박은 구조는 이러한 움직임을 흡수할 수 있는 공간적 여유를 안단 내부에 형성한다.

8. 오픈형 날개 - 이중선 마무리(밀폐형 안감)

오픈형 날개는 겉감이 한 방향으로 열리며 움직임에 여유를 주는 구조로, 주로 상의 의류에서 사용되는 고급 마감 방식이다. 특히 몸의 움직임이 크고, 안감이 겉감과 다르게 반응할 수 있는 상황을 고려하여 의도적으로 여유를 설계하는 구조이다.

1. 오픈형 날개의 목적

오픈형 날개는 단순한 디자인 요소가 아니라, 다음과 같은 기능적 목적을 갖고 사용된다.

- 몸의 움직임에 따른 안감의 당김을 겉감으로 전달하지 않기 위해
- 정전기나 마찰로 인해 안감에 생긴 변형이 겉에 드러나지 않도록 하기 위해
- 착용자가 움직이더라도 실루엣이 무너지지 않도록 여유를 확보하기 위해

2. 안감 여유 설계: 2~3cm

오픈형 날개에서는 안감과 밑단을 직접적으로 당겨 연결하지 않고, 2~3cm의 여유분을 두어 연결한다.

- 이 여유분은 겉감과 안감이 서로 독립적으로 움직일 수 있는 공간을 만들어준다.
- 안감이 위아래로 살짝 들리거나 내려가더라도, 겉감이 당겨지지 않아 항상 단정한 겉모습을 유지할 수 있다.
- 특히 정전기가 발생하거나, 체온과 외기 온도의 차이로 안감이 수축 또는 들뜸 현상을 일으킬 때, 이 여유가 있으면 겉감에 전혀 영향을 미치지 않게 된다.

❖ 이와 같은 설계는 고급 맞춤복, 하이엔드 브랜드 상의에서 기본적으로 적용되며, 기능적 품질을 높이는 디테일로 분류된다.

트임 스커트 패턴
- 보폭을 허용하는 설계

스커트에 트임이 있다는 것은 곧 그 기장이 무릎 아래까지 내려온다는 의미이다. 무릎 아래로 내려오는 스커트는 보폭에 직접적인 제약을 주게 되며, 이때 트임은 움직임의 자유를 확보하기 위한 기능적 장치로 사용된다.

① **안감이 없는 트임**
  안감이 없거나 안감이 트임 위로 올라오는 짧은 스타일의 치마는 겉감 패턴만 있으면 된다.

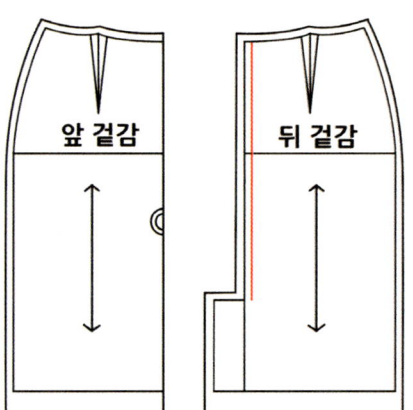

② **안감이 있는 트임**
  트임이 있는 치마에 안감이 있을 경우, 안감 패턴이 그림처럼 좌우가 달라진다.

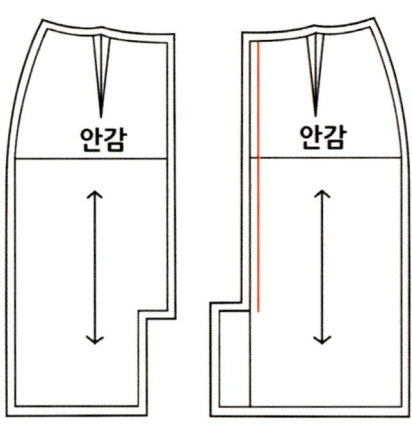

트임 시작점 기준 - 빨강선의 역할

트임 봉제의 기준이 되는 선은 일반적으로 '기장선'이다.

그림의 빨강선으로 표시된 기장 끝점은 곧 트임의 시작점이 된다.

- 트임을 봉제할 때는 기장선 끝점부터 트임을 시작해야 하며, 이 기준이 어긋나면 전체 실루엣이 틀어질 수 있다.
- 특히 이 점은 겉감과 안감의 길이를 동일하게 맞추는 기준 좌표가 되므로, 시각적으로도 반드시 확인해야 한다.

주름(우는 현상) 방지를 위한 주의사항

트임 봉제 후 가장 흔하게 발생하는 문제가 바로 '우는 현상'이다.

이는 주로 겉감의 길이가 안감보다 짧거나, 두 소재가 완전히 평행하지 않을 때 발생한다.

- 겉감이 부족하면, 봉제 후 잡아당기는 힘이 분산되지 못해 트임 위쪽이 울거나 주름이 생긴다.
- 따라서 반드시 겉감의 기장을 1~2mm 정도 충분히 확보하거나, 겉감에 심지를 보강하여 늘어짐을 방지하는 방법도 함께 고려해야 한다.

하의 수선의 모든 것

스커트 폭에 따른 구분

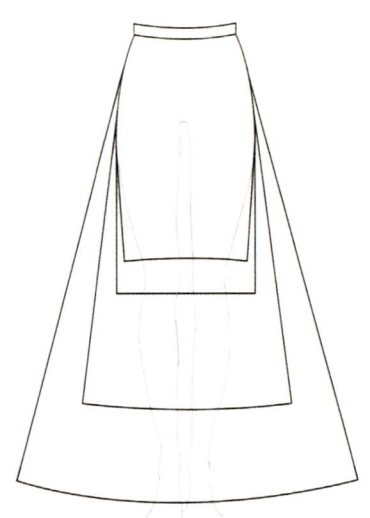

① 타이트
② H라인
③ 쎄미
④ A라인
⑤ 플레어(180, 360도)

1 스커트 폭 줄이기/늘리기

❖ 힙선은 곡선을 형성하는 핵심 라인이다

스커트의 실루엣은 허리 → 힙 → 밑단으로 이어지는 흐름에서 결정된다.

이때 힙선은 스커트 패턴에서 가장 크게 부풀려진 부분이며, 엉덩이의 입체를 따라 자연스럽게 곡선을 형성해야 한다.

- 힙선은 몸판의 가장 튀어나온 부위(대개 허리선에서 약 18~22cm 아래)를 중심으로 설정된다.
- 이 라인이 불균형하거나 잘못 줄어들면, 착용 시 엉덩이 부위가 당기거나 뜨는 현상이 발생한다.

1. 폭을 줄일 때의 주의점

스커트 폭을 줄이는 과정에서 옆선을 직선으로 조정하면 힙선이 왜곡될 수 있다.

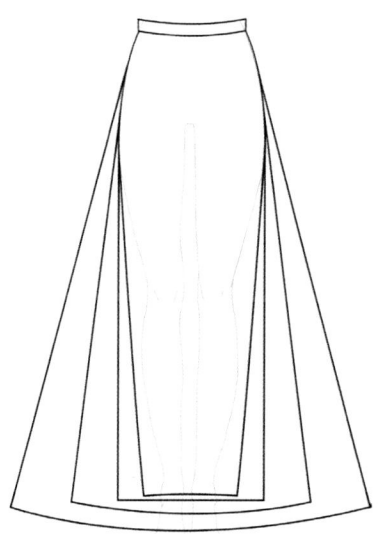

- 힙선을 따라 내려가는 곡선을 고려하지 않고 줄일 경우, 힙 부분이 갑자기 꺾이거나 들뜨며 어색한 실루엣이 생긴다.
- 특히 타이트 스커트나 H라인 스커트에서는 힙선이 조금만 틀어져도 전체 실루엣이 무너지는 결과를 초래한다.
- ❖ 봉제 전 반드시 기존 힙선의 위치를 확인하고, 조정 시에도 해당 위치에서 부드러운 곡선을 유지하도록 선을 다듬어야 한다.

2. 폭을 늘릴 때의 주의점

폭을 늘릴 경우에도 힙선은 중심축이 되며, 곡선의 흐름이 자연스럽게 퍼지도록 설계되어야 한다.

- 힙선 아래로 확장할 때는 곡자로 부드럽게 연결해야 하며,
- 허리부터 힙까지의 선은 인체 곡선을 따라 곡진 형태로 수정되어야 한다.

 하의 수선의 모든 것

플레어 스커트 패턴

1 스커트의 폭과 플레어 각도 - 곡선이 만들어내는 다양성

스커트는 실루엣을 구성하는 데 있어 가장 직접적인 영향을 주는 요소가 바로 폭의 너비이다. 특히 플레어스커트는 원단의 곡선 사용 범위에 따라 90도부터 360도까지 다양한 각도로 구성될 수 있으며, 그만큼 연출할 수 있는 디자인의 폭도 매우 넓다.

1. 플레어 각도의 의미

플레어스커트는 말 그대로 원형 곡선(원의 일부)을 펼친 형태의 스커트이며, 원단을 어느 정도의 각도로 잘라 퍼지게 하느냐에 따라 실루엣이 달라진다.

플레어 각도	특징 및 디자인 형태
90도	약간의 여유만 있는 A라인, 슬림하고 단정한 느낌
180도	반원 형태로 펼쳐지며 여성스러움이 강조됨
270도	볼륨감이 있고, 걸을 때 원단이 자연스럽게 흐름
360도	완전한 원형, 움직임에 따라 풍성한 드레이프가 생김

2. 디자인 연출의 다양성

플레어 각도가 넓어질수록 스커트는 더욱 로맨틱하고 극적인 실루엣을 만들어낸다. 반면 각도가 좁아질수록 실루엣은 차분하고 포멀한 인상을 준다.

- 90~180도 플레어: 오피스룩, 일상복 등 실용적인 디자인에 적합
- 270~360도 플레어: 파티웨어, 웨딩드레스, 퍼포먼스 의상 등 시각적 강조가 필요한 의상에 활용됨

또한 원단의 두께, 드레이프성, 무게에 따라 같은 각도라도 완전히 다른 실루엣이 연출된다.

3. 수선 시 유의점

- 플레어 스커트는 기장을 줄이거나 폭을 조정할 때 곡선 형태를 해치지 않도록 주의해야 한다.
- 특히 360도 플레어의 경우, 밑단이 사방으로 퍼져 있어 기장 정렬이 쉽지 않으므로 중심선 기준으로 접어 자르는 방식이 필요하다.
- 안감이 있는 경우에는 겉감과 안감의 각도, 기장, 드레이프 균형까지 모두 고려해야 한다.

2 플레어 폭을 만드는 방법

❶ 허리 치수를 기준으로, 기장을 선택해서 사각형을 만든다.

❷ 4조각이나 6, 8조각을 나눠, 수직으로 자른다.

❸ 수직을 기준으로 잡고 원하는 각도만큼 벌여준다.

❹ 허리선과 끝선의 조각을 곡선으로 이어가며 라인을 완성한다.

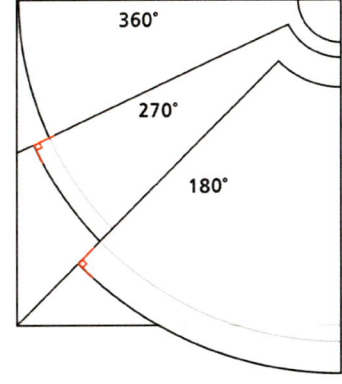

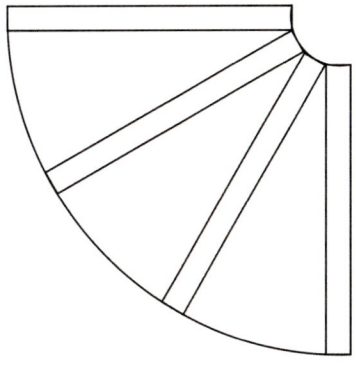

3 플레어 스커트 폭 줄이기 - 곡선의 흐름을 해치지 않는 수선

플레어 스커트는 허리선에서부터 밑단까지 퍼지듯 내려오는 곡선형 구조로, 실루엣의 아름다움이 곡선의 자연스러움에서 비롯된다. 따라서 플레어 스커트의 폭을 줄일 때에는 곡선의 흐름을 유지하면서 불필요한 부피만 줄이는 기술이 필요하다.

① **줄일 때는 허리선부터 단까지 일직선으로**
플레어 스커트의 폭을 줄이는 경우,
허리선에서부터 밑단까지 직선으로 연결하여 줄이는 방식이 원칙이다.

- 힙선이나 중간 부분에서만 폭을 줄일 경우, 해당 지점에서 곡선이 꺾이게 되어 원단이 불룩하게 솟는 현상, 혹은 접히는 주름이 생기기 쉽다.
- 이는 스커트가 몸에 자연스럽게 흘러야 할 구조에 인위적인 변형이 생기는 결과로, 전체 실루엣이 어색해지고, 착용 시 들뜸이나 당김이 발생하게 된다.
❖ 허리선부터 밑단까지 부드럽게 이어진 직선 수정이 곡선의 균형을 유지하는 핵심이다.

② **옆솔기 양쪽에서 같은 폭으로 줄이기**
폭을 줄일 때는 한쪽만 수정하는 것이 아니라 양쪽 옆솔기에서 동일한 폭을 줄여야 균형이 맞다.

- 예를 들어 총 4cm를 줄인다면, 좌우 각 2cm씩 균등하게 줄이는 방식이 기본이다.
- 한쪽만 줄일 경우, 착용 시 치우친 실루엣이 발생하거나 무게 균형이 어긋나 스커트가 돌아가는 현상이 생길 수 있다.
❖ 스커트는 원형을 기준으로 균형 있게 퍼지기 때문에, 좌우 대칭 수정은 기본 원칙이다.

4 플레어 기장 줄이기 - 바이어스에 따른 기장 보정

플레어 스커트는 그 특성상 원형을 펼친 듯한 곡선 구조로 이루어져 있으며, 이로 인해 각 부분마다 원단의 결방향이 다르게 나타나는 특징을 가진다. 특히 수직 결과 바이어스(사선 결)이

섞여 있기 때문에, 기장을 조정할 때 특별한 주의가 필요하다.

1. 플레어 스커트의 결방향 구조

플레어는 일반적으로 원형 혹은 반원형으로 전개된 패턴을 사용하는데, 이 구조에서는 다음과 같은 결이 발생한다.

- 중심선 부근: 수직 결 (원단의 세로 결방향과 일치)
- 옆선 부근: 대각선 결 (바이어스 방향)
- 사이드 중간: 사선 결과 직결의 중간지점 (드레이프와 처짐이 섞여 있음)

이처럼 플레어 스커트는 360도 중 결방향이 일정하지 않아, 구간마다 기장이 다르게 처질 가능성이 존재한다.

2. 바이어스 부분은 더 많이 늘어진다

바이어스 방향은 원단이 가장 많이 늘어나는 방향이다.
따라서 바이어스 방향에 해당하는 플레어 스커트의 구간은, 시간이 지나거나 착용 중 중력의 영향을 받아 더 길게 처지는 현상이 발생한다.

3. 기장 보정 기준

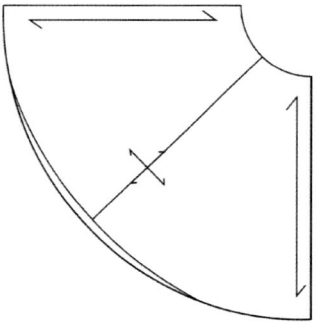

기장을 균일하게 줄이거나 자를 경우,
바이어스 구간은 상대적으로 더 길어져 비대칭이 발생할 수 있다.
따라서 바이어스 방향 부분은 다음과 같은 기준으로 별도 보정이 필요하다.

- 바이어스 방향 구간(사선 결)은 1.5~2cm 정도 더 짧게 잘라 보정한다.
- 이는 패턴 재단 단계에서 또는 기장 수선 시 밑단 정리 과정에서 적용된다.

손끝의 사유
― 바느질이라는 묵언의 철학

수선은 말이 없는 작업입니다. 미싱이 도는 동안에도, 바늘을 꿰는 동안에도, 손은 묵묵히 일하고 마음은 조용히 흐릅니다.

그러나 말이 없다고 해서 생각이 없는 것은 아닙니다. 오히려 수선의 시간은 손끝에서 깊어지는 사유의 시간입니다.

옷을 펼치고 실밥을 자를 때, 나는 그 옷이 어디에서 많이 닳았는지를 봅니다. 주머니 입구, 소매 끝, 무릎 아래… 그 닳은 자리에는 그 사람이 어떤 삶을 살아왔는지가 조용히 새겨져 있습니다. 손끝은 단지 바늘을 움직이는 것이 아니라, 그 사람의 일상과 습관을 느끼고, 한 벌의 옷에 깃든 기억을 조용히 읽어내는 감각기관이 됩니다.

때로는 생각합니다. 왜 이 사람은 이 옷을 버리지 않고, 고쳐 입으려 할까. 그리고 거기서 한 가지 확신을 얻습니다. 이 옷은 단순한 물건이 아니라, 누군가의 일부라는 것. 그 일부를 함부로 다루지 않기 위해, 손끝은 더욱 천천히, 조심스럽게 움직입니다. 바느질은 그런 점에서 철학입니다.

빠르게 완성하는 것보다, 끝까지 책임지는 것이 더 중요하고, 보이지 않는 곳일수록 더 정직해야 한다는 것을 매일 깨우쳐줍니다. 나는 실을 끼우며 생각합니다. 오늘도 내 손이 너무 무겁지 않기를. 어떤 마음으로 옷을 만지느냐에 따라 결과가 달라진다는 걸 알기에, 바느질을 시작하기 전에 항상 나의 마음부터 다림질합니다.

이토록 작은 바늘 한 자루 안에, 어쩌면 인생 전체가 담겨 있는지도 모르겠습니다. 느리고 섬세한 그 사유 끝에 완성된 한 벌의 옷. 그 옷을 다시 입는 누군가의 마음까지 함께 꿰매며, 나는 오늘도 이 조용한 작업대를 지킵니다.

핀과 시침의 의미
— 단단히 고정하지 않기 위한 임시의 기술

    수선을 할 때 가장 먼저 손에 쥐게 되는 도구가 있습니다. 바로 핀과 시침입니다. 아직 박지도, 꿰매지도 않은 상태에서 핀으로 자리를 잡고, 시침실로 선을 따라 꿰는 일. 그것은 완성 이전의 중간 단계이자, 확신 이전의 사려 깊은 멈춤입니다. 핀은 강하지 않습니다. 가볍게 찔러 넣었다가, 언제든 다시 빼낼 수 있습니다. 그러나 그 가벼운 핀이 만드는 고정은, 수선이라는 작업의 방향을 결정짓는 가장 민감하고 결정적인 순간입니다. 시침도 마찬가지입니다. 실로 꿰매지만, 끝까지 매듭짓지 않습니다. 언제든 풀 수 있고, 다시 꿰맬 수 있도록 조심스럽게 '확정하지 않는 손'으로 만들어낸 흔적입니다. 수선의 초입에 놓인 이 두 도구는 말합니다.

"아직 확신하지 마. 조금 더 보고, 조금 더 맞춰 봐."

    그렇게 핀을 꽂고, 시침을 놓으며 우리는 입는 사람을 다시 상상합니다. 이 핏이 과연 그 몸에 어울릴지, 이 곡선이 걸을 때도 부드러울지. 손보다 마음이 먼저 들어가는 순간이 바로 핀과 시침의 시간입니다.

    어쩌면 인생도 이와 비슷하지 않을까요. 모든 걸 처음부터 단단히 박는 것보다, 조금은 열어 두고, 풀었다 다시 맬 수 있도록 여지를 남기는 것. 확신보다 유연함을, 속도보다 관찰을 우선하는 자세.

    리패셔너는 그래서 핀을 쉽게 꽂지 않습니다. 시침을 무심히 놓지도 않습니다. 그 옷을 입게 될 누군가의 하루를 상상하며, 그들의 몸과 삶에 '딱 맞는 여백'을 만드는 일. 그것이 핀과 시침의 의미이며, 바로 우리가 다루는 수선이라는 일의 섬세한 철학입니다.

바늘과 결의 감각
— 곧고 보이지 않는 것을 따라가는 손의 예술

바느질을 잘하려면, 바느질보다 먼저 결을 읽어야 합니다.

결은 눈에 잘 띄지 않습니다.

하지만 천을 잡아당기면 몸을 숨기지 못합니다.

한 방향은 곧게 뻗고, 다른 방향은 뒤틀립니다.

결은 원단이 '이쪽으로 움직이고 싶어요'라고 말해주는 방향입니다. 그 말을 듣지 않고 바느질을 시작하면, 솔기가 밀리고, 옷이 비틀립니다. 핏이 어긋나고, 입었을 때 불편함이 생깁니다. 눈에 보이지 않는 결 하나가, 옷 전체의 균형을 무너뜨리는 것입니다.

그래서 리패셔너는 바늘을 들기 전 먼저 결을 느낍니다. 천을 가볍게 당겨보고, 눌러보고, 손등으로 스치며 이 원단은 어디로 흐르고 싶은지, 어디에 멈추고 싶은지를 묻습니다. 바늘은 그 결을 따라 움직입니다. 힘을 주지도, 억지로 비틀지도 않습니다. 천이 흘러가고 싶은 길을 따라 조용히, 정직하게 이동합니다.

좋은 수선은 바늘로 결을 '이긴' 작업이 아니라, 바늘이 결과 '함께 걸어간' 작업입니다. 이 감각은 숫자로 환산되지 않습니다. 시접은 1.5cm일지 몰라도, 결의 흐름은 손이 기억합니다. 수많은 손길이 지나간 작업대 위에서 리패셔너의 손은 점점 눈보다 더 잘 보는 감각이 되어갑니다.

그리하여 하나의 솔기가 완성될 때, 그건 단순한 재봉이 아니라, 눈에 보이지 않지만 분명히 존재하는 질서를 따라 바늘이 기록한 선입니다.

그 질서에 귀 기울이는 손, 그 흐름을 방해하지 않는 손. 그 손끝이야말로 수선이라는 기술을 예술로 만드는 주체입니다.

실밥의 기억
— 사라지는 줄 알았던 것들의 마지막 흔적

수선을 시작할 때, 우리는 먼저 뜯습니다. 단단히 박혀 있던 박음선을 따라 조심스레 솔기를 자르고, 그 안에 남은 실밥들을 하나씩 제거합니다.

바로 그때, 리패셔너의 눈에 가장 오래된 대화의 흔적이 보이기 시작합니다. 실밥은 말이 없습니다. 그러나 실밥은 기억을 품고 있습니다. 그 실밥이 왜 거기에 있었는지, 누구의 손이 그것을 꿰매었는지, 어떤 방식으로 봉제했고, 얼마나 오랫동안 한 사람의 움직임을 견뎌왔는지를

아무 말 없이, 그러나 분명히 말해줍니다.

찢어진 솔기를 따라 실밥이 삐죽 튀어나와 있는 옷을 마주할 때면, 우리는 그 옷이 걸어온 시간을 함께 마주하게 됩니다. 바느질이 성급했던 흔적, 한 번 덧댄 선, 어딘가 무리해서 당겼던 실의 긴장, 그리고 때로는 눈물처럼 묻어 있는 얼룩 하나.

수선은 실밥을 지우는 일 같지만, 사실은 그 실밥을 읽고, 기억하고, 존중하는 일이기도 합니다. 무조건 새롭게 만드는 것이 아니라, 남겨진 것 안에서 지켜야 할 부분과 다시 짜야 할 부분을 구분하는 지혜.

그래서 리패셔너는 실밥을 함부로 뜯지 않습니다. 먼저 살펴보고, 잠시 멈추고, '이 옷은 어떤 방식으로 지어졌는가'를 생각합니다. 그 기억이 옷의 안쪽에 남아 있는 이상, 그 옷은 단지 낡은 것이 아니라, 누군가의 삶의 일부였기 때문입니다.

실밥은 작은 선이지만, 그 선이 옷을 구성하고, 그 옷이 사람을 감싸며, 그 사람이 하루를 살아가는 방식까지 결정짓습니다. 그래서 그 작은 실밥 안에는 한 벌의 옷, 한 사람의 시간, 하나의 관계가 다 담겨 있다고 해도 과언이 아닙니다.

바느질은 그 기억을 다시 이어주는 작업이고, 수선은 그 기억이 무너지지 않도록 받쳐주는 작업입니다. 리패셔너의 손끝은 과거의 실밥을 지우는 것이 아니라, 그 흔적 위에 다시 신뢰를 덧대는 일을 하는 것입니다.

침묵의 재봉틀
— 가장 많은 이야기를 들으면서도, 말하지 않는 존재

재봉틀은 말이 없습니다. 평생을 누군가의 손끝에 따라 움직이지만, 단 한 번도 스스로 말하지 않습니다. 그럼에도 불구하고, 수선의 모든 이야기는 재봉틀을 지나갑니다. 고객이 문을 열고 들어와 옷을 건넬 때, 우리는 그 사연을 듣습니다.

"버리기엔 아깝고, 다시 입고 싶은 옷이에요."

"이 옷만큼은 꼭 고치고 싶어요."

그 말을 듣고, 손은 움직이고, 가위가 선을 내고, 바늘이 실을 꿰지만 결국 그 모든 감정과 흐름이 도착하는 마지막 지점은 재봉틀 위입니다. 재봉틀은 조용히, 묵묵히 돌아갑니다. 박음선은 늘 똑같은 리듬으로 이어지지만, 그 안에 담긴 감정은 매번 다릅니다. 어떤 날은 이별을 꿰매고, 어떤 날은 새 출발을 꿰매며, 또 어떤 날은 잊힌 시간을 다시 이어 붙입니다. 재봉틀은 우리에게 말하지 않지만, 우리는 재봉틀 위에서 가장 많은 생각을 합니다.

'이 곡선이 괜찮을까?' '이 고객은 입을 때 불편하지 않을까?'

'내가 지금 이 옷에 실수를 하고 있는 건 아닐까?'

그 모든 불안과 책임, 집중과 정성이 고요한 기계음 속에서 깊어집니다. 침묵 속의 재봉틀은 때로 거울이 됩니다. 오늘 내가 어떤 마음으로 일하고 있는지를 소리 없이 반사하는 거울. 마음이 흐트러지면 바늘이 비뚤어지고, 생각이 앞서면 시접이 어긋납니다.

침묵 속에서 모든 것이 드러나는 이 기계 앞에서, 우리는 늘 조금 더 정직해지고, 조금 더 조심스러워집니다. 그렇게 하루가 지나고, 재봉틀의 바늘은 여전히 같은 자리에 서 있습니다. 많은 옷이 그 위를 지나갔고, 많은 삶의 단면이 잠시 그 자리에 머물렀지만 재봉틀은 아무 말 없이 다시 침묵 속으로 돌아갑니다.

하지만 우리는 압니다. 그 침묵이야말로 진짜 이야기를 품은 공간이라는 것을. 말보다 정확한 실선, 설명보다 명확한 박음질, 그 모든 것을 가능하게 하는 조용한 동반자. 그게 바로 우리의 재봉틀입니다. 가장 조용한 곳에서, 가장 깊은 대화가 이루어지는 곳.

다림질의 온도
— 손끝보다 마음이 먼저 눌러야 할 것들

수선의 마지막은 언제나 다림질입니다. 실밥을 정리하고, 솔기를 눕히고, 모양을 잡는 이 마무리 작업은 단순한 정돈이 아닙니다. 그 옷을 다시 '입을 수 있게 만드는' 가장 섬세한 준비 과정입니다.

다림질은 온도의 예술입니다. 너무 뜨거우면 원단이 상하고, 너무 낮으면 주름이 펴지지 않습니다. 딱 그 원단에 맞는 온도, 딱 그 순간에 필요한 압력. 그 조절은 손끝보다 마음에서 먼저 시작됩니다.

리패셔너는 다림질을 하며 생각합니다.

"이 옷, 입었을 때 주름지지 않을까?"

"앉았을 때 자연스럽게 흐를까?"

"어떤 순간에 이 옷을 다시 입게 될까?"

다림질의 시간은 작업을 정리하는 시간이자, 그 옷을 입을 사람의 내일을 상상하는 시간입니다. 다림질에는 리듬이 있습니다. 누르고, 멈추고, 옮기고, 다시 눌러주는 느린 호흡. 성급하게 문지르면 자국이 남고, 방심하면 주름이 더 깊어지기도 합니다.

그래서 다림질은 마지막이지만, 가장 집중해야 하는 순간입니다. 수선이 기술이라면, 다림질은 예의입니다. '수선을 마쳤습니다'라는 손끝의 인사, '잘 입으시길 바랍니다'라는 조용한 배웅. 고객은 모를 수도 있지만, 우리는 압니다.

다림질을 어떻게 마무리했는지가, 그 옷의 감도와 분위기를 결정짓는다는 것을.

리패셔너는 바느질보다 다림질로 마음을 전합니다. 바늘로 만든 선을 손으로 덮고, 온기로 눌러 의미를 새기며, 그 옷에 두 번째 온기를 입히는 사람.

그러므로 다림질은 단순히 '펴는 행위'가 아닙니다. 그 옷이 지나온 시간을 조용히 덮어주고, 앞으로의 시간을 편안하게 펼쳐주는 작지만 따뜻한 의식입니다.

 하의 수선의 모든 것

바지 허리

하의 착용의 핵심은 안정적인 지지이며, 그 중심은 바로 허리이다. 허리둘레는 하의 착용감과 직결되는 가장 중요한 요소이다.

첫째, 허리 사이즈는 기능적 필수 조건이다.

허리가 너무 작으면 착용 자체가 불가능하여 옷의 효용성을 완전히 상실하게 된다. 반면, 허리가 큰 경우에는 흘러내림을 방지하기 위해 벨트 등의 부가적인 조치가 필요하며, 이는 번거로움을 야기할 뿐 아니라 완벽한 착용감을 보장하지 못한다. 따라서 정확한 허리 사이즈는 하의 착용의 기본적인 전제 조건이라 할 수 있다.

둘째, 최적의 착용감은 활동성과 직결된다.

허리 사이즈가 과도하게 크거나 작으면 움직임에 불편함을 초래한다. 너무 큰 허리는 옷의 형태를 무너뜨려 활동 시 옷이 처지거나 흘러내려 신경 쓰이게 만들고, 너무 작은 허리는 복부를 압박하여 불편함과 답답함을 유발하며 장시간 착용에 어려움을 겪게 한다. 적절한 허리 사이즈는 신체의 자유로운 움직임을 보장하며, 편안하고 효율적인 활동을 가능하게 한다.

셋째, 허리 사이즈는 옷의 전체적인 실루엣과 균형을 결정한다.

허리는 상의와 하의를 연결하는 중심축 역할을 하며, 이 부분의 핏 감은 전체적인 옷맵시에 큰 영향을 미친다. 허리 사이즈가 맞지 않으면 의도했던 옷의 라인이 제대로 표현되지 않아 심미적인 만족도를 저하시킨다. 정확한 허리 사이즈는 옷 본연의 디자인과 의도를 살려, 세련되고 균형 잡힌 스타일을 연출하는 데 필수적이라고 할 수 있다.

결론적으로, 하의 착용에 있어 허리 사이즈는 단순한 치수를 넘어 기능성, 활동성, 그리고 심미성을 결정하는 핵심 요소이다. 약간의 오차만으로도 착용감에 큰 불편함을 야기할 수 있으므로, 다른 부위보다 허리 사이즈 수선의 필요성이 높게 나타나는 것은 지극히 합리적인 현상이라 할 수 있다. 따라서 개인의 체형에 최적화된 편안하고 만족스러운 착용 경험을 위해서는 정확한 허리 사이즈 유지가 중요하며, 이를 위한 수선은 불가피한 선택이 될 수 있다.

1 바지 허리 사이즈를 줄여야 하는 이유

① **체형 변화:** 체중 감량은 가장 흔한 이유 중 하나이다. 건강 관리나 다이어트 성공으로 허리 둘레가 줄어들면 기존 바지가 헐렁해져 불편함을 느끼게 된다.

② **옷의 늘어남:** 잦은 착용이나 세탁으로 인해 바지 원단이 늘어나 허리 부분이 헐렁해질 수 있다. 특히 신축성 있는 소재의 바지에서 이러한 현상이 두드러진다.

③ **잘못된 사이즈 선택:** 온라인 쇼핑이나 급하게 옷을 구매했을 경우, 실제 사이즈와 맞지 않는 바지를 구입하게 되어 허리 사이즈를 조정해야 할 수 있다.

④ **더 나은 핏을 위해:** 단순히 사이즈가 크지 않더라도, 허리 라인을 좀 더 강조하거나 전체적인 핏을 슬림하게 연출하기 위해 허리 사이즈를 줄이는 경우가 있다.

⑤ **오래된 옷 되살리기:** 오랫동안 아껴 입던 바지의 허리가 늘어났을 때, 수선을 통해 다시 편안하게 입기 위해서 허리 사이즈를 조정하기도 한다.

⑥ **계절 변화로 인한 옷의 변화:** 여름에는 땀을 많이 흘려 옷이 늘어나는 경향이 있고, 겨울에는 두꺼운 옷을 안에 껴입기 위해 일부러 살짝 큰 사이즈를 선택했다가 봄/여름에 헐렁해지는 경우가 있다. 계절에 따라 옷의 핏이 달라지는 것이다.

⑦ **섬유 자체의 특성 변화:** 시간이 지나면서 섬유 자체가 자연스럽게 늘어나는 경우가 있다. 특히 천연 소재나 혼방 소재의 경우, 세탁이나 보관 방법에 따라 수축과 팽창을 반

복하면서 조금씩 늘어날 수 있다.

⑧ **스타일 변화에 따른 선호도 변화:** 예전에는 살짝 여유 있는 핏을 선호했지만, 최근 트렌드가 슬림핏으로 바뀌면서 과거에 입던 바지의 허리 사이즈를 줄여서 스타일 변화에 맞추려는 경우도 있다.

⑨ **세트 상품과의 불균형:** 상의와 하의가 세트로 나온 옷의 경우, 하의만 살이 빠지거나 늘어나서 전체적인 밸런스가 맞지 않을 때, 하의 허리 사이즈만 줄여서 다시 세트처럼 입고 싶어 하시는 경우도 있다.

⑩ **선물받은 옷의 사이즈 조정:** 마음에 드는 옷을 선물 받았지만, 아쉽게도 허리 사이즈가 맞지 않아 수선을 맡기시는 경우도 많다. 정성껏 준비한 선물을 버릴 수는 없으니 말이다.

⑪ **빈티지 의류나 중고 의류 구매 후 사이즈 조정:** 독특한 디자인이나 좋은 품질의 빈티지 또는 중고 의류를 발견했지만, 허리 사이즈가 맞지 않아 수선을 통해 자신에게 딱 맞는 옷으로 만들고 싶어 하시는 분들도 늘고 있다. 이는 개성 있는 스타일을 추구하는 트렌드와도 맞닿아 있다고 볼 수 있다.

⑫ **기존 디자인 유지하며 편안함 추구:** 바지의 전체적인 디자인이나 핏은 마음에 들지만, 유독 허리만 조금 크거나 불편하게 느껴질 때, 다른 부분은 그대로 두고 허리 사이즈만 조정하여 착용감을 개선하려는 목적도 있다.

⑬ **활동적인 직업이나 생활 습관:** 활동량이 많은 직업을 가지셨거나, 평소 활동적인 취미를 즐긴다면 헐렁한 바지보다 딱 맞는 바지가 활동하기에 더 편할 수 있다. 이 때문에 허리 사이즈를 줄여 좀 더 활동적인 움직임을 가능하게 하려는 이유도 있다. 이처럼 정말 다양한 이유로 바지 허리 사이즈를 줄이기 위해 수선집을 찾는다.

2 바지/스커트 허리를 줄이는 몇 가지 차이점

이는 디자인, 구조, 그리고 원하는 핏의 차이에서 비롯된다.

1. 구조적 차이

바지	스커트
일반적으로 앞, 뒤판이 나누어져 있고, 벨트 고리가 있으며, 지퍼나 단추 여밈이 있는 경우가 많다. 허릿단은 몸판과 분리되어 봉제되는 경우가 많으며, 주름이나 턱(턱)이 있는 디자인도 흔하다. 뒷중심에는 힙라인을 살리는 절개가 있는 경우도 있다.	디자인이 매우 다양하다. 통 스커트, A라인 스커트, 플리츠 스커트, H라인 스커트 등 형태가 다양하며, 허리 부분은 밴딩 처리, 지퍼 여밈, 후크 여밈 등 다양한 방식으로 마감된다. 허릿단이 없는 디자인도 많다. 주름이나 개더가 있는 디자인도 흔하다.

2. 수선 방법의 차이

바지	스커트
뒷중심 줄임: 가장 일반적인 방법으로, 뒷중심선을 따라 허릿단과 몸판을 함께 줄인다. 힙라인의 변화를 최소화하면서 허리둘레를 줄일 수 있다.	뒷중심 줄임: 주로 허릿단이 있는 스커트에서 활용되며, 뒷중심선을 따라 줄인다.
옆선 줄임: 옆선을 따라 허리부터 힙까지 함께 줄이는 방법이다. 전체적인 핏을 슬림하게 만들 때 효과적이지만, 주머니 위치나 디자인에 영향을 줄 수 있다.	옆선 줄임: 스커트의 기본적인 허리 줄임 방법이다. 허리부터 밑단까지 원하는 만큼 줄일 수 있다.
허릿단 절개 후 재봉: 허릿단을 부분적으로 절개하여 사이즈를 줄인 후 다시 봉합하는 방법이다.	허릿단 절개 후 재봉: 바지와 마찬가지로 허릿단을 잘라내고 다시 봉합하는 방법이다. 후크나 지퍼 위치를 고려해야 한다.
턱이나 주름 수정: 턱이나 주름을 더 깊게 잡거나 없애는 방식으로 허리둘레를 조절하기도 한다.	주름 또는 개더 조절: 플리츠 스커트나 개더 스커트의 경우, 주름 간격이나 개더 양을 조절하여 허리둘레를 줄일 수 있다. 이 경우, 전체적인 디자인의 균형을 고려해야 한다.
	밴딩 수선: 밴딩 처리된 스커트의 경우, 밴딩 길이를 줄이거나 새로운 밴딩으로 교체하는 방식으로 허리둘레를 조절한다.

3. 고려사항의 차이:

바지	스커트
벨트 고리 위치, 주머니 위치, 앞여밈(지퍼, 단추) 부분의 형태를 유지하는 것이 중요하다. 힙라인의 변화를 최소화하는 것도 고려해야 한다.	스커트의 디자인(A라인, H라인 등)에 따라 줄이는 방식과 줄여야 하는 범위가 달라진다. 주름이나 개더가 있는 경우, 균형을 맞추는 것이 중요하며, 여밈 방식에 따라 수선 방법이 달라질 수 있다.

3 바지 허리 수선 고려 사항

1. 허릿단의 디자인

- 일반적인 허릿단: 뒷중심이나 옆선을 줄이는 기본적인 방법이 적용된다.
- 밴딩 처리된 허릿단: 밴딩 자체를 줄이거나, 밴딩과 연결된 부분을 수정하여 허리둘레를 조절한다. 밴딩의 탄력성을 유지하는 것이 중요하다.
- 특이한 디자인의 허릿단 (예: 사다리꼴, 곡선형):
  일반적인 방법보다 더 많은 주의와 기술이 필요하다.
  디자인의 형태를 최대한 유지하면서 자연스럽게 줄여야 한다.

2. 주름(턱)의 유무 및 형태

- 주름이 없는 바지: 뒷중심이나 옆선을 줄이는 것이 일반적이다.
- 앞 또는 뒤에 주름이 있는 바지: 주름의 개수를 조절하거나 주름의 깊이를 수정하여 허리둘레를 줄일 수 있다. 이 경우, 주름의 간격과 전체적인 균형을 맞추는 것이 중요하다.
- 두 개 이상의 주름이 있는 경우: 각 주름의 양을 조금씩 수정하여 전체 허리둘레를 줄이는 방법을 사용하기도 한다.

3. 포켓의 형태 및 위치

- 일반적인 옆 주머니 또는 뒷주머니: 허리 수선 시 크게 영향을 받지 않지만, 옆선을 많이 줄여야 할 경우 주머니 입구가 좁아질 수 있다.
- 사이드 포켓 (Cargo pants 등): 허리 옆쪽에 큰 포켓이 있는 경우, 허리 라인을 따라 수선하기 어려울 수 있으며 포켓의 기능성을 해치지 않도록 주의해야 한다.

4. 특수 소재

- 가죽 또는 스웨이드 소재: 늘어나거나 줄이기 어렵고, 바늘 자국이 남을 수 있으므로 매우 신중하게 작업해야 한다. 전문 수선점을 이용하는 것이 좋다.
- 실크 또는 얇고 섬세한 소재: 봉제 시 원단이 울거나 손상되기 쉬우므로 숙련된 기술이 필요하다.
- 두껍거나 뻣뻣한 소재 (예: 데님): 일반적인 소재보다 더 많은 힘과 정교한 바느질 기술이 요구된다.
- 고객의 요구사항: 고객이 원하는 핏의 정도 (정확히 맞게, 약간 여유 있게 등)를 파악하고, 수선 후의 전체적인 스타일 변화를 고려하여 작업을 진행해야 한다.
- 수선 가능 여부 판단: 옷의 디자인, 소재, 손상 정도에 따라 허리 수선이 불가능하거나 결과물의 만족도가 낮을 수 있다. 이 경우, 고객에게 솔직하게 안내하고 최선의 대안을 제시해야 한다

하의 수선의 모든 것

허리 줄이기

1 1인치 - 뒷중심에서 줄이기

첫째, 몸 측정은 완벽하기 어렵다. 잴 때마다 조금씩 다를 수 있고, 사람마다 체형 비율도 다르기 때문이다. 이 1인치 차이는 측정 실수나 개인의 고유한 체형 때문에 생길 수 있다.

둘째, 입었을 때 느낌은 사람마다 다르다. 똑같이 1인치 차이라도 어떤 사람은 크다고 느끼고, 어떤 사람은 작다고 느낄 수 있다. 옷의 재질이나 디자인에 따라 다르게 느껴지기도 한다.

셋째, 옷을 만드는 과정에서 약간의 오차가 생길 수 있다. 아무리 꼼꼼하게 만들어도 1인치 정도의 허리둘레 차이는 생길 수 있다.

표준 사이즈의 한계, 개개인의 다른 느낌, 옷 만드는 과정의 작은 오차 때문에 1인치 허리 차이는 흔하게 생긴다. 그래서 이 1인치 차이를 줄이기 위해 보통 뒤쪽 가운데 부분을 줄여서 수선하는 것이 좋다. 이 방법이 옷 모양을 크게 바꾸지 않고 허리만 쉽게 줄일 수 있는 방법이다.

신사바지와 캐주얼바지의 구조적 차이

바지는 겉보기엔 단순해 보이지만, 그 안에는 다양한 구조적 특징이 숨어 있다. 특히 신사바지(정장 바지)와 캐주얼바지는 만드는 방식 자체가 다르며, 이 차이는 수선 방법과 난이도에도 큰 영향을 준다.

① 신사바지 - 허릿단과 몸판이 하나처럼 구성됨
- 주로 정장류 바지를 뜻하며, 격식 있는 자리에 입기 적합하도록 고급스럽고 단정한실루엣을 강조하는 디자인이다.
- 이 바지의 가장 큰 특징은 허릿단과 몸판이 일체화되어 있다는 점이다.

❶ 허릿단 일체형 구조
허릿단을 따로 만들어 붙이는 방식이지만, 몸판과 허릿단을 먼저 연결한다. 이 구조는 허리와 엉덩이 라인의 연결이 매끄럽고, 착용 시 안정감 있는 핏을 연출할 수 있다.

❷ 허릿단에 여유분 포함
대부분의 신사바지에는 허릿단 내부에 약 5cm 정도의 여유분(시접)이 포함되어 있다. 이 여유분 덕분에 허리 수선, 특히 허리 늘이기가 비교적 수월하다.

따라서 체형이 바뀌었을 때도 바지를 다시 구매하지 않고 수선만으로 대응이 가능하다는 장점이 있다.

② 캐주얼바지- 허릿단과 몸판이 구분된 구조
좀 더 자유롭고 실용적인 디자인이 중심이 된다.

허릿단 분리형 구조
몸판을 먼저 봉제하고, 그 위에 허릿단을 따로 만들어 덧대는 방식이다. 이는 제작 과정에서 좀 더 유연성을 제공하고, 다양한 디자인적 요소를 추가하기 쉽다는 장점이 있다. 하지만 신사바지에 비해 허리 수선은 까다로운 편이다.

여유분의 유무는 제품마다 다름

캐주얼바지는 브랜드나 제작 방식에 따라 허릿단 여유분이 전혀 없거나 극히 제한적일 수 있다. 특히 엘라스틱 밴드가 삽입된 허리나 데님류의 경우에는 수선에 제약이 많아지기도 한다.

③ 허리만 클 경우 - 힙은 그대로 둔다

허리를 줄이는 수선에서 가장 중요한 원칙 중 하나는 바로 이 점이다.

"허리는 줄이되, 힙은 줄이지 않는다."

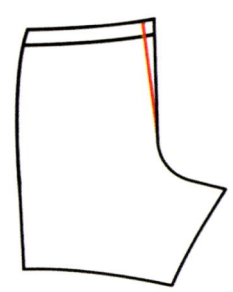

왜 그럴까?

허리는 유동적이지만, 힙은 체형에 밀착되는 부위이기 때문이다. 허리가 약간 헐렁하면 벨트로 커버할 수도 있고, 수선도 비교적 쉬운 편이다. 하지만 힙라인은 체형을 그대로 드러내는 부분이라서, 함부로 줄이면 착용감이 불편해지고, 움직일 때 당김이나 들뜸 현상이 생길 수 있다.

- 수선할 때는 보통 뒷중심 솔기(중심선)를 따라 허리 부분만 가감한다.
- 이때 힙선은 그대로 두고, 허리 위쪽만 줄이는 방식으로 패턴을 조정한다.

④ 힙도 함께 클 경우 - 곡선을 따라 줄인다

하지만 상황에 따라 허리뿐 아니라 힙도 큰 경우가 있다. 이럴 때는 단순히 허리만 줄이면 힙에서 바지가 붕 떠 보이는 부조화가 생긴다.

이런 경우엔 아래와 같은 순서로 수선을 진행한다.

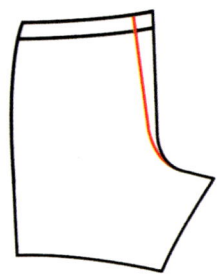

❶ 힙선까지 줄인다

뒷중심 솔기에서 시작해, 힙 중간선까지 자연스럽게 줄여나간다.

갑자기 줄이는 것이 아니라, 곡선을 따라 부드럽게 좁히는 것이 중요하다.

❷ 샅(가랑이)까지 이어지는 곡선까지 연결한다

힙라인을 줄일 때는 반드시 샅 부분(크로치 라인)으로 연결되는 곡선을 고려해야 한다.

이 곡선은 사람의 움직임과 직결되므로, 자연스럽게 이어지도록 줄이지 않으면 걸을 때 당기거나 찢어짐 현상이 생길 수 있다.

즉, 허리와 힙이 모두 클 경우에는 힙선을 따라 자연스럽게 샅선까지 연결하는 곡선 작업이 핵심이다.

2 2인치 - 뒷중심에서 줄이기

양복바지라도 1인치 이상 줄일 때는 허릿단을 분리한다.

① 수선 전 상태 - 뒷중심에 2인치 표시
먼저, 수선을 시작하기 전 바지의 상태를 살펴본다.

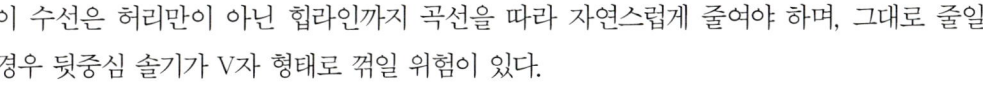

- 이 바지는 허리도 크고, 힙도 큰 상태이다.
- 뒷중심선에 2인치(약 5cm) 줄임 표시가 되어 있다.
- 이는 바지의 착용자 허리에 맞게 사이즈를 줄이기 위한 기준선이다.

이 수선은 허리만이 아닌 힙라인까지 곡선을 따라 자연스럽게 줄여야 하며, 그대로 줄일 경우 뒷중심 솔기가 V자 형태로 꺾일 위험이 있다.
이를 방지하는 것이 핵심이다.

② 뒷중심 솔기 다림질 - 곡선 잡기
작업의 시작은 다림질로 솔기를 펼치는 일이다.

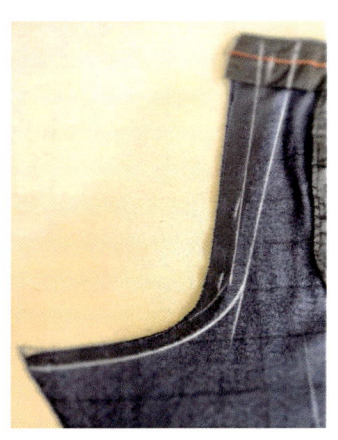

- 바지의 안쪽 시접을 뒷중심선 기준으로 반듯하게 펼쳐 다려준다.
- 그런 다음, 허리부터 살로 내려가는 자연스러운 곡선을 따라 수선선을 그려준다.
- 선을 기준으로 시접을 남겨두고 잘라낸 후, 오버록 처리를 한다.

이 단계는 단순하지만 매우 중요하다.
바로 이 곡선이 힙라인의 실루엣과 움직임을 좌우하기 때문이다.

③ 줄인 뒷중심 - 선이 만드는 V자 형태

뒷중심에서 2인치 정도를 줄이게 되면, 솔기 선이 몸판 안쪽으로 깊게 들어가게 되며, 이로 인해 선이 V자 형태가 된다.

- 이때 그대로 봉제하면 바지 뒷모습이 부자연스럽게 꺾인 모양이 된다.
- 따라서 반드시 몸판의 시접선도 함께 조정해야 한다.

시접 보정의 핵심 포인트
- 옆솔기에서 뒷중심선까지 이어지는 곡선을 부드럽게 조정해준다.
- 이 선이 자연스럽게 연결되지 않으면, 바지의 실루엣이 틀어지고 착용감도 떨어지게 된다.

④ 허릿단 복원과 대안

수선이 마무리된 후 바지를 뒤집어보면, 허릿단이 깔끔하게 원래의 형태로 돌아온 것을 확인할 수 있다. 하지만 중요한 점이 있다.

- 허릿단을 분리하지 않고 일체형으로 줄이면 V자처럼 꺾이는 현상이 생기기 쉽다.

실전 수선 요약

단계	작업 내용	핵심 포인트
1단계	뒷중심선에 줄일 분량 표시	허리 + 힙 동시에 줄이는 경우
2단계	솔기 다림질 후 직선/곡선 잡기	허리~샅까지 직선/곡선 자연스럽게
3단계	중심선 줄임 후 시접 조정	V자 선을 방지하기 위한 시접 조절
4단계	허릿단 정리	필요시 옆선 수선 병행 권장

https://youtu.be/xq9hIxbIMgU 바지 허리 줄이기 1

3 2~3인치 - 양 옆솔기에서 줄이기

허리를 10cm 이상 줄여야 할 때 - 고난도 수선 전략

가끔은 단순한 허리 수선으로는 해결할 수 없을 만큼, 두 치수 이상, 즉 10cm 이상 허리를 줄여야 하는 경우가 있다. 체형 변화가 크거나, 기성복 바지를 중고로 구매했을 때 자주 발생하는 상황이다. 이처럼 큰 폭의 수선이 필요할 때는 한 부분만 줄여서는 자연스러운 실루엣을 만들기 어렵다. 이때는 바지 전체 구조를 이해하고, 수선이 가능한 모든 요소를 조화롭게 활용해야 한다.

https://youtu.be/SK9smO0xc_8 바지 허리 줄이기

① 핀으로 사이즈 체크하기

수선을 시작하기 전, 가장 먼저 해야 할 일은 착용한 상태에서 정확한 치수 측정이다.

- 고객이 바지를 입은 상태에서 핀으로 여유분을 고정시킨다.
- 이때 측정한 줄임 폭은: 허리 10cm, 힙 4cm

정확한 줄임 폭을 확인해야만 이후 선을 그릴 때 실수 없이 진행할 수 있다.

② 뜯기 작업 - 허릿단과 솔기

본격적인 수선에 앞서 바지를 부분 해체한다.

- 허릿단과 양쪽 옆솔기, 뒷중심 솔기를 뜯는다.
- 단, 앞 중심에서 앞쪽 벨트고리는 남겨두고 뒤쪽으로는 허릿단 전체를 뜯는다.

TIP
앞 중심은 건드리지 않는 것이 바지 모양을 유지하는 데 유리하다. 따라서 가능한 경우, 앞 중심은 그대로 두고 뒷면을 조정한다.

③ 허릿단 재단

허릿단도 줄여야 할 분량만큼 잘라낸다.

- 중심 부분에서 시접을 남기고 잘라낸다.
- 허릿단도 중심에서 10cm 줄여야 하므로, 좌우 각각 5cm씩 분할하여 제거한다.

④ 몸판 줄이기 - 뒷중심 + 뒤판 옆솔기

이제 몸판의 실질적인 줄임 작업이다.

- 뒷중심 솔기: 좌우 각각 2.5cm씩, 총 5cm 줄임 → 직선으로 선을 긋는다.
- 뒤판 옆솔기: 좌우 각각 2cm씩, 총 4cm 줄임 → 이때는 곡선으로 부드럽게 선을 긋는다.

주의
뒷중심은 직선, 옆솔기는 곡선으로 처리해야 입체적인 체형에 맞춰질 수 있다.

⑤ 앞판 옆솔기 줄이기

- 앞판 옆솔기에서 좌우 1cm씩 줄인다.
- 하지만 주머니 구조에 따라 주의가 필요하다.

⑥ 시접 정리 및 오버록

봉제선을 따라 여유분 시접을 정리한다.

- 1~1.5cm만 시접을 남기고 잘라낸다.

시접이 두껍거나 많으면 옷이 울거나 뭉치기 쉽기 때문에, 반드시 정리 후 오버록 처리한다.

⑦ 봉제 후 다림질

- 수정된 선을 따라 봉제한다.
- 봉제가 끝난 후, 솔기를 양쪽으로 다림질하여 갈라준다.

이는 착용감을 좋게 하고, 바지의 외형도 정갈하게 유지하는 중요한 마무리이다.

⑧ 허릿단 재부착 및 마무리 다림질

- 허릿단을 몸판에 다시 연결한다.
- 벨트고리는 원래대로 박음질해 고정한다.
- 마지막으로 전체적인 실루엣을 다듬기 위해 최종 다림질을 한다.

4 허릿단(오비)만 줄이기 / 늘리기

옷의 허리가 맞지 않을 때, 전체 몸판을 건드리지 않고 허릿단(오비)만 부분적으로 조정하는 방법이 있다. 이 방식은 특히 스판 바지, 또는 구조적으로 몸판 수선을 피하고 싶은 경우에 유용하다.

- "허리는 조이는데, 힙이나 허벅지는 딱 맞는 바지"
- "스판 바지처럼 탄력이 있어 몸판 수선이 필요 없는 바지"
- "디자인 변경 없이 간단하게 허리만 조절하고 싶은 경우"

이럴 때 허릿단만 줄이거나 늘리는 수선법을 적용한다.

① 허릿단 분리
수선의 첫 단계는 허릿단과 몸판을 분리하는 것이다.

- 허릿단과 몸판이 봉제된 솔기를 따라 조심스럽게 뜯는다.

- 필요 시 벨트고리도 분리하고, 나중에 다시 달 수 있도록 정리한다.

TIP
앞 중심은 그대로 두고, 양옆 또는 뒷중심을 중심으로 분리하면 형태 유지를 도울 수 있다.

② 허릿단만 재조정

허릿단 줄이기
- 허리의 실제 줄여야 할 치수를 측정한 뒤,
- 그에 맞게 허릿단을 잘라내고 재봉제한다.
- 예를 들어, 총 4cm를 줄일 경우, 뒷중심에서 시접분 2.cm남기고 2cm를 잘라낸다.

허릿단 늘리기
- 늘려야 할 치수만큼 허릿단에 확장.
- 조각(덧단)을 뒷중심에서 덧붙인다.
- 원단 색상과 질감이 유사해야 이질감이 적고, 미관상 깔끔하다.

스판바지의 경우
몸판은 신축성이 있어 여유가 있으므로, 허릿단을 늘려주는 것만으로도 수선이 완성될 수 있다.

③ 몸판의 허리선 미세 조정
허릿단만 조절해도 옷이 전체적으로 변형될 수 있으므로, 몸판의 허리 부위와 골반 연결 부위를 살펴야 한다.

허릿단만 줄였을 때
- 몸판 상단을 함께 다듬어주지 않으면, 이음선이 뜨거나 겹침이 어색해질 수 있다.
- 이때 몸판의 다트를 조금 깊게 조정하거나, 옆선 상단을 미세하게 정리한다.

허릿단만 늘렸을 때
- 몸판에 여유분이 있다면 함께 늘리는 것도 고려한다.
- 예: 다트를 풀면 약 5cm 정도의 여유 확보 가능
- 이 여유를 활용해, 자연스러운 확장을 유도할 수 있다.

1. 몸판을 수축시키기

"스판바지의 특성을 이용한 간편 수선"

사용 상황
- 스판바지처럼 몸판은 잘 맞지만 허리만 큰 경우
- 전체 구조를 해체하기 어려운 가정용 수선이나 간편 리폼에 적합

방법
❶ 허릿단을 줄일 치수를 기준으로,
❷ 몸판 상단에 열을 가해 다리미로 누르며 진행
❸ 스팀을 통해 원단이 자연스럽게 수축되도록 유도

효과
- 스판성 섬유는 열과 적은 압력에 반응하여 약 2~3cm 정도 줄어듦
- 별도의 재봉 없이, 핏을 부드럽게 조정 가능

TIP
다림질로 수축시킬 때는 바지의 형태가 찌그러지지 않도록 균형 있게 양쪽을 함께 눌러야 한다.

2. 몸판에 다트 만들기

"라인을 건드리지 않고 핏을 조절하는 고급 수선"

다트(Dart)는 인체의 입체적인 곡선을 표현하기 위해, 원단 일부를 접어 박아 입체감을 주는 봉제 기법이다.

이를 활용해 몸판을 줄이는 두 가지 방식이 있다.

허리 줄이기

① 새로운 다트 만들기

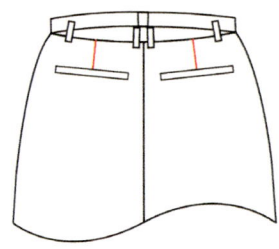

사용 상황:

- 원래 다트가 없는 바지, 또는 다트 없이 단순 허릿단과 몸판이 연결된 구조
- 전체 봉제선 분해 없이 국소적으로 줄일 필요가 있을 때

방법:

- 허리선 아래 8~10cm 지점부터 시작해 삼각형 형태의 새로운 다트선을 만든다.
- 깊이는 줄이고자 하는 분량에 따라 조절 (보통 다트 하나당 1~1.5cm 줄임 가능)
- 좌우 대칭으로 2개 다트를 잡는 것이 기본

> **TIP**
> 새로운 다트를 만들 경우, 기존 디자인과 어우러지도록 선 위치를 조절해야 어색하지 않음

② 기존 다트 분량 추가하기

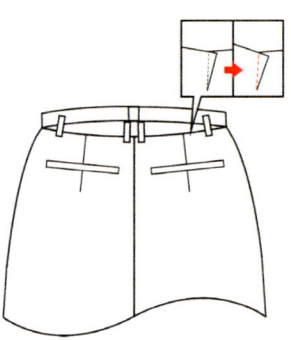

사용 상황:

- 이미 다트가 잡혀 있는 바지
- 허리만 소폭 줄일 필요가 있는 경우

방법:

- 기존 다트의 중심을 따라 다트 깊이를 늘려줌
- 기존 다트선을 따르기 때문에 봉제선의 변화가 거의 드러나지 않음
- 좌우 다트를 같은 분량으로 늘리는 것이 중요

> **TIP**
> 다트의 위치나 각도가 바뀌면 실루엣이 틀어지므로 선을 늘리되 방향은 유지하는 것이 핵심

5 허릿단 내리기: 반골반·골반 바지로 리폼하는 수선

우리가 흔히 입는 바지의 허릿단은 대부분 '허리선'에 위치해 있다. 즉, 배꼽을 기준으로 한 인체의 가장 좁은 부분에 바지의 허리가 올라오는 형태이다. 하지만 체형이나 착용감, 혹은 디자인의 변화에 따라 이 허릿단의 위치를 아래로 옮기는 수선이 필요해지기도 한다.

1. 허릿단 내리기란?

허릿단 내리기 수선은 기존 바지의 허리 위치를 반골반 또는 골반 위치로 낮추는 작업이다. 이 작업은 오비(허리띠 부분)를 완전히 새로 제작하는 것이 아니라, 기존 오비를 분리하여 전체적으로 아래쪽으로 재부착하는 방식으로 이루어진다.

2. 수선의 목적과 효과

허리바지를 입으면 앞지퍼 부위가 볼록 튀어나오거나, 배꼽 부분을 강하게 조이는 불편함이 발생하기도 한다. 특히 앉았을 때 복부가 눌려 답답함을 느끼는 경우가 많다. 이러한 문제를 해결하기 위해 허릿단을 내려 착용자의 복부 압박을 줄이고, 보다 자연스럽고 편안한 착용감을 제공한다.

또한, 허릿단의 위치 변화는 단순히 기능적 측면뿐 아니라 디자인적으로도 큰 변화를 준다. 반골반 또는 골반 위치에 허릿단이 자리 잡으면 바지의 실루엣이 바뀌며, 상의와의 비율도 달라져 스타일링의 폭이 넓어진다.

3. 수선 시 유의점

- 이 수선은 오비를 바꾸는 작업이 아니기 때문에, 허릿단을 내린 자리에 기존 오비를 다시 부착하게 된다. 그 결과 허리선이 약간 들뜨거나, 바지의 안착감이 기존보다 느슨해지는 현상이 발생할 수 있다.
- 또한, 체형에 따라 골반 바지가 어울리지 않는 경우도 있다. 골반이 넓지 않거나 허벅지가 발달한 체형의 경우, 바지가 흘러내리거나 전체적인 핏이 어색해질 수 있으므로 신중한 판단이 필요하다.
- 기존 바지의 밑위 길이나 힙 길이에 따라 수선의 한계가 있을 수 있으며, 이러한 구조적 요소는 수선 전 반드시 고려되어야 한다.

4. 적용 예시

- 허리바지 → 반골반 바지
- 반골반 바지 → 골반 바지

이러한 변화는 바지 착용자의 활동성, 편안함, 디자인 만족도에 큰 영향을 미칠 수 있다.

특히 장시간 앉아 있는 직장인, 혹은 하이웨이스트가 부담스러운 체형의 사람들에게 적합한 수선 방식이다.

① 반골반으로 내리기

'반골반 바지'는 허리바지와 골반바지의 중간 위치에 허릿단이 위치한 스타일이다.

배꼽보다 살짝 아래에 허리가 걸쳐지기 때문에, 복부의 압박을 줄이면서도 바지가 흘러내리지 않는 안정감을 제공한다.

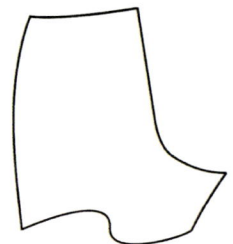

수선 방법

- 반골반 스타일로 수선할 때는 앞 중심에서 약 2cm 정도 허릿단을 내리는 작업을 진행한다. 이때 중요한 포인트는 옆솔기(사이드 솔기)는 내리지 않는다는 것이다. 즉, 앞중심에서만 절개선을 아래로 조정하고, 옆선은 기존 위치 그대로 유지하여 전면부의 압박감을 줄이면서도 실루엣이 자연스럽게 연결되도록 한다.
- 이 방식은 비교적 변화가 크지 않기 때문에, 기존의 바지 실루엣을 크게 해치지 않으면서 착용감을 개선하고자 할 때 적합하다.

② 골반으로 내리기

'골반 바지'는 허리선이 골반뼈 바로 위 또는 그 아래에 위치한 스타일로, 전반적으로 착용감이 자유롭고 활동성 있는 디자인이다. 하지만 체형과 스타일에 따라 호불호가 갈릴 수 있으므로 수선 전 충분한 상담이 필요하다.

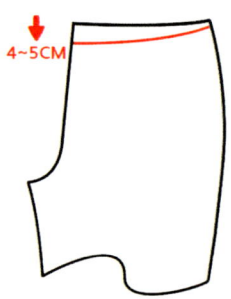

수선 방법

골반 스타일로 내릴 때는, 앞 중심에서 4~5cm 정도 허릿단을 내린다. 옆솔기 또한 함께 내려주어야 자연스러운 경사를 만들 수 있는데, 이때는 옆솔기를 약 2cm 정도 내리는 것이 일반적이다.

또한 뒤판은 다음과 같은 방식으로 수선한다.

- 뒷중심은 기존 위치 그대로 유지하고,
- 옆솔기 부분만 2cm 정도 내린다.

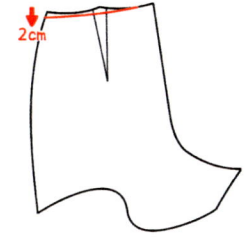

이렇게 하면 앞뒤가 균형을 이루면서도 바지의 착용 높이가 자연스럽게 골반 위치로 내려가게 된다. 뒷중심을 내리지 않는 이유는, 힙선의 볼륨과 바지 뒷태의 균형을 유지하기 위함이다. 중심선이 내려가면 오히려 바지가 흘러내리거나 힙이 눌리는 현상이 생길 수 있기 때문이다.

 하의 수선의 모든 것

허리 늘리기(3~10cm)
- 양쪽 덧단을 활용한 확장 수선

허리를 줄이는 수선은 비교적 간단한 작업이다. 바지 안쪽에 숨겨진 여유분(시접)을 활용하거나, 허리 중심선을 좁히는 방식으로 처리할 수 있기 때문이다. 그러나 그 반대로, 허리를 늘리는 수선은 구조적으로 훨씬 더 까다롭고 제한이 많은 작업이다.

왜 허리 늘리기는 어려운가?

기존 바지의 구조를 보면, 허리에는 대부분 여유분이 없다. 허릿단(오비) 내부도 이미 마감 처리되어 있고, 몸판 자체 역시 힙과 허벅지에 맞춰 제작되기 때문에, 별도의 남는 원단이 거의 존재하지 않는다. 이러한 구조적 특성 때문에, 기존 원단만으로 허리를 늘리는 작업은 사실상 불가능하다.

허리를 늘리는 방법: 양쪽 덧단 추가

허리 수선이 꼭 필요한 경우, 가장 일반적으로 사용하는 방식은 덧단 원단을 좌우 양옆에 추가하는 방법이다.

- 바지의 양 옆솔기(사이드 솔기)를 절개하고,
- 거기에 새로운 원단을 덧대어 확장하는 방식이다.
- 이렇게 하면 3cm에서 최대 10cm까지 허리둘레를 늘리는 수선이 가능하다.

이때 사용되는 덧단 원단은 가능한 한 기존 바지와 유사한 색상과 질감의 원단을 선택하여 이질감을 최소화한다. 하지만 원단이 완벽하게 동일할 수는 없기 때문에, 바지를 벗었을 때 덧댄 부분이 눈에 띌 수 있다는 점은 고객에게 미리 설명해야 한다.

수선 후의 변화

- 허리선의 위치나 착용감이 개선되며, 기존보다 훨씬 편안한 착용이 가능해진다.
- 좌우에 덧단이 들어가기 때문에 허릿단 모양이 평소보다 다소 불규칙하거나 넓어질 수 있다.
- 바지의 전체 실루엣이 약간 바뀔 수 있으므로, 수선 전 기존 바지와의 균형과 비례를 고려한 판단이 필요하다.

주의할 점

허리를 너무 과하게 늘릴 경우, 힙이나 허벅지 라인과의 불균형이 생길 수 있다.
가능하다면 3~7cm 이내로 늘리는 것이 가장 안정적인 수선 범위이며,
10cm 이상 늘릴 경우에는 바지 전체 실루엣을 함께 재설계하는 '재패턴' 작업이 필요할 수도 있다.

1 허릿단 분리하기

허리 치수를 늘리는 수선은 바지의 구조와 원단 상태에 따라 다양한 방식으로 접근해야 하는 정밀한 작업이다. 양쪽 덧단을 이용한 허리 늘리기 수선의 대표적인 작업 과정을 단계별로 설명한다.

① 양쪽 솔기 위의 허릿단을 분리한다

허리를 늘리기 위해 가장 먼저 해야 할 작업은, 양쪽 옆솔기 위에 있는 허릿단(오비)을 분리하는 것이다. 이 작업은 덧단을 삽입할 수 있는 공간을 확보하기 위한 사전 작업이며, 바지를 훼손하지 않도록 조심스럽게 솔기를 뜯어야 한다.

허리 늘리기(3~10cm)

참고: 허리를 약 2인치(5cm) 정도 늘릴 경우, 양쪽 솔기만 분리한 후 그 부위에 덧단을 넣는 방식으로 충분하다.

② **허리 사이즈를 많이 늘릴 경우, 뒤판 오비까지 분리한다**

늘려야 할 치수가 많을 경우, 양쪽 옆선만으로는 한계가 있다. 이럴 때는 허릿단의 뒤판 전체까지도 분리하여, 보다 넓은 영역에 덧단을 삽입할 수 있도록 한다.

이 과정은 특히 허리를 5cm 이상 늘릴 경우 자주 사용되며, 수선 후에도 전체적인 균형이 자연스럽게 유지될 수 있도록 도와준다.

③ **허릿단과 몸판을 완전히 분리하기 위해, 허리 벨트 고리 윗부분을 뜯는다**

허리에는 보통 바지 벨트를 고정하는 고리(벨트 루프)가 부착되어 있다. 허릿단과 몸판을 완전히 분리하려면, 이 벨트 고리의 윗부분을 먼저 뜯어야 허릿단이 완전히 풀린다.

④ **옆솔기를 힙선까지 뜯는다**

허리 부분만 넓혀서는 전체적인 착용감이 어색해질 수 있다. 특히, 덧댄 원단이 힙선까지 자연스럽게 이어져야 실루엣이 매끄럽게 연결된다.

이를 위해 양 옆솔기를 힙선까지 뜯어 확장 영역을 확보한다. 힙선 아래까지 뜯을 경우, 바지의 곡선이 무너지지 않도록 더 정밀한 패턴 조정이 필요하다.

⑤ **실밥을 제거한 후, 다림질로 뜯은 부위를 정리한다**

모든 솔기를 뜯은 뒤에는, 남아 있는 실밥을 깨끗하게 제거해야 다음 작업이 원활하게 진행된다. 그 후, 다림질로 바닥을 고르게 펴준다. 이 과정을 통해 원단이 말리지 않도록 하며, 덧단을 정확하게 붙이기 위한 기준선을 확보하게 된다.

2 덧단 준비

허리둘레를 늘리기 위한 수선에서 핵심은 바로 덧단 원단을 얼마나 자연스럽고 안정감 있게 덧대느냐에 달려 있다. 덧단은 단순히 빈틈을 메우는 보조 원단이 아니라, 바지의 균형과 착용감을 좌우하는 중요한 구조물이다. 이 절에서는 허리 늘리기 수선에 필요한 덧단을 제작하는 단계별 과정을 안내한다.

① 옆솔기의 뜯은 부위 길이를 측정한다

가장 먼저 해야 할 작업은, 얼마나 큰 덧단이 필요한지를 파악하는 것이다.

이를 위해 양쪽 옆솔기를 뜯은 상태에서 솔기의 개방된 길이, 즉 허리부터 힙선 아래까지의 길이를 정확하게 측정한다.

> 보통은 힙선 바로 아래, 또는 밑위가 시작되는 지점까지 덧댐 처리를 한다.
> 덧댐의 길이가 짧으면 착용 시 경계선이 튀어나올 수 있기 때문에, 충분한 길이 확보가 중요하다.

② 덧단을 두 장 준비한다

바지는 좌우가 대칭이기 때문에,
덧단도 반드시 두 장을 동일하게 준비한다.

> 덧단은 좌우 길이, 폭, 곡선이 완전히 일치해야 좌우 균형을 해치지 않고 자연스럽게 연결된다.

③ 덧단 길이를 기준으로 삼각형 형태로 그린다

측정한 길이를 기준으로 하여, 덧댈 원단 위에 삼각형 형태의 패턴을 그린다.

윗변은 허리선에 맞는 너비로 시작하고, 아래로 내려갈수록 점차 폭이 좁아지는 역삼각형 형태로 설계한다.

> 이 구조는 허리는 넓히고, 힙선 아래로는 자연스럽게 좁아지는 인체 라인을 따라가기 위한 설계이다.

④ 삼각형 패턴을 곡선으로 변형한다

중요한 포인트는, 이 삼각형을 단순한 직선이 아닌 '곡선'으로 수정해야 한다는 점이다.

인체의 힙과 골반 라인은 평면 직선이 아닌 곡선 구조이기 때문에, 직선으로 제작할 경우 바지 옆선에 남는 현상(들뜸, 주름 등)이 발생한다.

곡선으로 변형할 때는, 힙 라인의 곡률과 유사하게 안쪽으로 부드럽게 말아주어야 하며, 너무 직각이나 급격한 변화가 생기지 않도록 곡선자는 사용하는 것이 좋다.

⑤ 덧단을 자른다

패턴이 완성되면, 그 선을 따라 원단을 자른다.

가장 이상적인 경우는 기존 바지와 동일한 원단을 사용하는 것이지만, 수선 작업의 특성상 동일한 원단을 확보하기란 매우 어렵다.

이럴 경우, 색상과 질감이 가장 유사한 원단을 선택한다.
외관이 유사하다면, 안쪽에 덧댐 처리하여 눈에 띄지 않도록 마감할 수 있다.

3 허릿단 준비

허리 사이즈를 늘리는 수선에서 종종 발생하는 과제는, 덧댈 허릿단 원단을 어디서 구할 것인가이다. 바지는 이미 완성된 상태로 입고되기 때문에, 동일한 원단을 추가로 확보하는 것은 매우 어렵다. 이때, 기존 바지 내부의 안단(내부 허릿단)을 활용하여 겉감처럼 재구성하는 방법이 자주 사용한다.

① 두 장 구성의 허릿단일 경우: 안단을 겉감으로 활용할 수 있다

바지의 허릿단은 일반적으로 '겉감'과 '안단'으로 구성된 2중 구조로 되어 있다. 이 경우, 안단을 잘라내어 겉감

과 동일하게 사용할 수 있기 때문에, 덧댐 시 기존 원단과 가장 유사한 재질과 색상을 확보할 수 있는 장점이 있다.

단, 한 장 허릿단(일체형) 구조의 바지는 내부 안단이 없기 때문에 이 방법을 사용할 수 없다. 이 경우에는 반드시 외부에서 유사 원단을 별도로 조달해야 한다.

② **안단에서 필요한 치수만큼만 추출하고, 허릿단은 뒷중심에서 2등분한다**

안단 전체를 제거하지 않고, 덧댐에 필요한 치수만큼만 잘라내어 추출한다. 허리 둘레의 좌우 대칭을 맞추기 위해, 허릿단은 뒷중심에서 2등분하는 방식으로 분리하여 가공한다.

이를 통해 수선이 완료된 후에도, 허리 중심에서 좌우가 균형 잡힌 실루엣을 유지할 수 있다.

③ **허릿단 안단에 들어갈 보강 원단을 준비한다**

안단에서 겉감을 추출하면, 안단이 비게 되는 구조적 공백이 발생하게 된다. 이를 보완하기 위해, 새로운 원단을 안단 자리에 추가로 구성해야 한다. 이때는 바깥에 노출되지 않는 부위이므로, 내구성과 부드러움이 확보된 보조 원단을 사용하는 것이 일반적이다.

④ **허릿단의 폭을 정확히 맞추고, 길이는 여유 있게 확보한다**

심지를 부착하여 강도를 보강한다.

덧댈 허릿단 원단의 폭은 기존 허릿단과 정확히 일치시켜야 하며, 길이는 양쪽 여유분을 감안하여 넉넉하게 재단한다. 허릿단은 바지의 힘을 지탱하는 부위이므로, 심지(접착 보강재)를 부착하여 원단의 강도를 보완해야 한다.

허릿단이 약하면 착용 시 구겨지거나, 옷의 형태가 무너질 수 있으므로 심지를 반드시 사용하는 것이 수선의 완성도를 높이는 핵심이다.

4 덧단 봉제

덧댈 원단이 준비되었다면, 이제 실제 바지에 덧단을 봉제하여 허리를 확장하는 마무리 작업에 들어간다. 이 과정은 바지의 실루엣과 착용감을 결정짓는 핵심 단계이므로, 패턴의 흐름과 곡선, 솔기의 위치를 정확히 맞추어야 한다.

① 옆솔기 부위에 덧단을 재봉한다

우선, 덧단 원단을 옆솔기 절개 부위에 정확히 맞춰 재봉합한 덧단의 윗부분은 허릿단과 연결되고, 아랫부분은 힙선 아래까지 자연스럽게 이어져야 한다. 이때는 바지 원단과 덧댄 원단이 들뜨지 않도록 핀으로 고정한 뒤, 곡선을 따라 박음질한다.

② 힙선의 곡선을 따라 정확히 맞춰 재봉한다

허리와 힙은 직선이 아닌 곡선 구조이므로, 패턴의 곡률을 따라 정밀하게 봉제해야 한다. 덧단의 선이 힙선과 자연스럽게 연결되도록 조정하고, 원단이 울거나 당기지 않도록 곡선에 따라 조심스럽게 박음질한다.

곡선 봉제에서는 자칫하면 원단이 어긋나거나 주름이 생기기 쉬우므로, 1cm 내외의 일정한 시접 유지와 천천히 진행하는 박음질이 중요하다.

③ 양쪽 옆솔기를 봉제한다

덧단 양쪽을 바지 몸판에 연결한 뒤, 바지의 좌우 옆솔기를 다시 봉제한다.
이때는 기존의 옆솔기 라인을 기준 삼아, 덧단이 매끄럽게 이어지도록 조정하면서 봉제한다.
특히 앞판과 뒤판의 연결 부위는 선이 어긋나지 않도록 섬세하게 맞춰야 한다.

④ 봉제된 덧단의 솔기를 오버록 처리한다

봉제가 완료되면, 덧댄 부위의 솔기를 오버록 처리하여 마감한다. 원단이 풀리지 않도록 방지하고, 수명과 완성도를 높이는 마감 작업이다.

이때 주의할 점은, 앞판에서 뒤판으로 넘어가는 곡선의 솔기 아래쪽이 겹치는 지점에 '너치(notch, 가위집)'를 준다는 것이다.

너치를 주면 곡선 부위가 부드럽게 접히고, 솔기가 한 방향으로 정리되어 오버록이 고르게 들어갈 수 있다.

⑤ 너치를 주지 않으면 솔기가 뭉치고 마감이 지저분해진다

너치가 없는 상태에서 강제로 오버록을 하면, 솔기선이 두껍고 뭉쳐져서 착용 시 이질감이 생기거나, 오버록 실이 엉켜 지저분한 마감이 나타난다. 따라서 곡선이나 겹침 부위에는 반드시 적절한 깊이의 가위집(너치)을 주는 것이 필수이다.

⑥ 반대쪽도 동일하게 너치를 주고, 앞에서 뒤로 솔기가 넘어가는 방향으로 오버록한다

앞서 한쪽 솔기에서 진행한 것과 마찬가지로, 반대편 덧단도 동일한 방식으로 마감한다. 곡선 부위에는 너치(notch, 가위집)를 반드시 넣고, 솔기선이 앞판에서 뒤판으로 자연스럽게 넘어가도록 방향을 맞추어 오버록한다.

솔기 방향이 반대가 되면 착용 시 양쪽 실루엣이 다르게 나타날 수 있으며, 오버록이 겹쳐 두꺼워지는 문제도 발생할 수 있으므로 방향 통일이 중요하다.

⑦ 앞판에는 스티치를 넣어 마무리한다

앞판 솔기선 위에는 스티치로 눌러주어 마감과 고정력을 높이는 작업을 진행한다. 이때 스티치는 겉에서 보여지는 부분이므로, 정확한 간격과 선 정렬이 매우 중요하다.

찡(리벳)이 달린 바지일 경우에는, 봉제 시 찡이 바늘에 걸리지 않도록 좁은 노루발(지퍼 노루발 등)을 사용하면 스티치 선이 밀리지 않고 깔끔하게 처리할 수 있다.

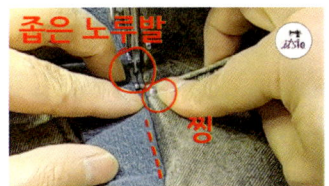

⑧ 뒤판에는 기존과 동일한 쌍침 스티치로 마감한다

뒤판 솔기에는 기존에 있던 쌍침(double top stitch)을 그대로 복원하는 방식으로 스티치한다.

이는 원래의 디자인을 유지함과 동시에, 바지의 견고함을 확보하는 마감 방식이다.

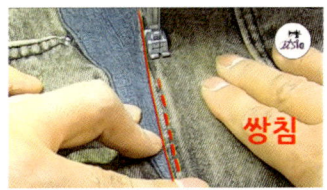

5 허릿단 만들기

허리 늘리기 수선의 마지막 단계는 허릿단의 재구성이다. 앞서 안단에서 겉감 원단을 추출하고, 덧댄 부분을 연결했다면 이제 이를 바지 본체에 조립하여 형태를 안정시키고, 완성도 있는 마감을 만들어야 한다.

① **안단에서 추출한 원단을 겉감 허릿단에 연결한다**

앞서 분리해낸 안단의 겉감 부분을 사용하여, 허릿단의 연장 원단(덧댐부)을 겉감에 자연스럽게 연결한다. 이 작업을 통해 덧단이 붙은 허릿단이 기존 바지의 구조와 균일한 형태로 정리된다.

안단에서 가져온 겉감은 원래 바지와 동일한 질감과 색상이므로, 이질감 없이 자연스러운 연결이 가능하다.

② **덧단을 허릿단 안단에 덧댄다**

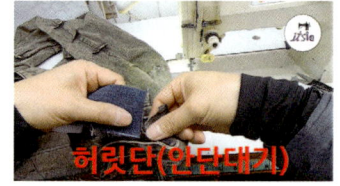

이제 바지의 옆솔기에서 덧댄 부분이 허릿단까지 연장될 수 있도록, 허릿단 안단에도 동일한 길이만큼 보강용 원단(덧단)을 덧대어 연결한다.

이는 바깥쪽만 넓히는 것이 아니라, 허리 전체 두께와 구조를 균일하게 유지하기 위한 작업이다.

③ **허릿단 모양을 자연스럽게 하기 위해, 연결된 솔기를 갈라서 다려준다**

덧댐부와 허릿단이 결합된 상태에서는, 봉제된 솔기들이 겹쳐져 두께가 생기기 쉽다.

이를 방지하고, 허리 라인을 부드럽고 평평하게 유지하기 위해 연결된 솔기를 안쪽에서 갈라 다림질을 한다.

다림질은 전체 수선의 마무리 품질을 결정짓는 과정이며, 곡선 부위는 곡선 다리미판을 활용해야 이상적인 라인이 살아난다.

④ 허릿단의 겉감과 안감을 이어준다

허릿단이 준비되었으면, 이제 겉감과 안단을 안쪽에서 맞대어 연결한다. 이때는 허리선을 기준으로 정확히 맞추어 봉제하며, 겉에서 솔기가 드러나지 않도록 내부 봉제 방식으로 처리한다.

원래의 허리선 곡률과 핏을 유지하려면, 바느질 선 위치와 시접 정리가 매우 중요하다.

⑤ 허릿단 윗부분을 스티치로 자리잡음(정리 스티치)한다

허릿단을 재조립한 후에는, 그 윗부분을 따라 한 줄의 스티치(자리잡음 스티치)를 넣어 고정한다.

이는 허리 모양이 흐트러지지 않도록 고정하며, 착용 중에도 형태를 안정적으로 유지해 준다.

이 작업은 외부에서 보이는 마감선이므로, 실색과 바늘 간격을 정교하게 조정해야 깔끔한 인상을 준다.

6 허릿단 봉제

허릿단을 재조립한 후에는, 이를 바지 몸판에 다시 정확히 연결해야 수선이 완성된다.

이 단계는 단순한 봉제가 아니라, 5겹 이상의 두꺼운 원단층을 정밀하게 정렬하고 박아내는 고난도 기술 작업이다.

① 허릿단의 중심을 잡고, 몸판의 중심과 정확히 일치시킨다

허릿단과 몸판이 균형 있게 연결되기 위해서는, 양쪽 중심점을 먼저 정확히 표시한 후 허릿단 중심과 바지 몸판의 중심을 맞춰 고정해야 한다.

중심이 틀어지면 좌우가 비대칭이 되며, 허리선이 틀어지는 문제로 이어질 수 있다.

바느질 전 핀이나 실표(가봉)로 고정하면 작업 안정성이 올라간다.

② 허릿단을 벌려서 바지 몸판을 안쪽으로 끼워 넣는다

허릿단은 겉감과 안단이 맞닿은 상태이므로, 그 사이를 벌려서 바지 몸판을 삽입한다. 즉, 허릿단이 바지를 감싸는 형태로 위치하게 되며, 안단과 겉감 사이에 바지 윗단이 정확히 끼워져야 바느질이 균형 있게 들어간다.

③ 봉제 시, 몸판이 빠지지 않도록 주의한다.

허릿단 속에 삽입된 바지 몸판이 작업 중 빠지지 않도록 주의해야 한다.

특히 다중 겹 봉제에서는 원단이 안쪽에서 밀려나거나 이탈하기 쉬우므로, 봉제 전 충분히 핀으로 고정하거나, 중간중간 눌러주는 고정 박음질을 병행하는 것이 좋다.

④ 허릿단 봉제 시 총 5겹이 겹치므로, 밀림과 꼬임에 유의한다

아랫단은 당기고, 윗단은 여유를 주며 봉제한다.
허릿단 봉제는 겉감, 안단, 몸판, 덧단, 시접이 함께 겹치는 최대 5겹 이상의 두꺼운 박음질 작업이다.
이 과정에서는 원단이 서로 밀리거나 말려서 꼬임 현상이 생기기 쉽다.
이때는 아랫단(바닥 쪽 원단)은 당기고, 윗단(바늘 쪽 원단)은 여유를 두고 이끌어주는 방식으로 조절하면 겹침 없이 매끄러운 봉제가 가능하다.

⑤ 봉제 시 안단이 안 물리고 빠질 수 있으므로 반드시 확인한다

겹침 구조가 두껍고 시야가 제한되기 때문에, 안단이 제대로 물리지 않고 빠지는 실수가 자주 발생한다.
이를 방지하기 위해선 바느질 전에 반드시 손으로 만져보며 모든 겹이 제 위치에 있는지 확인해야 하며, 중간중간에 점검하며, 봉제를 해보는 것도 좋은 방법이다.

⑥ 허릿단의 상단에 0.2cm 간격으로 마감 스티치를 한다

쌍침일 경우 쌍침으로 마무리한다. 허릿단 상단은 외형 마무리를 위한 중요한 부분이다. 이 부위에는 0.2cm 내외의 좁은 간격으로 정밀 스티치를 넣어 고정한다.

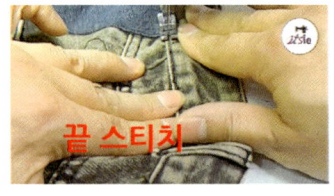

이는 허릿단이 들뜨지 않도록 눌러주는 '자리잡음'의 기능을 하며, 외관상 정갈한 인상을 준다.

원래 쌍침(top double stitch)으로 마감된 바지라면, 동일하게 쌍침 스티치로 복원하는 것이 이상적이다.

7 마무리 작업과 결과 확인

허릿단이 바지 몸판에 봉제되고 상단 스티치로 정리되었다면, 마지막으로 디테일 요소의 복원과 외형 정리 작업이 필요하다. 이 과정은 옷의 완성도를 결정짓는 마지막 터치이자, 수선의 흔적을 최소화하는 마감 처리이다.

① 뜯어냈던 벨트 고리를 다시 부착한다

수선 작업을 위해 분리해 두었던 벨트 고리(루프)를 원래 위치에 다시 봉제한다. 벨트 고리는 기능적으로도 필요하지만, 미적으로도 허릿단 구조를 정돈해주는 요소이다.

특히 허릿단 덧댐 부위 위에도 고리를 덮어주면, 수선 티를 최소화하는 효과가 있다.

② 안단은 덧댄 원단으로 인해 이색(異色)이 발생할 수 있다

겉감은 동일 원단을 사용하여 자연스럽게 연결되었지만, 허릿단 안단 부분은 덧댄 보강 원단이 기존과 다를 수 있으므로 색상 차이(이색)가 발생한다.

다행히 안단은 바지를 착용하면 외부에서 보이지 않는

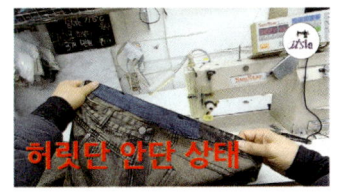

부위이므로, 기능적으로 문제가 없다면 이색은 허용 가능한 범위 내 처리로 간주한다.

③ 허릿단 겉감은 같은 원단을 활용했기 때문에 수선 표시가 나지 않는다

앞서 안단에서 추출한 기존 바지 원단을 겉감에 재활용했기 때문에, 겉에서 보았을 때 허릿단은 이질감 없이 자

연스럽고 깔끔하게 연결된 형태를 유지한다.

수선의 핵심은 단순히 치수를 늘리는 것이 아니라, 기존의 디자인과 톤을 해치지 않으면서 기능을 회복하는 것이다.

④ **허릿단과 덧단의 봉제 부위를 다림질로 정리한다**

봉제가 완료된 부위는 마지막 다림질로 형태를 안정시켜야 합니다. 특히 허릿단과 덧단이 만나는 솔기 부위는 약간의 부풀음이나 주름이 생기기 쉬우므로, 다림질로 눌러 균형 잡힌 허리 라인과 단정한 실루엣을 만들어준다.

곡선 다리미판을 활용하여 인체 곡선을 따라가며 다려야, 실제 착용 시에도 자연스러운 핏이 형성된다.

⑤ **최종 결과: 허리를 약 10cm 늘린 상태**

이번 수선을 통해 바지 허리는 약 10cm 정도 확장되었다. 이는 일반적인 수선 치수 범위를 넘어서는 확장이며, 덧단의 폭과 디자인 설정에 따라 충분히 그 이상의 확장도 가능하다.

다만, 치수를 너무 넓히면 바지의 균형, 힙라인, 밑위 길이 등 전체 구조의 재설계가 필요할 수 있으므로 과도한 확장은 피하는 것이 좋다.

https://youtu.be/kDKfJTnhmTM 바지 허리 늘리기

 하의 수선의 모든 것

허릿단

1 허릿단(오비)의 구조

바지에서 허릿단은 단순한 마감 처리가 아니라, 착용감을 안정시키고 바지 실루엣을 지탱하는 중요한 구조물이다. 이 장에서는 허릿단이 어떻게 설계되고 몸판과 어떻게 결합되는지를 기본 사이즈 기준으로 설명한다.

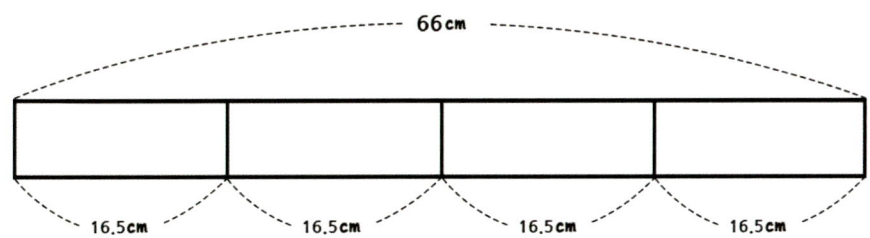

① 허릿단은 몸판과 별도로 제작된다

허릿단은 보통 바지 몸판과 분리된 구조로 따로 제작된다. 완성된 허릿단은 바지 몸판의 윗부분, 즉 허리선과 정확히 일치하도록 봉제되어 연결된다. 이렇게 분리 제작하는 이유는, 허릿단에 심지를 덧대어 형태를 고정하고, 결 방향을 다르게 설정하여 착용 시 늘어짐을 방지하기 위함이다.

② 결 방향 설정 - 늘어짐 방지를 위한 원단 배치

허릿단의 원단 배치는 몸판과 반대 방향으로 설정하는 것이 원칙이다.

- 몸판은 세로 방향(인체의 중심선 방향)으로 재단되므로,
- 허릿단은 가로 방향(허리 둘레 방향)으로 결을 맞춰야 한다.

이렇게 해야 허릿단이 허리둘레 방향으로 늘어나지 않고, 견고한 지지력을 가질 수 있다.
허릿단을 세로결로 잘못 재단할 경우, 착용 중에 늘어나거나 뒤틀림이 발생할 수 있다.

③ 기본 예시 - 허리 26인치(55호) 기준

허리둘레가 26인치(약 66cm)인 기본 여성 바지(55호 사이즈)를 기준으로 설명한다.

- 허릿단 전체 길이: 약 66cm
- 이를 4등분하여 각 구간을 16.5cm씩 나누어 기준점을 설정한다.
- 이 기준점은 바지 몸판의 솔기선(앞중심, 옆솔기, 뒷중심 등)과 정확히 맞닿게 표시한다.

  등분점이 정확해야 허릿단과 몸판이 균형 있게 맞물리며, 착용 시 뒤틀림이 발생하지 않는다.

④ 허릿단 폭(높이)은 디자인에 따라 다양하게 설정 가능

허릿단의 높이는 바지의 스타일에 따라 달라진다. 보통 다음 범위 내에서 선택할 수 있다.

허릿단 폭	cm 환산	특징
1인치	약 2.5cm	얇고 가벼운 허릿단, 캐주얼 바지에 적합
1.5인치	약 3.8cm	가장 일반적인 허릿단 폭
2인치	약 5cm	안정적인 착용감, 정장 바지에 자주 사용

허릿단 폭이 넓을수록 형태 유지에는 유리하지만, 체형에 따라 답답함을 느낄 수도 있으므로, 착용자의 스타일과 용도에 맞게 폭을 선택하는 것이 중요하다.

⑤ 요약: 허릿단 설계의 핵심 원리

항목	설명
구조	허릿단은 몸판과 별도로 제작되어 허리선에 봉제
결 방향	허릿단은 몸판에 수직, 즉 가로 결로 재단 (늘어짐 방지)
길이 설정	예: 허리 26인치 → 66cm → 4등분하여 등분점 설정
폭 선택	1인치~2인치(2.5~5cm)까지 다양하게 적용 가능

허릿단은 단순한 마감이 아닌, 바지의 구조적 안정성과 착용자의 편안함을 동시에 책임지는 핵심 부위이다. 결 방향과 구조의 원리를 이해하는 것은 수선이나 제작, 리폼에 있어서 가장 기본이자 필수적인 기초 지식이다.

2 한 장 허릿단(오비)

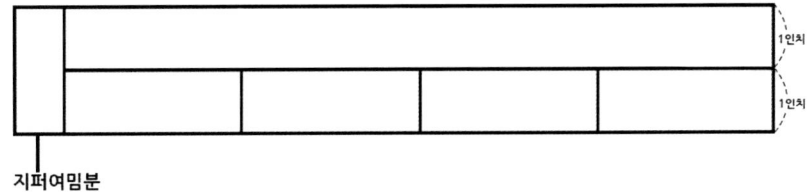

① 허릿단 폭이 4cm일 경우의 기본 구조

허릿단의 완성 폭을 4cm로 설계하려면, 한 겹으로 만드는 것이 아니라 두 겹으로 접어 제작하는 방식이다. 따라서 전체 허릿단 원단의 폭은 8cm로 설정하고, 가운데서 반으로 접어 겉감과 안단이 한 몸처럼 연결되도록 한다.

두 겹 구조는 안감을 따로 달 필요가 없고, 형태가 단단하게 유지되며 봉제도 효율적이다.

② 전체 테두리에 시접을 추가한다 (약 1cm)

허릿단 원단을 재단할 때는, 접힌 상태의 폭(4cm)에만 맞추는 것이 아니라 전체 가장자리에 시접 약 1cm를 추가해야 한다.

- 상단, 하단, 좌우 끝 모두 포함하여 재단 시 시접을 최소 1cm씩 확보한다.
- 시접은 봉제 후 안쪽으로 접히기 때문에 겉에서 보이지 않지만, 원단의 안정성과 마감 완성도에 매우 중요하다.

③ 여밈 지퍼가 있을 경우, 여밈 분량 약 4cm를 추가한다

허리 부분에 앞 여밈(지퍼나 후크)이 있는 바지일 경우, 허릿단에는 여밈을 위한 추가 분량이 필요하다.

- 일반적으로 여밈이 겹치는 부분은 약 4cm 정도 추가한다.
- 이 여밈 분량은 지퍼가 달리는 위치에 따라 겹쳐지는 구조를 만들며, 허릿단의 연장선처럼 연결된다.

3 두 장 허릿단(오비)

① 허릿단 원단 두 장 준비 - 겉감 + 안단

- 완성 폭이 4cm이므로, 폭은 그대로 4cm로 설정한다.
- 길이는 허리둘레 26인치(약 66cm)에 맞춰 66cm×4cm 크기의 원단 두 장을 준비한다. (겉감용 1장 + 안단용 1장)
- 한 장 허릿단은 원단을 접어 사용하는 방식이지만, 이번 방식은 겉감과 안감을 따로 만들어 붙이는 2겹 구조이다.

② 전체 테두리에 시접 약 1cm씩 추가한다

양쪽 원단 모두, 봉제 마감을 위해 전체 가장자리에 약 1cm의 시접을 둔다.
즉, 실제 재단 시에는 66cm×6cm(4cm+시접 상하 각 1cm) 크기로 자른다.

시접은 나중에 안쪽으로 접히므로 겉에서는 보이지 않지만, 바느질 강도와 형태 유지에 매우 중요하다.

③ 겉감끼리 마주 보도록 겹쳐, 윗부분을 봉제한다

두 장의 허릿단 원단을 겉면이 마주보도록 포갠 상태에서 윗부분을 직선으로 박음질한다. 이 박음질은 허릿단 상단이 되는 부분이며, 완성 후 이 윗선이 외관에 드러나게 된다.

④ 봉제 선은 백스티치로 보강한다

백스티치는 안쪽으로 들어가는 안단으로 시접을 넘겨서, 시접과 함께 위에서 박아주는 스티치로 겉면에서는 보이지 않는다.

⑤ 콘실 지퍼 적용 시 - 여밈 분량은 따로 필요 없다

- 콘실(숨김) 지퍼는 겉에서 보이지 않도록 지퍼선이 봉제선 안에 숨겨지는 방식이다. 이 경우, 지퍼가 허릿단의 중심에 정확히 정렬되므로, 별도의 여밈 분량(겹침 여유분)은 필요하지 않다.
- 일반 지퍼일 경우엔 여밈을 위해 3~4cm를 추가하지만, 콘실 지퍼는 지퍼 위치와 허릿단이 일대일로 맞닿아야 자연스러운 마감이 된다.

4 여섯 장 허릿단(윈오비)

허릿단은 단순히 직선 띠처럼 보이지만, 실제로는 몸판의 곡선에 맞춰 입체적으로 설계된 구조물이다. 특히 반골반이나 골반 바지처럼 허리 위치가 내려가는 디자인에서는, 변형된 몸판에서 허릿단을 직접 추출하는 방식으로 설계가 이루어진다. 몸판 패턴을 제작할 때, 허리에 다트가 접어지면서 곡선으로 된 허릿단이 만들어진다.

① 몸판 위에 오비선을 그려서 추출한다

먼저, 몸판 패턴 위에 허릿단(오비) 선을 직접 그리는 작업부터 시작한다.

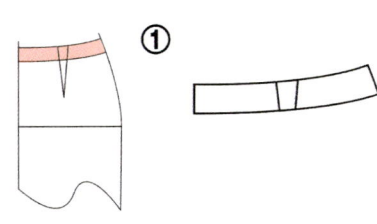

- **앞판**: 기본 패턴에서 앞 중심을 약 2cm 내려서 곡선을 형성한 뒤, 해당 선을 따라 오비 라인을 그린다.
- **뒤판**: 별도의 높이 조절 없이, 몸판 그대로의 윗선을 기준으로 오비 라인을 설정한다.

이렇게 앞판과 뒤판의 높이에 차이를 두면, 허릿단이 인체 곡선에 맞춰 자연스럽게 내려가며, 들뜸 없이 밀착되는 핏이 형성된다.

② 오비에 해당하는 다트선을 접는다

오비는 몸판에서 직접 따낸 곡선 패턴이기 때문에, 기존 몸판에 있던 다트선이 허릿단에도 그대로 남아 있게 된다.

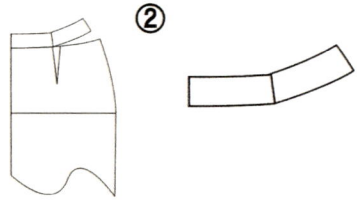

- 이 다트선을 직접 접어서 오비 형태를 완성해야 허릿단이 평면상에서 곡선 형태로 바뀐다.
- 다트를 접는 순간, 허릿단 패턴은 자연스럽게 곡률을 가진 입체 구조로 변환된다.

이 과정은 단순한 줄임이 아닌, 허릿단이 인체 곡선을 감싸는 곡선 구조를 갖기 위한 핵심 설계 방식이다.

③ 다트선을 접고 연결하면 곡선 허릿단이 완성된다

앞판·뒤판의 오비 조각을 모두 추출하고 다트를 접은 후, 좌우를 연결하면 완만한 곡선을 이루는 허릿단(오비) 패턴이 완성된다.

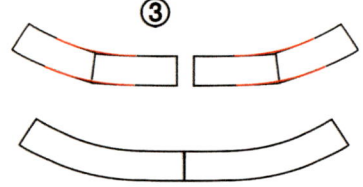

- 허릿단이 직선이 아닌 곡선을 띠는 이유는, 인체는 원통형이 아니라 입체 곡선 구조이기 때문이다.
- 특히 반골반·골반 바지처럼 허리 아래로 위치가 내려갈수록 곡률이 더 강조되어야 들뜸 없는 착용감을 구현할 수 있다.

반골반/골반 바지는 '허릿단을 따로 붙이는 구조'가 아니다

일반 바지에서는 허릿단을 따로 재단해 몸판 위에 '붙이는 구조'로 처리하지만,
반골반·골반 바지에서는 몸판에서 직접 허릿단을 따내기 때문에, 전체 구조가 일체화된다.

이러한 구조는 패턴 설계 시 다트, 곡률, 여밈 위치까지 통합적으로 고려해야 하므로, 고급 패턴 작업에 속한다.

여밈 위치에 따라 좌우 패턴이 달라진다

허릿단 추출 시 중요한 또 한 가지는 여밈 위치 설정이다. 앞 중심 여밈, 옆솔기 여밈, 뒤판 지퍼 여밈 등 여밈 위치가 어디냐에 따라 좌우 패턴의 구조가 달라진다. 따라서 허릿단을 몸판에서 추출할 때는 반드시 여밈 위치를 먼저 결정하고, 그에 따라 좌우 패턴을 분리 설계해야 정확한 마감이 가능하다.

5 허릿단 만드는 방법

허릿단은 바지의 형태를 안정적으로 잡아주고 착용감을 결정짓는 중요한 구조이다. 다음은 여성 55사이즈(허리 26인치)를 기준으로 한 허릿단 완성형 제작 과정으로, 패턴 재단부터 다림질, 보강 작업까지 단계별로 설명한다.

1. 한 장

① 기준 치수로 패턴 재단 - 길이, 폭, 여밈분, 시접 설정

재단 시에는 총길이 약 70cm(66 + 여밈 4cm), 폭 8cm(6 + 시접 2cm)로 원단을 자른다.

- 길이: 26인치 = 약 66cm
  → 이를 16.5cm씩 4등분하여 솔기 위치 기준점을 설정
- 폭: 6cm로 설계 (완성 폭 기준 3cm)
- 여밈분: 4cm 추가 (지퍼 여밈 시 겹침 분량)
- 시접: 상하좌우 테두리에 약 1cm씩 추가

② 전면 심지 부착 - 형태 보강

재단한 겉감 전면에는 심지를 부착하여 형태 안정성을 확보한다. 심지를 부착할 때는 다음 기준을 따른다:

약한 심지를 사용할 경우 착용 중 허릿단이 흐물거리거나 뒤틀릴 수 있으므로, 바지용 허릿단에는 반드시 강도 있는 심지를 사용하는 것이 좋다.

- 늘어나지 않는 방향이 가로 방향(허리 둘레 방향)이 되도록 심지를 배치
- 접착력이 강하고, 중간 이상 강도의 빳빳한 심지 사용을 권장

③ 폭의 절반을 꺾어 테이프 보강

허릿단을 폭의 절반인 3cm 기준으로 꺾은 상태에서, 신축 방지 테이프(테일러 테이프 등)를 안쪽 면에 붙여 보강한다.

이 테이핑은 겉으로 보이지 않지만, 허릿단이 늘어지거나 구겨지는 것을 방지해주는 보이지 않는 핵심 구조이다.

- 테이프는 반드시 늘어나지 않는 성질을 가진 소재를 사용
- 꺾인 부분이 뒤집어졌을 때 허릿단의 안쪽으로 위치하도록 방향 설정

④ 양옆 시접 봉제 후 뒤집기

허릿단 양옆(끝단)의 시접을 박음질하여 막은 후, 전체 허릿단을 안쪽으로 뒤집는다.
이때 다음 순서를 지키면 후속 작업이 수월하다.

이 과정을 통해 허릿단 가장자리가 깔끔하게 정리되고, 내부 마감도 안정적으로 이어진다

- 먼저 안쪽 아래 시접을 접어 다림질하여 자리를 잡아놓은 후
- 양옆 시접을 봉제 → 뒤집기

⑤ 뒤집은 후 다림질로 형태 정리

허릿단을 뒤집은 후에는, 전체적으로 다림질하여 형태를 평탄하게 정리한.
특히 다음 사항을 확인해야 한다.

- 허릿단 겉과 안의 높이가 균형 잡혔는지
- 안단이 착용 시 왼쪽에 위치하는지 확인 → 바지 앞 여밈 구조에 따라 위치가 반대가 될 수 있으므로 사전 체크 필요하다.

위치가 반대로 되면 지퍼 방향, 여밈 방향이 뒤바뀌어 전체 수선 구조에 영향을 미칠 수 있다.

2. 두 장

① 재단 - 길이, 폭, 시접 포함 기준

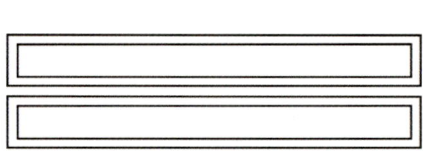

겉감 1장, 안감 1장 — 총 2장을 재단한다

- 허릿단 길이: 26인치 = 약 66cm
- 허릿단 폭: 완성 기준 4cm
- 시접 포함 재단: 상하좌우 모두 1cm 시접을 포함하여 총 재단 크기 = 68cm(66+시접 2cm)× 6cm(4+시접 2cm)

② 형태 안정성을 위한 심지 부착

겉감에는 반드시 심지를 부착합니다.
이는 허릿단이 착용 중 흘러내리거나 뒤틀리는
현상을 방지하고, 전체 구조를 단단하게 유지하
게 합니다.

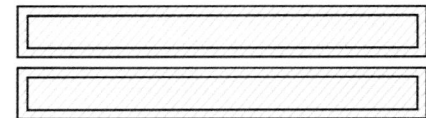

얇은 심지는 외형이 무너지기 쉬우며, B특히 맞
춤 제작이나 정장 바지에는 중강~강도 심지를 권
한다.

- 심지는 가로 방향(허리 둘레 방향)에 늘어나지 않도록 배치
- 접착력이 높고, 다소 두께감 있는 심지를 사용하면 형태 유지에 유리

③ 허릿단 윗부분 박기 - 안감 시접 미리 다림질

- 겉감과 안감의 겉면을 마주 보게 포갠 후, 윗부분
  (상단)을 직선으로 박음질한.
- 이때 안감의 아래쪽 시접은 미리 꺾어 다려두면, 다음 단계에서 안쪽 접어박기 작업 시 더욱 깔끔하
  게 마무리할 수 있다.

겉감은 몸판에 연결되므로, 안감은 안쪽에서 감
싸는 방식으로 접히게 되며, 아래 시접 다림질은
접합선의 단정함에 큰 영향을 준다.

④ 시접 넘기기 후 백스티치로 고정

윗부분을 봉제한 뒤에는 허릿단을 펼쳐,
봉제된 시접을 뒤쪽(안감 방향)으로 넘긴 상태에서 백스티
치(되돌아박기)를 진행한다.

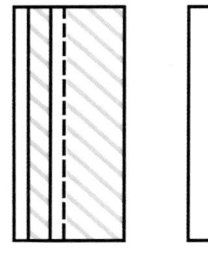

- 백스티치는 허릿단 윗단이 들뜨지 않도록 시접을 눌러 고정하
  는 역할
- 특히 안쪽으로 말리는 현상을 방지하며, 형태 유지에 매우 효
  과적

봉제선이 깔끔하게 잡히면서 착용
시 스티치 라인이 안정적으로 유지
된다.

⑤ 양쪽 끝을 봉제 후 뒤집기 → 접고 다림질

- 양끝단을 정리하여 봉제한 후, 전체 허릿단을 안쪽으로 뒤집는다.
- 뒤집은 후 허릿단을 정확히 반으로 접은 상태로 다림질하여 모양을 잡는다.

3. 여섯 장 (네 장)

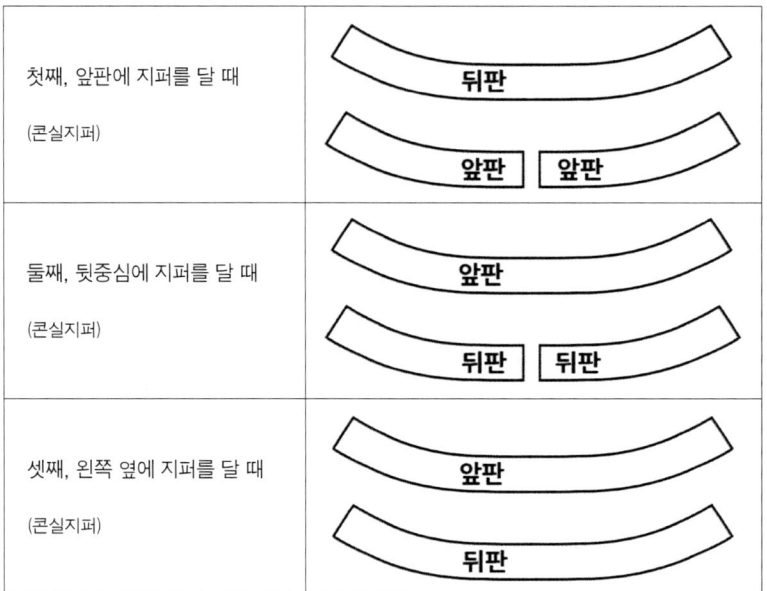

① 휜 오비는 패턴으로 재단해야 한다

곡선 허릿단은 단순 직선 띠처럼 자르는 것이 아니라, 몸판 패턴에서 직접 곡선을 추출하여 오비 패턴을 따로 제작해야 한다. 곡선으로 만들어진 허릿단의 재단에는 별도의 주의가 필요하다.

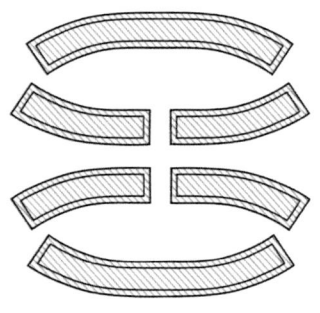

재단 전 주의사항:
패턴을 재단하기 전, 원단에 먼저 심지를 부착한 뒤, 그 위에 패턴을 대고 선을 그려 재단하는 방식이 좋다. → 심지를 먼저 붙여야 원단이 뒤틀리지 않고 형태가 유지된다.

② 재단된 오비에 테이프 보강

- 바닥에 휜 오비 패턴을 그려놓고,
- 해당 곡선에 맞게 재단된 오비 원단을 얹은 후,
- 안쪽으로 들어갈 윗부분(허리선 쪽)에 늘어나지 않는 테이프를 부착한다.

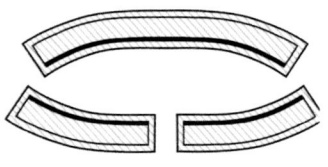

이 테이프는 허릿단이 당겨지거나 늘어나는 것을 방지하는 역할을 하며, 반드시 다리미 열에 의해 변형되지 않는 테이프 소재를 사용해야 한다.

③ 오비 조각을 봉제하고 시접은 다림질로 가른다

재단한 오비 조각들을 순서에 맞게 봉제하여 하나로 연결한다. 연결 후에는 시접을 다림질로 벌려 가름솔 처리한다.

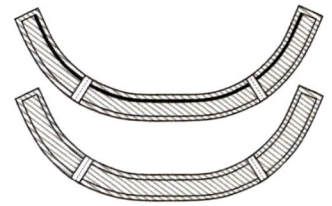

지퍼 여밈이 있을 경우:
- 여밈 위치를 사전에 확인하고,
- 입었을 때 기준으로 여밈이 왼쪽으로 가도록 좌우 조각의 방향을 맞춘다.

④ 겉면과 안쪽면을 연결하고, 곡선 시접 정리

- 겉면(겉감)과 안쪽면(안감)의 허리 윗부분을 겉끼리 마주 보게 하여 박음질한다.
- 박음질 후, 곡선 부분의 시접은 칼집(가위집)을 내거나, 시접 폭을 약 0.3cm 정도 잘라내어 줄인다.

이 작업은 허릿단을 뒤집었을 때 곡선이 부풀거나 뭉치지 않도록 하는 입체 보정 작업이다.

⑤ 뒤집어서 백스티치한다.

콘실지퍼를 붙일 경우 양끝면은 5㎝ 정도 오픈한 채 몸판과 연결한다.

6 허릿단 봉제 방법 - 몸판과의 연결 실무 기법

허릿단 봉제는 단순히 두 조각을 이어 붙이는 작업처럼 보일 수 있으나, 실제로는 몸판과 허릿단 간의 여유 조절, 너치 맞춤, 봉제 분할 처리 등 고도의 기술이 요구되는 작업이다.

특히 바지 형태를 좌우하는 허리선 부위이기 때문에, 꼼꼼한 고정과 단계별 봉제 방식이 중요하다.

1. 박아뒤집기 ①

첫 번째, 허릿단의 겉면과 몸판을 먼저 연결한다

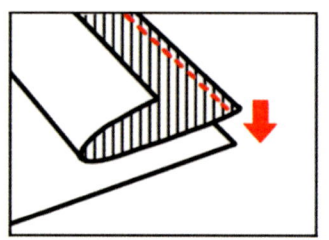

- 허릿단을 구성하는 두 겹(겉면 + 안단) 중, 겉면(겉감 허릿단)을 먼저 몸판과 연결한다.
- 이때 허릿단과 몸판의 겉면끼리 마주 보게 하여, 허리선의 기준선에서 정확히 박음질한다.

이 순서는 반드시 몸판 → 허릿단 겉면 → 허릿단 안단 순으로 이어져야, 전체 구조가 뒤틀리지 않고 깔끔하게 조립된다.

2. 봉제 순서

① 봉제 위치 배치 - 몸판을 아래, 허릿단을 위에 놓는다

봉제 시에는 몸판(하부)을 아래에, 허릿단(상부)을 위에 배치한다. 몸판은 다트 및 곡선 여유가 많고, 허릿단은 비교적 직선에 가까운 형태이므로 위쪽에서 보면서 허릿단을 조절하는 것이 훨씬 수월하다.

② 허릿단 너치점 확인 및 4등분 기준 설정

- 허릿단에 미리 너치(맞춤점)가 표시되어 있는지 확인한다.
- 없다면, 전체 길이를 4등분하여 표시한 뒤, 앞중심/옆솔기/뒷중심/반대 옆솔기 위치에 기준점을 만든다.
- 봉제는 왼쪽 몸판부터 시작하는 것이 일반적이며, 이는 시접 방향과 작업 흐름 상 가장 안정적인 시작점이다.

정확한 너치 표시가 있어야 허릿단과 몸판이 중심 기준에 맞춰 안정적으로 연결된다.

③ 도매를 한 후 3발 전진으로 시작

봉제를 시작하기 전에 도매(가봉 또는 고정 박음질)를 진행한다. 그 후 본봉은 3발 정도 천천히 전진하며 안정적으로 들어간다. 이 과정은 시작점이 밀리거나 당겨지지 않도록 하는 안전 조치이다.

④ 첫 번째 너치점과 옆솔기를 맞춘 후, 그 중간 지점을 기준으로 봉제

- 첫 번째 너치점(예: 앞중심 너치)과 옆솔기 너치를 정확히 맞대어 잡고,
- 그 사이의 이등분 지점을 손으로 눌러 조절하며 봉제한다.
- 이 방식은 곡선 여유를 자연스럽게 분산시켜 주름 없이 봉제하는 핵심 방법이다.
- 몸판은 허릿단보다 약간 더 크기 때문에, 이 여유를 살짝 당기며 조정해야 허릿단과 딱 맞게 연결된다.

⑤ 다시 다음 너치점과 옆솔기를 맞추고 같은 방식으로 봉제

- 다음 구간도 마찬가지로 너치 → 옆솔기 → 이등분 지점의 순서로 구간별로 나누어 봉제한다.
- 각 구간마다 핀 고정 또는 손 고정을 병행하며 당김과 여유를 균형 있게 분배해야 전체 실루엣이 깨지지 않는다.

⑥ 봉제는 한 번에 끝까지 하지 말고, 두 번에 나눠서 봉제한다
전체 허릿단을 한 번에 다 봉제하지 않고, 좌우 각각 반씩 나누어 두 번에 걸쳐 봉제한다.

- 이유: 몸판이 휘거나, 원단이 말려 턱이 생기거나 찝히는 실수를 방지하기 위함
- 또한, 구간을 나눠서 봉제하면 여유 조절을 더 정밀하게 수행할 수 있다.

고급 바지 제작자나 맞춤복 장인은 항상 허릿단을 2구간 이상으로 나누어 봉제하며, 정밀도를 높이기 위해 중간마다 멈추고 조정한다.

두 번째, 허릿단을 세워서 시접을 허릿단 쪽으로 다림질한다

봉제 후에는 허릿단을 세운 상태로 놓고, 몸판과 허릿단 사이에 남아 있는 시접을 허릿단 방향으로 올려 다림질한다. 이렇게 하면 허릿단이 위로 단단하게 고정된 형태로 유지되며, 시접이 허릿단 아래로 내려가지 않아 착용 시 들뜨지 않는다.

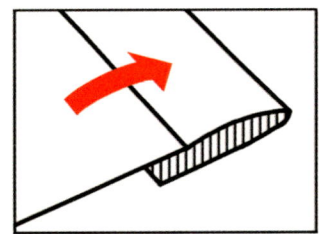

이때, 허릿단 안쪽에 해당하는 안단의 시접도 꺾어 다림질해 두어야, 다음 스티치 작업에

서 안감이 자연스럽게 안으로 감기며 마감된다.

세 번째, 허릿단 안단 고정 - 끝선 스티치로 고정 마무리

허릿단 안단이 안쪽에서 풀려 빠지지 않도록, 허릿단 아래 끝선을 따라 스티치 봉제를 진행한다.

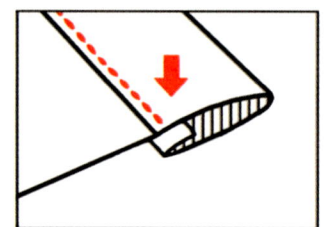

- 이 스티치는 기능적으로는 안단 고정,
- 시각적으로는 디자인 마감선의 역할을 하게 된다.

3. 스티치 방식 선택 예시

방식	설명
단침	허릿단 아래 끝선을 따라 한 줄 봉제 - 깔끔하고 얇은 마감
쌍침	두 줄 스티치로 힘을 더하거나, 데님·워크웨어 등에 활용
테두리 스티치	허릿단 전체 가장자리를 따라 둘러박기 - 포멀하고 세련된 인상

디자인 스타일, 바지 소재, 브랜드 마감 방식에 따라 선택되며, 작업자는 반드시 스티치 위치와 간격을 정확히 유지해야 고급스러운 인상이 완성된다.

4. 허릿단 스티치 박는 방법 - 정밀한 봉제를 위한 실전 요령

허릿단 스티치는 단순한 마무리 작업이 아니라, 허릿단의 형태를 고정하고, 디자인 라인을 완성하는 결정적인 봉제 공정이다. 특히 한 번 박으면 되돌리기 어려운 스티치 특성상, 속도보다는 정밀도, 기술보다는 손의 감각과 집중력이 요구되는 작업이다.

기본 원칙: 왼쪽 허릿단부터 시작

스티치는 왼쪽 허릿단부터 시작하는 것이 일반적이다. 이는 대부분의 바지가 오른쪽 여밈을 갖고 있기 때문에, 왼쪽에서 오른쪽 방향으로 자연스럽게 봉제할 수 있도록 작업 방향을 설정하는 것이다.

① 되돌아박기로 고정한 뒤 3땀 전진

봉제 시작 부분에서 되돌아박기를 하여 스티치의 시작점을 고정한다. 그 후 3땀 정도 천천히 전진하며 정확한 선을 잡는다.

이 초기 고정은 스티치가 풀리는 것을 방지하고, 선이 흔들리지 않도록 하는 첫 단추이다.

② 너치점과 옆솔기를 맞춘 후, 이등분 지점을 기준으로 봉제
- 허릿단에는 너치 표시(4등분 기준점)가 되어 있어야 하며,
- 해당 너치점과 옆솔기를 정확히 맞춰 잡는다.
- 그 사이의 이등분 지점을 손으로 눌러 방향을 잡으며 봉제한다.

이 방식은 원단이 한쪽으로 몰리거나, 스티치 선이 치우치지 않게 시각적으로 중심을 정렬하면서 봉제하는 요령이다.

③ 손목 조절 - 오비를 손으로 당기며 봉제

오른손으로 오비(허릿단)를 잡고, 손목을 아래로 살짝 꺾어 당기듯 잡으며 봉제한다. 이는 미싱 하부 톱니가 아래 원단(몸판)을 자동으로 끌어당기기 때문에, 상단 원단(허릿단)을 손으로 컨트롤하여 균형을 맞추기 위함이다.

손목으로 밀거나 당겨주는 정도에 따라 스티치가 비틀리지 않고 일직선으로 유지된다. 정밀 봉제일수록 손의 감각과 원단의 반응을 읽는 능력이 중요하다.

④ 다시 솔기와 너치점을 맞춰 이어 봉제
- 다음 구간으로 넘어가기 전에도 반드시 너치 - 솔기 - 이등분점을 재확인하며 봉제한다.
- 일정한 리듬을 유지하면서 스티치 선이 끊기거나 비틀어지지 않도록 유의한다.

⑤ 짧게 끊어가며 '잡고 박고'를 반복

스티치는 한 번에 길게 쭉 박는 것이 아니라 "잡고 박고 → 멈추고 다시 잡고 박고"를 반복한다.

- 짧게 끊어서 박을수록 라인이 정확하게 유지되며,
- 미세한 방향 전환이나 곡선을 따라가기에도 수월하다.
- 빨리 박는 것이 잘하는 것이 아니다. 정확하게, 흔들림 없이, 깔끔하게 박는 것이 잘하는 것이다.

7. 허릿단 끼워박기 – 고급 봉제자의 실전 방식

허릿단 마감 방법 중 하나인 '끼워박기'는 몸판과 허릿단을 한 번에 덮어 봉제하는 빠르고 간결한 방식이다. 하지만 두 겹 이상의 원단을 동시에 맞추는 고난도 작업이기에, 숙련된 손기술과 미싱 운용 감각이 없으면 완성도가 떨어질 수 있다.

1. 봉제 개요

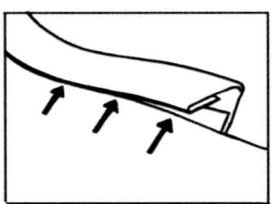

- 이 방식은 허릿단 안단을 미리 꺾은 후, 몸판을 끼워 넣고 한 번에 위·아래를 덮어 봉제하는 방법이다.
- 빠르게 작업할 수 있는 장점이 있으나, 실밥 노출, 시접 밀림, 허릿단 당김 현상 등이 쉽게 발생할 수 있어 초보자에게는 까다로운 방식이다.

2. 박는 순서와 요령

① 반 인치 시접을 허릿단 안으로 접어 넣고, 되돌아박기로 고정한다

- 안단의 아래 시접을 0.5인치(약 1.5cm) 접어 허릿단 안쪽에 숨긴 상태로 놓는다.
- 시작 부위는 되돌아박기로 고정하여 박음선이 풀리지 않게 한다.

② 너치점과 옆솔기를 정확히 맞춘다

- 허릿단과 몸판 모두 너치 기준점을 활용하여 정확히 위치를 잡는다.
- 너치 – 옆솔기 – 중간지점 순서로 고정하며 균형을 유지한다.

③ 허릿단과 몸판 길이를 일치시켜 중간을 눌러 고정하며 봉제

- 몸판은 허릿단보다 살짝 더 길기 때문에, 허릿단을 살짝 당기듯 조절하여 길이를 일치시킨다.
- 왼손으로 중간 부분을 살짝 눌러주며 밀리지 않게 봉제한다.
- '당기며 맞추고, 누르며 고정하는' 이 이중 동작이 미싱 톱니의 끌림과 상단 원단의 밀림을 상쇄시켜 준다.

④ 반복적으로 시접을 접고, 맞추고, 눌러가며 봉제한다

- 다음 구간도 동일하게 시접 접기 → 너치 맞춤 → 눌러주기 → 봉제를 반복한다.
- 허릿단은 미싱 톱니에 밀리기 쉽기 때문에, 양손으로 미세하게 텐션을 조절해야 주름이나 들뜸이 생기지 않는다.

⑤ 오른손 손목 조절 - 당기지 말고 '따라가듯' 진행

- 오른손은 허릿단을 눌러 잡되, 힘을 주지 않고 미싱 진행에 따라가듯이 조절해야 한다.
- 오른손에 힘이 들어가면 바늘이 휘거나 부러질 위험이 있으므로 주의한다.

이 단계에서 고수들은 손으로 오비를 눌러가며 봉제하지만, 이는 경험에서 오는 감각이므로 초보자는 이 방법을 그대로 따라 하기보다는 안전하게 손목 조절을 위주로 해야 함을 강조한다.

⑥ 마무리 구간 - 끝 3cm는 윗부분을 밀어주며 봉제

- 허릿단의 끝부분은 원단이 두껍고 겹침이 많아 윗단이 밀리며 드러나기 쉬운 구간이다.
- 이를 방지하기 위해, 마지막 3cm 정도는 윗단을 손으로 밀어주며 봉제한다.
- 이 밀어주기 동작은 끝부분이 처지거나 뒤틀리지 않도록 해주는 필수 마무리 동작이다.

3. 박아뒤집기②

① 허릿단의 겉면과 몸판을 먼저 연결한다.

② 허릿단을 위로 편 후, 시접을 위쪽으로 다림질한다.

③ 마감처리는 오버록이나 바이어스를 싸기도 한다. 마감 처리한 후 허릿단에 스티치한다.

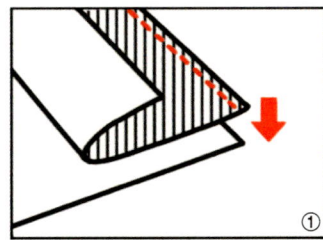
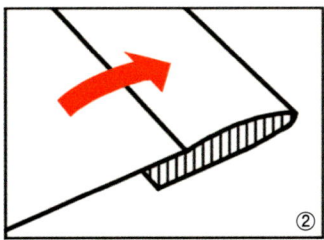

8 안감 연결하기

허릿단의 겉면과 몸판을 먼저 연결하고 안쪽면은 펼쳐서 안감과 연결한다.

① 박아 뒤집는 방식은 같다.

② 허릿단을 박고, 안감을 연결한다.

③ 안감 시접을 아래로 내려고 허릿단에 스티치한다.

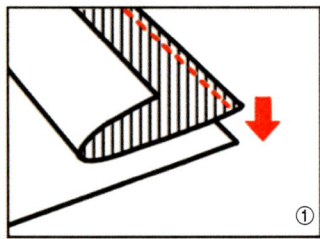 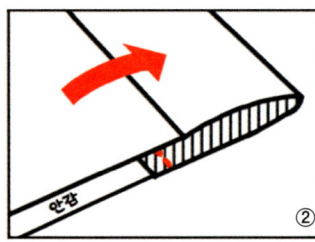 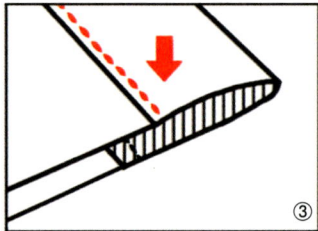

하의 수선의 모든 것

패턴 제작

옷 패턴이란 입체적인 옷을 만들기 전에, 평면에 구조적으로, 자세하게 펼치는 작업이라고 할 수 있다. 옷 패턴에는 평면 패턴과 입체 패턴이 있다.

여기는 평면 패턴에 대한 이야기다.

기본적으로 패턴 구성은 앞판 두 장, 뒤판 두 장 4장으로 구성된다. 그래서 W/4, H/4라고 표기하는 것은, 4장 중에서 1장이라는 말이다. 산수가 아니라, 4장의 그림을 그려야 하는데, 그중 한 장을 그릴 것이란 말이다.

패턴은 데끼패턴(알패턴)으로 그린다. 오로지 평면에 패턴을 그리기 위해서 필요한 것만 그린다는 말이다. 시접패턴(산업용패턴)이란 데끼패턴에 시접을 포함해서 그린 패턴이다. 옷을 만들기 위한 패턴으로, 모든 옷에는 시접이 있고, 그 시접에 봉제를 한다.

기본 구성은 4조각으로 이루어졌지만 디자인에 따라 조각내고, 더하고, 빼고 하다 보니 복잡하게 보인다. 여기서 다루는 것은 기본적은 뼈대를 그리는 방법이다.

그리는 순서를 위주로 구성해서 누구나 따라 할 수 있도록 했다. 기본적인 뼈대를 만들어야 다음 진행이 가능하다는 것이다. 첫 번째, 두 번째로 진행하는 진행 순서를 우선적으로 익히자. ①②③으로 진행하는 것은 단계 안에서 구성하는 공식 같은 것이다. 공식이 나오면 암기해야 한다. 아니면 책을 펴놓고 해도 무방하다.

⊙ 부분에서는 자세한 설명으로 이해를 돕고자 했다.
  그림의 숫자와 원문자의 숫자를 일치하게 했다.
  숫자를 따라서 그림을 이해할 수 있도록 구성한 것이다.

1 스커트(skirt) 기본 패턴

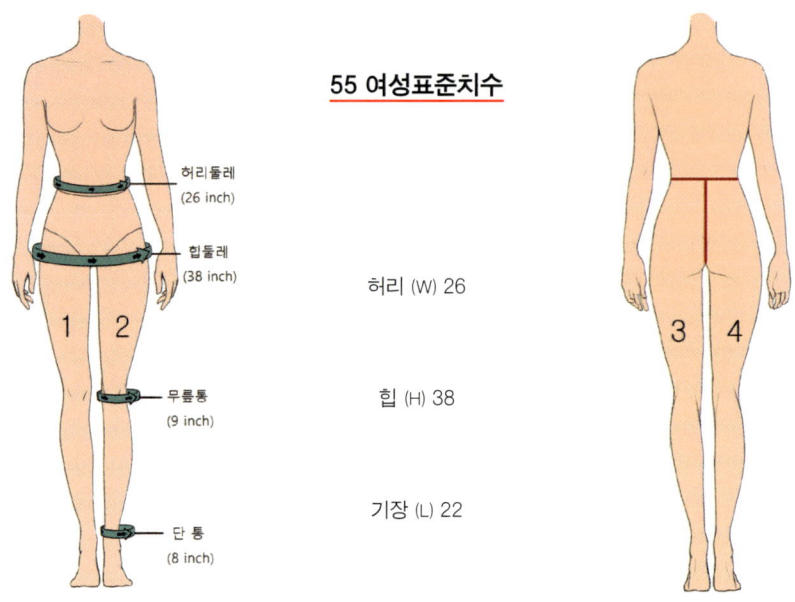

55 여성표준치수

허리 (W) 26

힙 (H) 38

기장 (L) 22

모든 옷 패턴은, 기본이 앞판 2장, 뒤판 2장으로 구성된다.

W/4란 허리둘레를 4로 나눈 것으로, 네 장 중 1장이란 뜻이다.

26÷4=6,5이므로, 허리가 6,5=W/4와 같다.

패턴의 구조는 인치로 구성되어 있다.
그런데 센티로 환산을 하면 소수점 2자리 수까지 적용해야 하는데,
적용할 때 소수점을 버리는 경우가 많아서,
인치와 센티미터를 병행해서 사용하기를 권장한다.

1. 스커트 뒤판

① 직각선을 그린다.

가로선을 허리선(W)으로,
세로선을 세로기준선으로 정한다.

- W = Waist의 약자 표기
  H = Hip의 약자 표기
  L = Length의 약자 표기

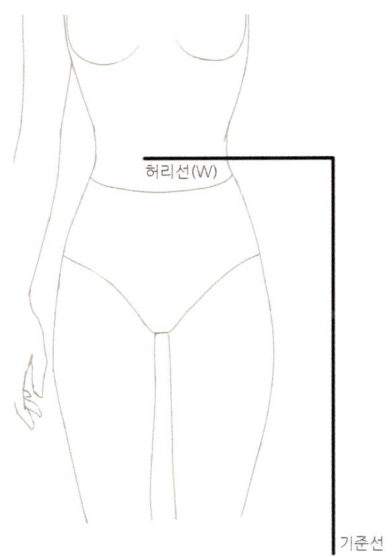

② 세로 방향으로 진행한다.

❶ 허리선(W)을 기준으로
7.5inch 내려간 곳에
힙선(H)을 내린다.

- 키에 따라서
  허리선 위치를 증감하면 된다.
  155 = 7 1/4 (18.41cm)
  165 = 7 1/2 (19.05cm)
  175 = 7 3/4 (19.68cm)

❷ 허리선(W)을 기준으로
22inch 내려간 ↓ 곳에
밑단선(L)을 그린다.

- 기장은 미니, 무릎, 발목까지
  취향에 따라 설정하면 된다.

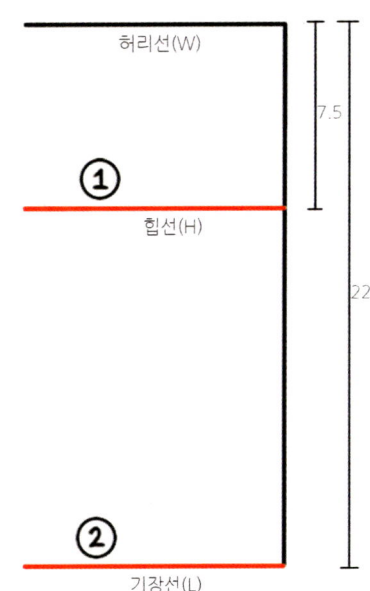

③ 가로 방향으로 진행한다.

❶ 세로 기준선에서 허리선(W)으로
  W/4 + 다트 + 여유만큼 나가서
  허리너비를 찾는다.

❷ 세로 기준선에서 힙(H)선으로
  H/4 + 여유 만큼 나가서
  힙너비를 찾는다.

❸ 세로 기준선에서 기장선(L)으로
  힙너비만큼 나가서 단너비를 찾는다.

  ⊙ W/4이라는 것은
    허리둘레를 4조각으로 나눈다는 말이다.

  ⊙ W/4 = 6.5인치 (66.04cm)
    다트 = 1인치 (2.54cm)
    여유 = 1/4인치 (0.63cm)

  ⊙ H/4이라는 것은
    힙의 둘레를 4조각으로 나눈다는 말이다.

  ⊙ H/4 = 9인치 (22.86cm)
    여유 = 5/8인치 (1.58cm)

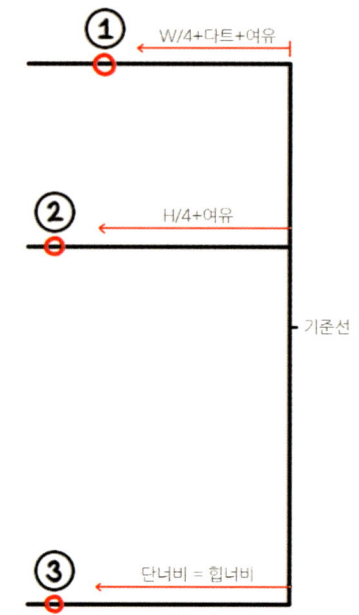

④ 외곽선을 그려준다.

❶ 허리너비점과 힙너비점은
  곡선으로 연결한다.

❷ 힙너비점과 단너비점은
  직선으로 연결한다.

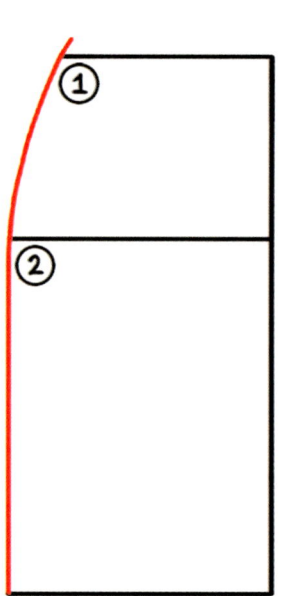

⑤ 다트를 만든다.

❶ 허리선(W)에서
    허리너비의 이등분점을 찾는다.

❷ 이등분점에서
    직각으로 힙선까지 직선을 그린다.

❸ 힙선 교차점에서
    바깥쪽으로 약 0.5cm 이동한 후,
    ①점과 ③점을 연결한다.

⊙ 뒤판에서
    힙선을 옆으로 옮겨주는 이유는
    엉덩이가 허리보다 넓기 때문에
    약 0.5cm 정도 점을 옮겨줌으로써,
    시각적으로 다트선이
    수직처럼 보이기 위함이다.

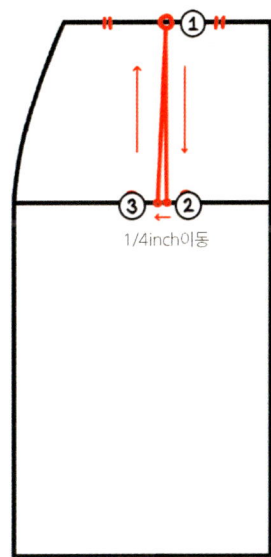

❹ ③번 선에서
    12cm 내려서 다트점을 찾는다.

❺ 허리선에서
    다트폭 1인치를 양분해서
    다트점과 각각 연결한다.

⊙ 다트폭은
    보통 1인치를 사용하지만
    1/2~1 1/2까지 다양하게 적용한다.

◆ 폭을 나누는 것은 1:1이 보통이나
    경우에 따라서 3:2 4:1로
    양분하기도 한다.

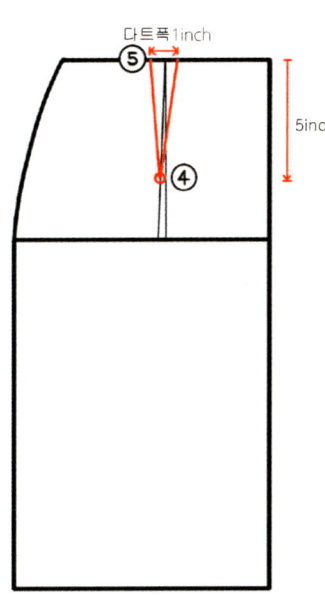

⑥ 허리라인을 수정한다.

❶ 세로기준선에서
허리선을 1/2 (1,27㎝) 내려준다.

❷ 옆솔기선에서
허리선을 약 1㎝ 올려준다.

❸ 다트를 접은 상태에서
①②③점을 곡선으로 그려준다.

⊙ 다트를 접지 않고 그릴 경우와
다트를 접은 후 그릴 경우의 선이
다르다.

그러므로 다트를 완성할 때는 반드시
입체적으로 하는 연습을 해야 한다.

패턴을 연습할 때
실제 치수를 적용해서
그리는 것이 좋다.

평면에서만 연습할 경우
다트와 허리라인을
이해하기가 어렵다.

마무리로
확인해야 할 것은
옆솔기가 만나는 앞/뒤판을 놓았을 때
선이 꺾이지 않은 자연스러운
곡선이 나와야 한다.

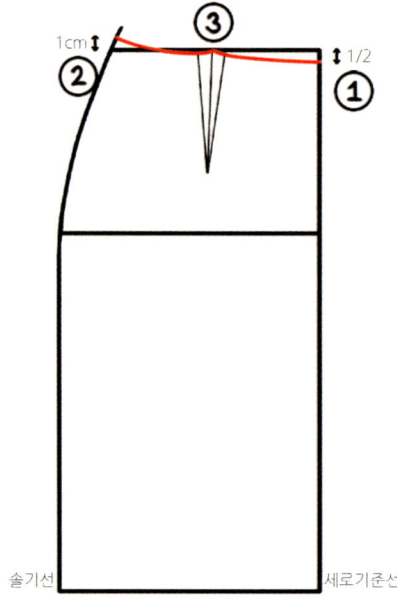

◆ 하의 옷 패턴 진행 순서

① 직각선을 그린다.
② 세로 방향으로 진행한다.
③ 가로 방향으로 진행한다.
④ 외곽선을 그려준다.
⑤ 다트를 만든다.
⑥ 허리라인을 수정한다.

순서를 기억하는 것이 중요하다.

**눈으로 연습하지 말고 온몸이 기억하도록,
눈이 아니라 몸이 기억하도록 연습하자.**

https://youtu.be/QsbQ3_ji5-E

2. 스커트 앞판

① 직각선을 그린다.
   (세로 기준선의 위치가 다르다)

② 세로 방향으로 진행한다.

   ❶ 허리선(W)을 기준으로
      7.5inch 내려간 ↓ 곳에
      힙선(H)을 그린다.

   ❷ 허리선(W)을 기준으로
      22inch 내려간 ↓ 곳에
      밑단선(L)을 그린다.

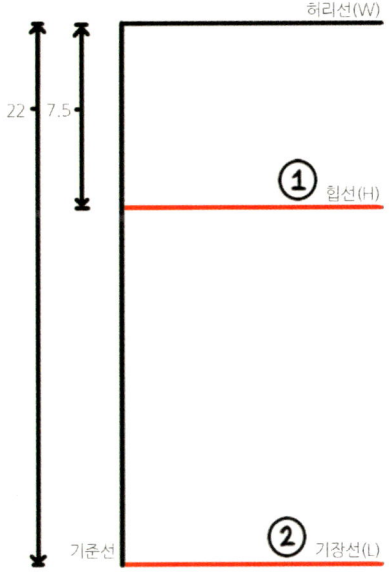

③ 가로 방향으로 진행한다.

   ❶ W/4+다트+여유만큼 나가서
      허리너비를 찾는다.

   ❷ H/4+여유만큼 나가서
      힙너비를 찾는다.

   ⊙ H/4=9인치 (22.86cm)
      여유=1/8인치 (0.78cm)

   ⊙ 서 있을 때와 앉아 있을 때,
      엉덩이 크기가 달라진다.
      그래서 여유를 준다.
      앞판:뒤판 비율을 4:1, 3:2로
      뒤판에 여유를 많이 준다.

   ❸ 세로 기준선에서 기장선(L)으로
      힙너비만큼 나가서 단너비를 찾는다.

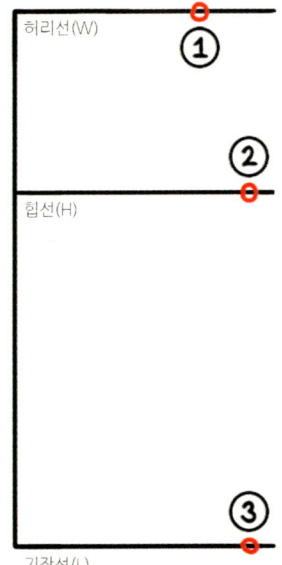

◆ 다트와 허리라인 수정에 관한 자세한 설명은 동영상을 참조

https://www.youtube.com/@refashion5975 옷새로이
https://youtu.be/QsbQ3_ji5-E 치마 패턴 제작 방법

④ **외곽선**을 그려준다.

⑤ **다트**를 만든다.

> ❶ 허리선(W)에서
> 허리너비의 이등분점을 찾는다.
>
> ❷ 이등분점에서
> 직각으로 힙선까지 직선을 그린다.
>
> ❸ 허리선(W)에서
> 10cm 내려서 다트점을 찾는다.
>
> ❹ 허리선에서
> 다트폭 1인치를 양분해서
> 다트점과 각각 연결한다.

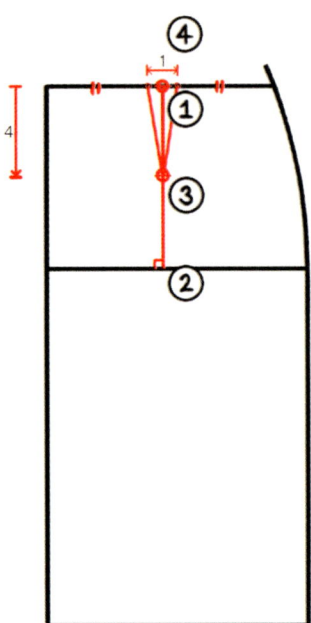

⑥ **허리라인**을 수정한다.

> ❶ 세로기준선에서
> 허리선을 약 0.5cm **내려준다.**
>
> ❷ 옆솔기선에서
> 허리선을 약 1cm **올려준다.**
>
> ❸ 다트를 접은 상태에서
> ①②③점을
> **곡선으로** 그려준다.

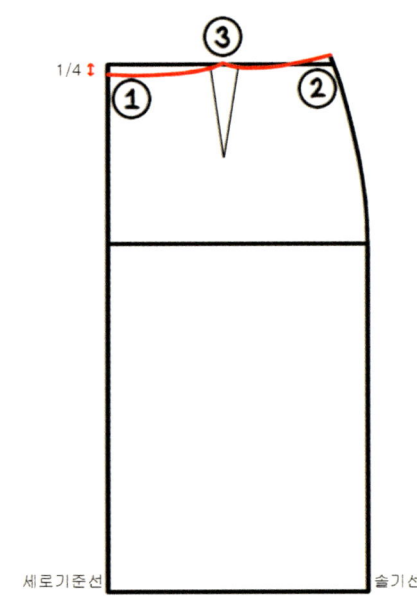

size spec

여성복 사이즈별 너비 size

기준키 - 165cm

호칭	구분	어깨 Shoulder width	앞 품 Front width	뒤 품 Back width	상 동 가슴 Bust	중 동 허리 Waist	하 동 엉덩이 Hip	유장/유폭 Nipples breadth	등길이 Back waist length	앞길이 Front waist length
44	cm	37.1	32	34.6	80	63.5	88.9			
55		38.1	33	35.5	83.8	67.3	92.7	24.1	38.1	40.6
66		39	33.9	36.5	87.6	71.1	96.5	16.5		
77		40	34.9	37.4	92.7	76.2	101.6			
88		41	35.8	38.4	97.7	81.2	106.6			
44	인치	14 5/8	12 5/8	13 5/8	31 1/2	25	35	유장		
55		15	13	14	33	26 1/2	36 1/2	9 1/2	15	16
66		15 3/8	13 3/8	14 3/8	34 1/2	28	38	유폭		
77		15 3/4	13 3/4	14 3/4	36 1/2	30	40	6 1/2		
88		16 1/8	14 1/8	15 1/8	38 1/2	32	42			

키 크기별 기장 size

키	구분	앞길이 여성	등길이	소매 길이 손등 기준	상외장 힙 기준	힙 길이	밑위 길이	바지 길이 발바닥 기준	무릎 너비	바지부리 너비 보통 모양
155	cm		35.5	55.8	58.4	18.4	22.8	91.4	20	18
165		40.6	38.1	58.4	63.5	19	23.4	96.5	22	20
175			40.6	60.9	68.5	19.6	24.1	101.6	22	20
185			43.1	63.5	73.6	20.3	24.7	106.6	25	22
155	인치		14	22	23	7 1/4	9	36	8	7
165		16	15	23	25	7 1/2	9 1/4	38	9	8
175			16	24	27	7 3/4	9 1/2	40	9	8
185			17	25	29	8	9 3/4	42	10	9

2 여성 바지(pants) 기본 패턴

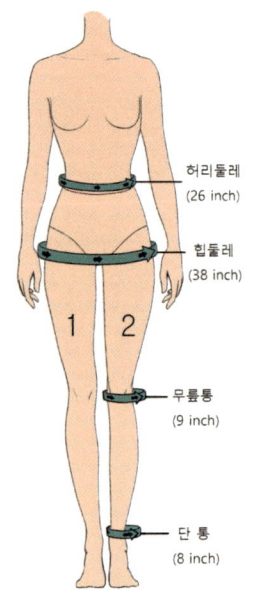

55 여성표준치수

키 165㎝ 기준

허리 26 in

힙 38 in

기장 38 in

밑위 9¼ in

무릎통 9 in

단통 8 in

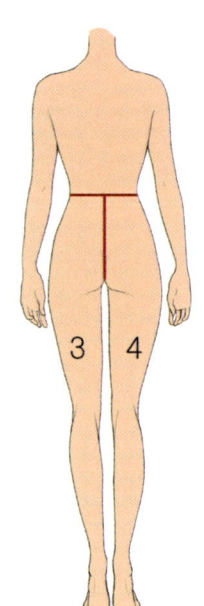

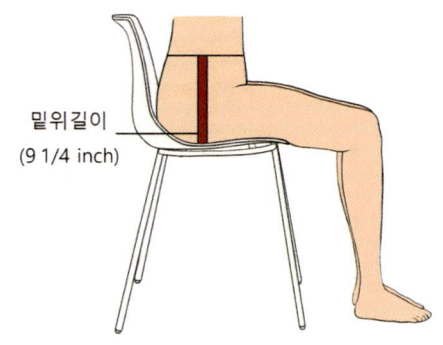

모든 옷 패턴은,
기본이 앞판 2장, 뒤판 2장으로 구성된다.
H/4란 힙둘레를 4로 나눈 것으로,
네 장 중 1장이란 뜻이다.
38÷4=9.5이므로,
허리가 9.5=W/4와 같다.
9인치는 22.86㎝, 0.5인치는 1.27㎝이므로
9.5in=24.13㎝이다.

아래의 표를 참고로 계산하면 된다.

분수, 소수, ㎝ 환산표

분수	1	$\frac{7}{8}$	$\frac{3}{4}$	$\frac{5}{8}$	$\frac{1}{2}$	$\frac{3}{8}$	$\frac{1}{4}$	$\frac{3}{16}$	$\frac{1}{8}$	$\frac{1}{16}$	$\frac{1}{32}$	$\frac{1}{64}$
소수	1	0.875	0.75	0.625	0.5	0.375	0.25	0.187	0.125	0.062	0.031	0.016
cm	2.54	2.22	1.9	1.58	1.27	0.95	0.63	0.47	0.31	0.15	0.07	0.04

1. 여성 바지 앞판

① 직각선을 그린다.

가로선을 허리선(W)으로
세로선을 세로 기준선으로 정한다.

⊙ 두 장으로 구성된
  앞판의 절반을
  패턴으로 그린다.

② 세로 방향으로 진행한다.

❶ 허리선(W)을 기준으로
  9 1/4 내려간 곳에 밑위선을 그린다.

⊙ 키에 따라 증감하면 된다.
  155=9 (22.8cm)
  165=9 1/4 (23.4cm)
  175=9 1/2 (24.1cm)

❷ 허리선(W)을 기준으로
  총길이 100cm에 밑단선(L)을 그린다.

❸ 밑위선과 기장선의 이등분점을 찾고,
  약 5~6cm 위로 올려서
  무릎선을 찾는다.

❹ 밑위선을 기준으로
  H/12만큼 올려서
  힙선(H)을 그려준다.

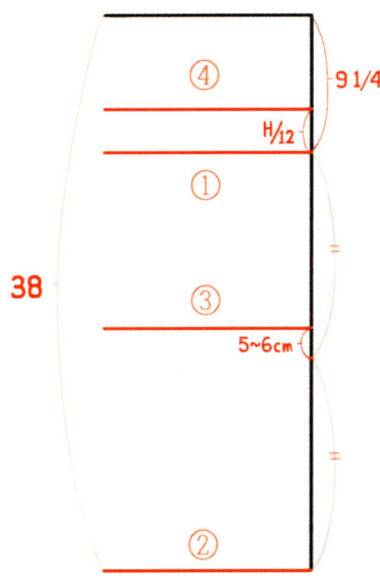

③ 가로 방향으로 진행한다.

❶ 세로기준선에서
힙선으로 H/4+여유 나가서
힙선과 직각선을 그리면 힙너비이다.

❷ 허리선에서
1cm 정도 세로기준선 쪽으로
이동해서 점을 찍고,
힙너비점과 연결하면
앞기울기선이다.

❸ 허리선에서
기준선 쪽으로 W/4 + 다트 + 여유
나가면 허리너비이다.

❹ 힙너비선과 밑위선이 만나는 점에서
H/16 - 3/4나가서 앞샅점을 찾는다.

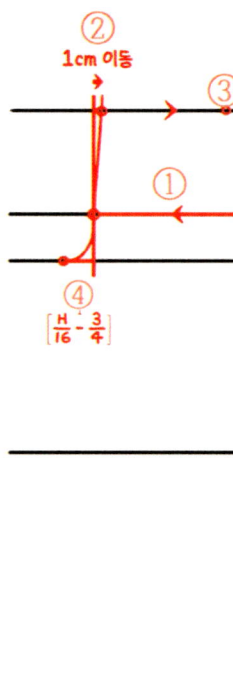

④ 너비를 정한다.

❶ 밑위선에서 앞샅점까지의 이등분점을 찾고,
수직선을 그으면 중심선이다.

❷ 기장선에서 중심선을 기준으로
단통/2 - 1/4나가서 단너비를 찾는다.

❸ 무릎선에서 중심선을 기준으로
무릎통/2 - 1/4나가면 무릎너비이다.

⊙ 1/4을 빼주는 이유는
뒤판에 붙여줌으로 종아리가 있는
뒤판이 더 넓게 하기 위함이다.

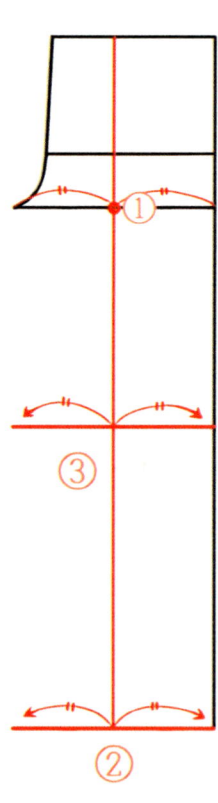

⑤ 외곽선을 그린다.

❶ 무릎점과 기장점은
  직선으로 연결한다.

❷ 앞샅점과 무릎점은
  곡선으로 연결한다.

❸ 허리점과 힙점, 힙점과 무릎점을
  구분해서 곡선으로 연결한다.

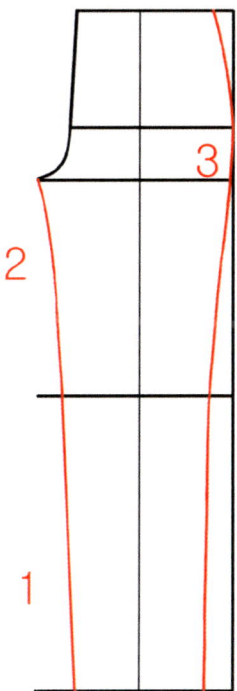

⑥ 다트, 허리라인을 만든다.

❶ 중심선에서
  길이 10cm 정도 내려서
  다트점을 찾는다.

❷ 허리선에서
  다트폭 1인치를 양분해서
  다트점과 각각 연결한다.

❸ 다트를 접은 상태에서
  앞, 다트, 옆 세점을
  곡선으로 그린다.

  ◉ 옆솔기 선에서
    0.5cm정도 올라가기도 한다.

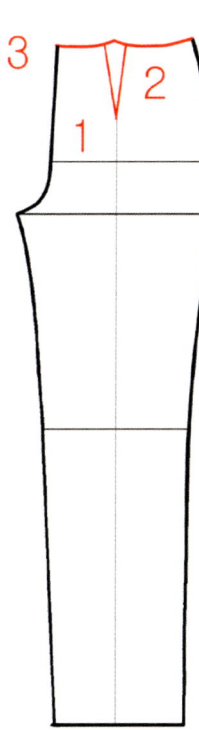

2. 여성 바지 뒤판

① **앞판을 그대로 복사한다.**

부위별 가로선도 같게 그려준다.

② **기준선을 찾는다.**

❶ 앞판 허리선의 중심선,
   안쪽에서 이등분점을 찾는다.

❷ 밑위선에서
   힙너비가 만나는 점을 찾는다.

❸ ①과 ②를 지나도록
   직선으로 연결한다.

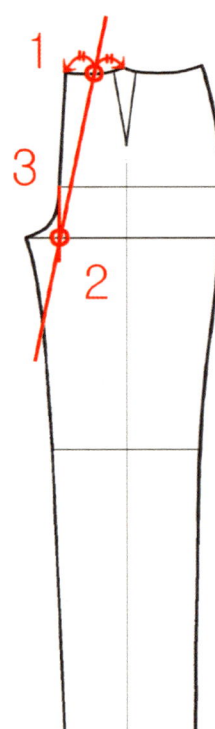

③ **너비를 찾는다.**

❶ 힙선에서
   H/4 + 여유 나가서 힙너비를 찾는다.

❷ 기준선을 따라 허리선에서
   3~5cm 올라간 점을 찾는다.

❸ ②점에서 허리선으로
   W/4 + 다트 + 여유 나가서
   허리선과 만나는 점에
   허리너비를 찾는다.

❹ 앞살점에서 밑위선을 따라
   H/16 + 여유 나간 점을 찾는다.

  ⊙ *여유분은
     엉덩이의 크기에 따라 증감한다.*

❺ ④점에서 2cm 정도 내려와서
   뒤살점을 만든다.

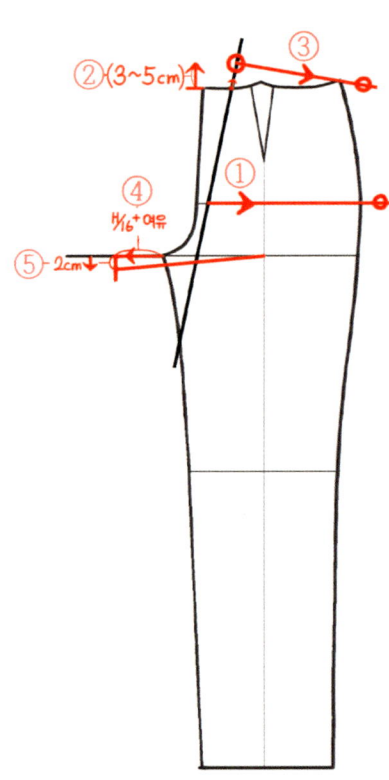

④ 외곽선을 그린다.

❶ 무릎너비와 단너비는
앞판에 1/2 더해서,
직선으로 연결한다.

❷ 안솔기에서
뒤샅너비점과 무릎점은
직선으로 연결 후,
이등분점에서 약 2센티정도
점을 지나 곡선으로 연결한다.

❸ 옆솔기에서 힙점, 무릎점을
곡선으로 연결한다.

   ◉ 곡선은 아크릴 곡자를 사용한다.

❹ 기준선과 뒤샅점을
곡선으로 지나간다.

   ◉ 곡선은 S-모드 자로 그린다.

❺ 허리점과 힙점을 곡선으로 지나간다.

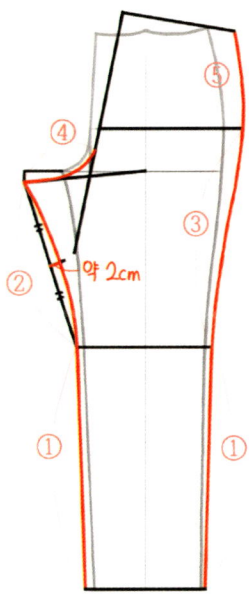

⑤ 다트, 허리라인을 만든다.

❶ 허리선에서
허리너비의 이등분점을 찾는다.

❷ 허리선과 직각선을 그리고,
12센티 나가서 다트점을 찾는다.

❸ 허리선에서 1인치의 폭을 양분해서,
다트점과 각각 연결한다.

❹ 다트를 접은 상태에서
앞, 다트, 옆 세점을 연결해서
부드러운 곡선으로 그린다.

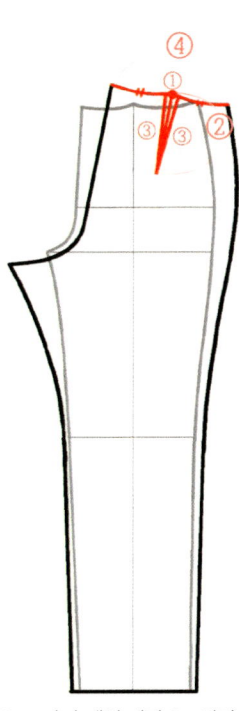

https://youtu.be/LSFbD4meHho 바지 패턴 제작 2 - 앞판
https://youtu.be/r_WlJvTec4o 바지 패턴 제작 3 - 뒤판

SIZE SPEC

남성복 사이즈별 너비

기준키 - 175cm

호칭	구분	어깨넓이	앞품	뒤품	가슴 Bust	허리 Waist	힙 Hip	상의길이	소매길이	바지길이 Pt length	바지부리
95	cm	40.6	37.1	40.9	96.5	76.2	93.9		58.4		
100		43.1	38.1	41.9	101.6	81.2	99	68.5	60.9	96.5	20.3
105		45.7	39	42.8	106.6	86.3	14.1		63.5		
95	inch	16	14 5/8	16 1/8	38	30	37		23		
100		17	15	16 1/2	40	32	40	27	24	38	8
105		18	15 3/8	16 7/8	42	34	42		25		

키크기별 기장 사이즈

호칭	구분	어깨넓이	앞품	뒤품	가슴 Bust	허리 Waist	힙 Hip	상의길이	소매길이	바지길이 Pt length	바지부리
95	cm	40.6	37.1	40.9	96.5	76.2	93.9		58.4		
100		43.1	38.1	41.9	101.6	81.2	99	68.5	60.9	96.5	20.3
105		45.7	39	42.8	106.6	86.3	14.1		63.5		
95	inch	16	14 5/8	16 1/8	38	30	37		23		
100		17	15	16 1/2	40	32	40	27	24	38	8
105		18	15 3/8	16 7/8	42	34	42		25		

분수(inch) 소수, cm로 환산표

분수	1	7/8	3/4	5/8	1/2	3/8	1/4	3/16	1/8	1/16	1/32	1/64
소수	1	0.87	0.75	0.62	0.5	0.37	0.25	0.18	0.12	0.06	0.03	0.016
cm	2.54	2.22	1.9	1.58	1.27	0.95	0.63	0.47	0.31	0.15	0.07	0.04

3. 남성 바지(pants) 기본 패턴

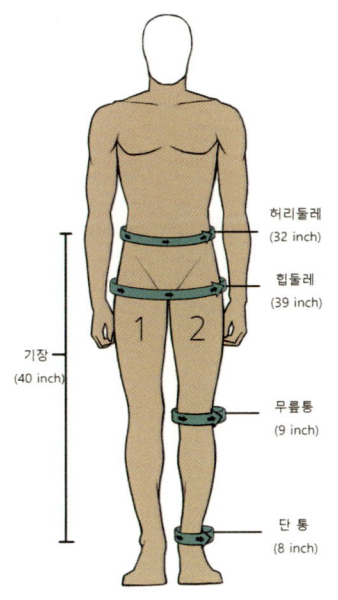

100호 남성 표준 치수

키 175cm 기준

허리 32 in

힙 40 in

기장 40 in

밑위 9½ in

무릎통 9 in

단통 8 in

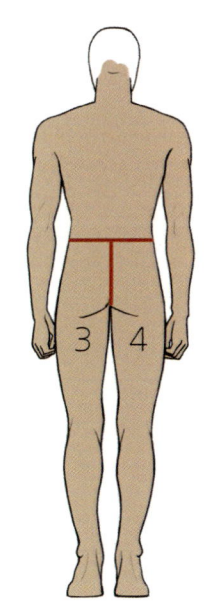

기본이 앞판 2장, 뒤판 2장으로 구성된다.
W/4, H/4을 네 장 중의 한 장의
그림으로 생각하면 쉽다.

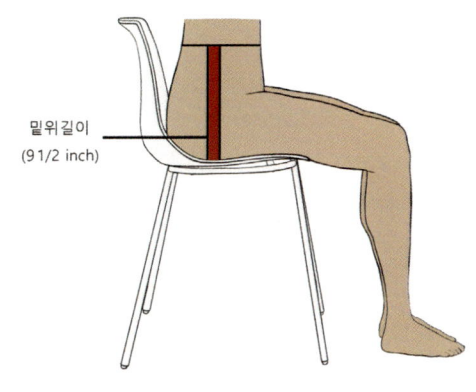

- H/12, H/16을 사용하는 이유는
  다양한 사이즈를 대입해서
  응용하기 쉽게 하는 공식이다.
  공식 부분은 공식으로 외우도록 하자.

- 치수의 변동이
  거의 없는 곳에는 센티를 사용했고,
  변화가 많은 곳에는 인치를 사용했다.

1. 남성 바지 앞판

① 직각선을 그린다.

가로선을 허리선(W)으로
세로선을 세로 기준선으로 정한다.

⊙ 두 장으로 구성된 앞판의 절반을
패턴으로 그린다.

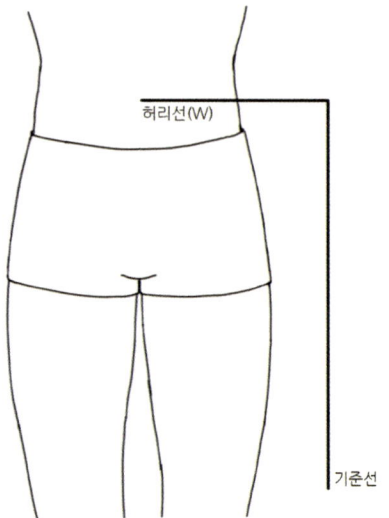

② 세로 방향으로 진행한다.

❶ 허리선(W)을 기준으로
9½ 내려간 곳에 밑위선을 그린다.

⊙ 키 크기에 따라 증감하면 된다.
155 = 9 (22.8cm)
165 = 9 1/4 (23.4cm)
175 = 9 1/2 (24.1cm)
185 = 9 3/4 (24.7cm)

❷ 허리선(W)을 기준으로
총길이 100cm에 밑단선(L)을 그린다.

❸ 밑위선과 기장선의 이등분점을 찾고,
약 5~6cm 위로 올려서 무릎선을 찾는다.

❹ 밑위선을 기준으로 H/12만큼 올려서
힙선(H)을 그려준다.

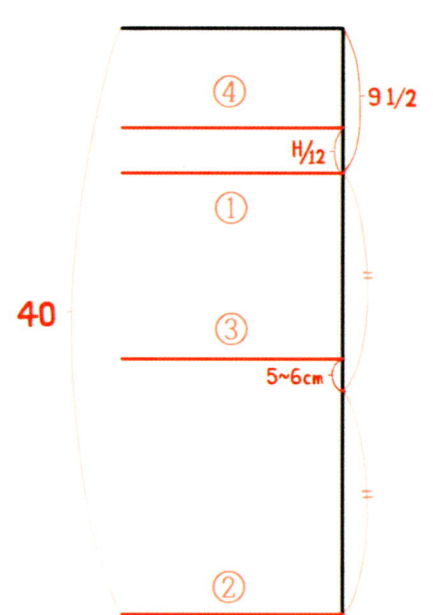

③ 가로 방향으로 진행한다.

❶ 세로기준선에서
힙선으로 H/4+여유 나가서
힙선과 직각선을 그리면 힙너비이다.

❷ 허리선에서
1cm 정도 세로기준선 쪽으로
이동해서 점을 찍고,
힙너비점과 연결하면 앞기울기선이다.

❸ 허리선에서
기준선 쪽으로 W/4 + 다트 + 여유
나가면 허리너비이다.

❹ 힙너비선과 밑위선이 만나는 점에서
H/16 - 1/2나가서 앞살점을 찾는다.

⊙ 남,여에 따라서
원단의 스판 유, 무에 따라서
여유분을 달리준다

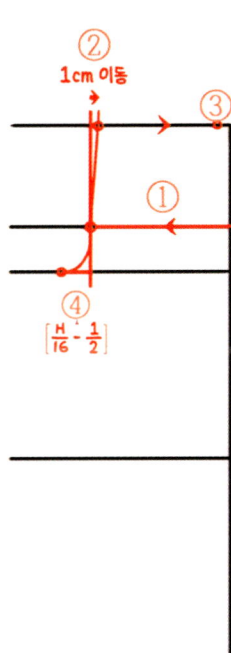

④ 너비를 정한다.

❶ 밑위선에서 앞살점까지의 이등분점을 찾고,
수직선을 그으면 중심선이다.

❷ 기장선에서 중심선을 기준으로
단통/2 - 1/4나가서 단너비를 찾는다.

❸ 무릎선에서 중심선을 기준으로
무릎통/2 - 1/4나가면 무릎너비이다.

⊙ 1/4을 빼주는 이유는
뒤판에 붙여줌으로 종아리가 있는
뒤판이 더 넓게 하기 위함이다.

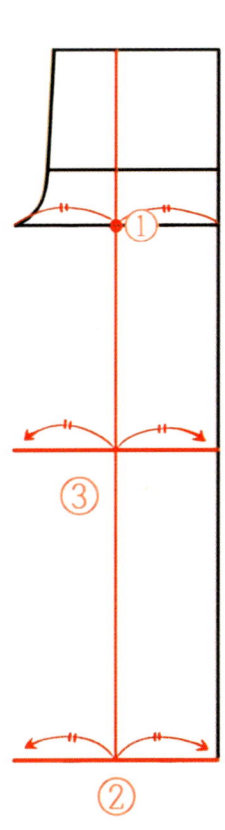

⑤ 외곽선을 그린다.

❶ 무릎점과 기장점은 직선으로 연결한다.

⊙ 직선이어야하는 이유는
 시각적으로 곧게 뻗어야
 하기 때문이다.

❷ 앞샅점과 무릎점은 곡선으로 연결한다.

⊙ 허벅지통과 무릎통의 편차가 크다.
 인체는 각이 없이
 곡선으로 구성되어 있다.

❸ 허리점과 힙점, 힙점과 무릎점을
 구분해서 곡선으로 연결한다.

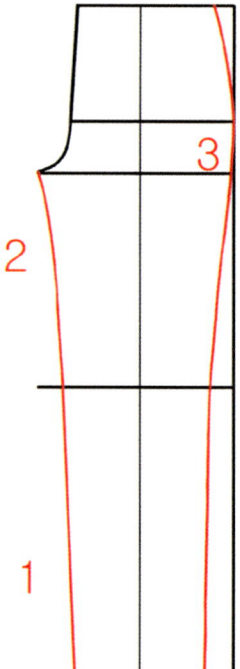

⑥ 다트, 허리라인을 만든다.

❶ 중심선에서
 길이 10㎝ 정도 내려서 다트점을 찾는다.

❷ 허리선에서
 다트폭 1인치를 양분해서
 다트점과 각각 연결한다.

❸ 다트를 접은 상태에서
 앞, 다트, 옆 세점을 곡선으로 그린다.

⊙ 옆솔기 선에서
 0.5㎝정도 올라가기도 한다.

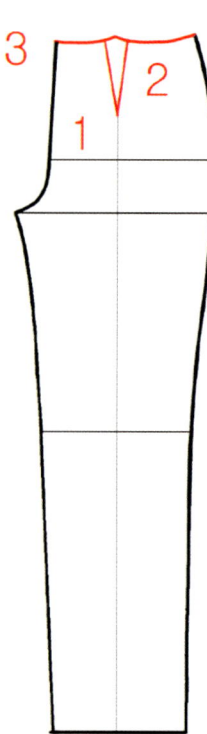

https://www.youtube.com/@refashion5975 옷새로이
https://youtu.be/vugLLE-XsnA 남자 바지 패턴 제작 방법

2. 남성 바지 뒤판

① 앞판을 그대로 **복사**한다.

부위별 가로선도 같게 그려준다.

② **기준선**을 찾는다.

- ❶ 앞판 허리선의 중심선, 안쪽에서 이등분점을 찾는다.
- ❷ 밑위선에서 힙너비가 만나는 점을 찾는다.
- ❸ ①과 ②를 지나도록 직선으로 연결한다.

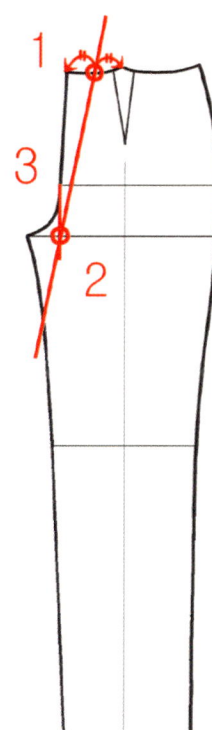

③ **너비**를 찾는다.

- ❶ 힙선에서 H/4 + 여유 나가서 힙너비를 찾는다.
- ❷ 기준선을 따라 허리선에서 3~5㎝ 올라간 점을 찾는다.
- ❸ ②점에서 허리선으로 W/4 + 다트 + 여유 나가서 허리선과 만나는 점에 허리너비를 찾는다.
- ❹ 앞샅점에서 밑위선을 따라 H/16 + 여유 나간 점을 찾는다.
    - ⊙ 여유분은 엉덩이의 크기에 따라 증감한다.
    - ⊙ 보통 뒤샅길이는 5~6센티 정도이다.
- ❺ ④점에서 2㎝ 정도 내려와서 뒤샅점을 만든다.

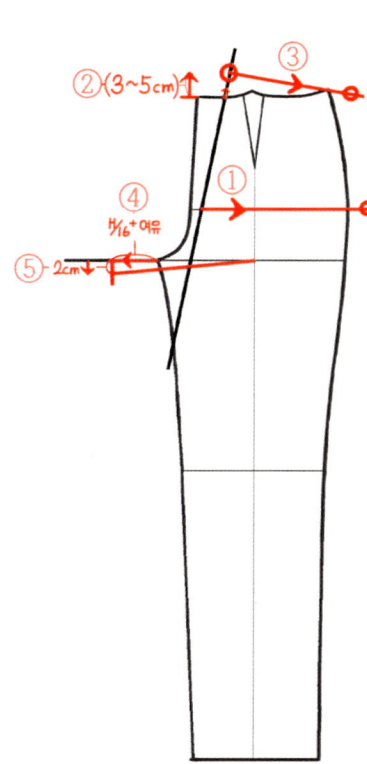

④ **외곽선을 그린다.**

❶ 무릎너비와 단너비는
앞판에 1/2 더해서, 직선으로 연결한다.

❷ 안솔기에서
뒤샅너비점과 무릎점은 직선으로 연결 후,
이등분점에서 약 2센티정도
점을 지나 곡선으로 연결한다.

❸ 옆솔기에서 힙점, 무릎점을 곡선으로 연결한다.
⊙ 곡선은 아크릴 곡자를 사용한다.

❹ 기준선과 뒤샅점을 곡선으로 지나간다.
⊙ 곡선은 S-모드자로 그린다.

❺ 허리점과 힙점을 곡선으로 지나간다.

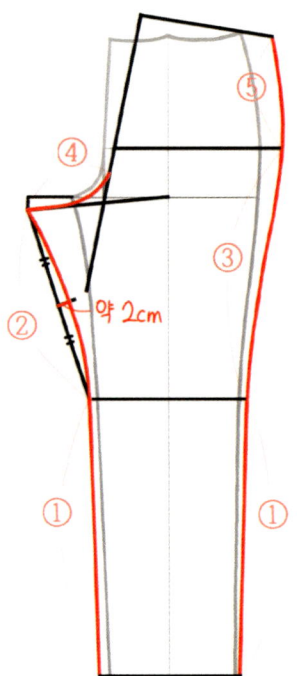

⑤ **다트, 허리라인을 만든다.**

❶ 허리선에서
허리너비의 이등분점을 찾는다.

❷ 허리선과 직각선을 그리고,
12센티 나가서 다트점을 찾는다.

❸ 허리선에서 1인치의 폭을 양분해서,
다트점과 각각 연결한다.

❹ 다트를 접은 상태에서
앞, 다트, 옆 세점을 연결해서
부드러운 곡선으로 그린다.

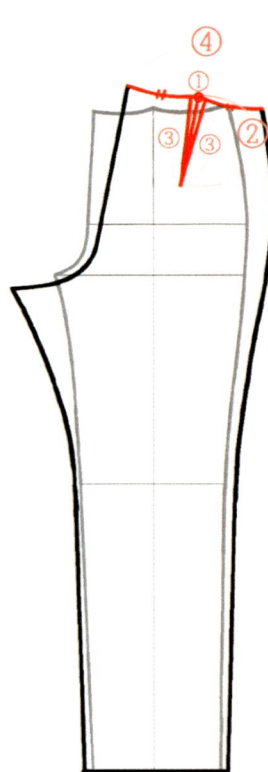

옷이라는 풍경
— 누군가의 삶이 펼쳐진 조용한 장면

우리는 옷을 입고 살아갑니다. 때로는 날씨에 맞춰, 때로는 상황에 맞춰, 또 어떤 날은 아무 이유 없이 익숙한 옷을 꺼내 입습니다. 하지만 시간이 지나고 나면, 그 옷은 단순한 '의복'이 아닌 하나의 풍경이 됩니다. 입었던 장소, 함께 있었던 사람, 들었던 말과 느꼈던 감정들이 그 옷 위에 조용히 스며들어 있기 때문입니다.

그래서 누군가가 오래된 옷을 수선해달라고 가지고 올 때, 리패셔너는 그 옷을 마주하기 전에, 먼저 멈추어 바라봅니다. 이 옷은 어떤 풍경을 지나왔을까. 몇 번의 계절을 건넜고, 어떤 길 위에서 바람을 맞았으며, 누구의 품에 안겼고, 어떤 기억을 간직하고 있을까.

단추 하나가 닳은 이유, 소매 끝이 헤진 방향, 햇볕에 바랜 면의 결. 그 모든 세월의 흔적은, 옷이라는 조용한 풍경에 남겨진 시간의 언어입니다. 그 풍경을 함부로 덮을 수는 없습니다. 리패셔너는 그 위에 새로운 길을 그리는 사람이지만, 기존의 풍경을 지우는 사람이 아닙니다.

그래서 수선은 새로운 선을 긋기보다, 기존의 흐름을 따라가며 다시 흐를 수 있게 길을 다듬는 일입니다.

어떤 옷은 과거를 기억하고 싶어서 고치고, 어떤 옷은 다시 앞으로 나아가고 싶어서 고칩니다. 그리고 우리는 그 마음의 움직임을 따라 실과 바늘로 풍경을 다시 이어 붙입니다.

재봉틀 위에 펼쳐진 한 벌의 옷은 단순한 작업 대상이 아니라, 그 사람의 삶이 스쳐간 조용한 장면입니다.

우리는 그 장면을 복원하거나, 새로운 계절을 향해 다듬어주거나, 또는 아주 가볍게, 이제 놓아줄 준비가 되었는지 묻는 마음으로 다루어야 합니다.

옷은 결국 풍경입니다. 그리고 리패셔너는 그 풍경을 읽는 사람입니다.

바느질은 그 풍경 위에 놓인 조용한 발자국입니다.

수선이라는 이름으로
— 다시 잇고, 다시 사는 이름으로

이 길을 처음 걸었을 때, 나는 단순히 '고치는 일'을 시작한다고 생각했습니다. 낡은 옷을 다시 입을 수 있게 만들고, 기장을 줄이고, 통을 좁히고, 단추를 달고, 지퍼를 갈아주는 일.

하지만 시간이 흐를수록 알게 되었습니다. 수선은 단지 실을 꿰고 바늘을 움직이는 일이 아니었습니다. 수선은 기억을 다시 잇는 일이었고, 몸과 마음 사이의 틈을 다시 메우는 작업이었습니다.

고객이 건네는 옷에는 사연이 있었습니다. 버릴 수 없는 이유, 다시 입고 싶은 마음,

그 옷을 입던 누군가의 표정까지 고요히 스며 있는 옷들이었습니다. 나는 그 옷을 다루는 손끝에서 어떤 기술보다 중요한 것이 마음을 존중하는 태도라는 것을 배웠습니다.

핏이란 숫자로만 설명되지 않았고, 박음선은 정직한 마음 없이는 곧게 이어지지 않았으며, 다림질은 손보다 먼저 마음이 눌러야 했습니다.

그리고 그 모든 과정을 거쳐 완성된 옷은 다시 누군가의 일상으로 돌아갔습니다.

그 옷을 입는 사람이 조금 더 편안해지고, 조금 더 나다워지는 모습을 상상하며, 나는 오늘도 바늘을 들었습니다.

이제 나는 말할 수 있습니다. 수선은 기술이 아니라 태도이고, 작업이 아니라 철학이며, 직업이 아니라 존재 방식이라고. 그리하여 나는, 이 일을 더 이상 '수선'이라 부르지 않습니다. 나는 '리패션'이라 부릅니다. 낡은 것을 다시 태어나게 하고, 흔들린 것을 다시 흐르게 하며, 사라지는 것을 새롭게 연결하는 작은 창조의 이름으로.

수선이라는 이름으로 시작했지만, 나는 리패셔너로 살아갑니다. 그리고 이 길을 걷는 모든 당신에게 따뜻한 실 한 가닥을 건넵니다. 잘 꿰어가시기를. 자신의 리듬으로, 자신의 결을 따라.

Refashioner's Day in Life
— 리패셔너의 하루

아침 8시, 가게 문을 열기 전 먼저 작업대 위의 천 조각을 정리합니다. 전날 저녁에 남겨두었던 박음선, 맞춰놓은 시접, 빛바랜 청바지의 허리 라인. 아직 마무리되지 않은 옷들이 오늘도 나를 기다립니다. 수선을 시작하기 전, 나는 잠시 손끝을 바라봅니다. 어제도 이 손으로 옷을 꿰맸고, 오늘도 이 손으로 마음을 어루만질 것입니다.

오전 9시, 첫 번째 고객이 들어옵니다. 작은 플라스틱 가방 안에 접혀 있는 오래된 외투.

"아버지가 입으시던 옷인데, 입을 수 있게 고쳐주세요."

나는 말보다 옷을 먼저 봅니다. 어깨선이 내려가 있고, 팔꿈치 부분이 유독 많이 닳아 있습니다. 단추는 낡았지만 단단히 붙어 있고, 안쪽 포켓에는 오래된 이름표가 남아 있습니다. 나는 천천히 외투를 펼치며, 그 사람의 시간을 손끝으로 듣기 시작합니다.

정오 무렵, 조용한 시간. 작업대를 넓게 정리하고 오늘의 본격적인 봉제를 시작합니다. 바늘은 작지만 정확해야 하고, 실은 튼튼하면서도 유연해야 합니다. 한 땀, 한 땀 이어지는 봉제는 단순한 기술이 아닙니다. 핏을 다시 잡는 일은, 사람의 움직임을 상상하는 일이기도 합니다.

걸을 때, 앉을 때, 바람이 스칠 때 그 옷이 어떻게 반응할지를 상상하며 나는 재봉틀 위에서 '움직이는 조각'을 만들어냅니다.

오후 3시, 단골 손님의 방문. "선생님, 지난번 수선한 바지 정말 잘 입고 있어요."

그 말 한마디가 하루의 피로를 씻어냅니다. 리패셔너의 일은 큰 박수도 없고, 긴 설명도 없습니다. 다만 다시 입을 수 있게 되었다는 표정, 그것으로 충분합니다.

해 질 무렵, 다림질과 정리 수선이 끝난 옷은 마지막으로 다림질을 합니다. 솔기 위를 조심스레 눌러주며, 한 줄 한 줄 눕혀갑니다. 이 다림질은 단순한 마무리가 아니라, 작업에 대한 예의이며, 옷에 대한 존중입니다.

저녁 7시, 셔터를 내리기 전. 작업대 위를 다시 정리합니다. 남은 실을 돌돌 말고, 내일 수선할 옷을 구분해 놓고, 오늘 고친 옷들의 봉제선과 함께 내 하루의 흐름도 조용히 정리합니다.

그리고 나는 다시 마음속으로 생각합니다. '내일도 누군가의 옷이, 누군가의 마음이 내 손을 찾겠지.' 그 마음으로 하루가 마무리됩니다.

고객 응대와 수선 상담의 기술
— 손보다 먼저 말을 건네는 마음의 기술

수선은 옷을 다루는 일이지만, 그 시작은 언제나 사람과의 만남에서 비롯됩니다. 고객이 옷을 들고 문을 열고 들어오는 그 순간, 이미 수선은 시작된 셈입니다. 하지만 고객은 옷만 맡기는 것이 아닙니다. 함께 사라진 버튼에 담긴 추억, 다시 입고 싶은 마음, 아직 버릴 수 없는 무언가를 조용히 들고 온 것입니다. 리패셔너는 그 조용한 감정을 먼저 알아차리는 사람이 되어야 합니다.

1. 처음 마주치는 순간: '이 옷엔 사연이 있어요'

- "어떤 사연이 있는 옷이신가요?"
- "이 옷, 입으실 예정이 있으세요? 어떤 자리인지 여쭤봐도 될까요?"
- "혹시 어디가 제일 신경 쓰이셨나요?"

  ❖ *포인트: 단순히 "어디를 고치실 건가요?"보다 "이 옷, 어떻게 입고 싶으세요?"를 먼저 물어보세요. 그러면 고객은 치수가 아니라 마음을 이야기하기 시작합니다.*

2. 고객의 말 너머를 듣는 기술

- "그냥 줄이면 돼요"라는 말 뒤에 숨겨진:
    → '덜 부해 보이게 해달라', '덜 촌스럽게', '입었을 때 마음이 편하도록'
- "이건 안 될 수도 있겠죠…"라는 말에 담긴:
    → '가능하다면 고치고 싶어요. 가능하다고 말해주셨으면 좋겠어요'

  ❖ *리패셔너의 감각: 고객의 말은 '의뢰'가 아니라 '표현'일 수 있습니다. 수선은 말보다 감정을 듣는 일입니다.*

3. 리패셔너의 말하기 연습 - 감각을 언어로

사용하면 좋은 문장:
- "이 부분은 줄일 수 있지만, 핏이 조금 더 슬림해질 수 있습니다."
- "이 선을 곡선으로 줄이면 자연스럽고, 직선으로 줄이면 시원한 느낌이 납니다."
- "입었을 때 움직이실 때 불편하지 않도록 이 부분 여유를 조금 둘게요."
- "핏을 살리면서도 편안함을 유지하는 쪽으로 조정해보겠습니다."

　❖ *팁: 기술 용어보다는 핏·감각·움직임·자연스러움이라는 말을 자주 사용하면 고객은 전문성과 공감을 동시에 느낍니다.*

4. "안 됩니다"를 품위 있게 말하는 법

사용하면 좋은 대체 표현:
- × "그건 안 돼요."
- ∨ "지금 상태에서는 원단 손상이 생길 수 있어서 추천드리긴 어렵습니다."
- × "그건 못 고쳐요."
- ∨ "가능은 하지만, 원단 특성상 오히려 입으실 때 더 불편하실 수 있습니다."

　❖ *리패셔너의 태도: 고객은 기술보다 정중함 속에서 신뢰를 느낍니다. 거절은 거부가 아니라 설명과 배려가 되어야 합니다.*

5. 리패셔너의 말 없는 응대 - 눈, 손, 시간

고객이 말을 꺼내기 어려워할 땐,

- 그저 옷을 조용히 펼쳐보이며 눈으로 흐름을 보여주기
- 손으로 살짝 잡아 핏을 조정해보며, "이렇게 되면 어떠세요?" 하고 눈 맞추기
- 고객이 오래된 옷을 꺼낼 때, 그 옷을 조심히 다루는 손자체가 신뢰를 줌

❖ *가장 강한 응대는, 침묵 속의 존중입니다.*

6. 상담은 기술이 아니라 연결이다

리패셔너의 상담은 단순히 '수선 의뢰'를 받는 것이 아닙니다. 그건 고객의 기억과 감정, 기대와 주저함을 함께 건네받는 일입니다.

말은 짧게, 공감은 깊게, 설명은 정확하게, 거절은 부드럽게, 옷을 다루듯, 마음도 다룬다는 태도. 그 모든 손끝과 말끝이 모여 고객은 수선을 맡기고 나서야 이렇게 말하게 됩니다.

"이제야 이 옷을 믿고 맡길 수 있겠어요."

고객 유형별 응대법

— 사람에 맞게, 감각에 따라 말하는 리패셔너

1. 분석형 고객

"허리는 3cm 줄이고, 통은 앞뒤 비율로 나눠서 줄이면 되겠죠?"

특징
미리 치수와 수선 방향을 정해옴
상세한 설명과 근거를 요구함
기술에 대한 신뢰보다 논리에 대한 신뢰를 중시함

응대 전략
"말씀 주신 방향도 가능하지만, 이 옷의 봉제 구조를 보면 이런 식으로도 접근할 수 있어요."
"지금 시접이 이 정도 남아 있어서요. 그 범위 안에서는 조정 가능합니다."

> 포인트: '그렇게도 할 수 있습니다. 그런데 더 좋은 방법이 있다면 들어보시겠어요?'

2. 감성형 고객

"이 옷은 돌아가신 어머니가 사주신 거예요… 버릴 수가 없어서요."

"그냥… 다시 입고 싶은데, 가능할까요?"

특징
추억이나 감정이 옷에 강하게 연결됨

수치나 구조보다 감정적 안정감을 중요시함
"가능합니다"라는 말에 의지함

응대 전략
"이 옷에 담긴 마음을 최대한 지키면서 수선해볼게요."
"전체적으로 입으실 수 있는 형태로 만들면서, 느낌은 그대로 두겠습니다."

> *포인트: 공감이 먼저, 기술은 그다음. "될까요?"라는 질문엔 "해보겠습니다."로 응답하기.*

3. 급한 고객 / 실용형

"언제 돼요? 빨리 입어야 해서요."

"그냥 줄이기만 하면 되니까 대충 해도 괜찮아요."

특징
속도 중시, 설명보다 결과를 원함
예산·시간·효율 위주로 판단
반복 방문보단 1회성 의뢰일 가능성 있음

응대 전략
"빠르게 가능하긴 합니다만, 이 부분은 정확히 해야 핏이 삽니다."
"딱 입으실 자리에만 집중해서 정리해드릴게요."

> *포인트: '최대한 간결하게, 그러나 정확하게'라는 신뢰의 말투. 기술적 설명은 짧고 핵심만.*

4. 의심 많은 고객 / 불신형

"예전에 수선했는데 이상하더라고요."
"괜찮게 될까요? 이런 거 맡기면 늘 문제 생겨서요."

특징
이전 경험에 따른 불신
아주 작은 설명에도 민감하게 반응
신뢰를 쌓기까지 시간이 필요함

응대 전략
"그럴 수 있어요. 특히 원단이 민감하면 그런 일이 생깁니다."
"수선 전후 모습 꼭 사진으로 보여드릴게요."
"이 부분은 작업 전에 한번 핏을 같이 확인하시고 진행하셔도 좋습니다."

포인트: 보증, 설명, 시각자료 제공 → 감정적 안정 먼저 제공한 뒤 기술 제안

5. 리패션 팬 / 단골 고객

"저번 바지 진짜 잘 됐어요. 이번에도 그 감각 그대로 부탁드려요."
"이건 제일 편하게 입던 옷이라… 리패셔너님 감각 믿고 맡겨요."

특징
수선의 결과보다 리패셔너의 감각을 신뢰함
디테일보단 전체적인 감성/핏/감각 위임
반복 방문, 소개 가능성 높음

응대 전략

"이전에 작업했던 핏을 기준으로 하되, 이번 옷은 원단 특성에 맞게 조금 조정해볼게요."

"지난번보다 조금 더 여유 있게 잡아드릴 수도 있어요. 원하시면 그 방향으로요."

포인트: 이름/지난 수선 기록 기억하기 → "○○님 옷은 항상 힘이 느껴져요" 같은 개인화된 공감

정리: 응대는 기술이 아니라, 맞춤형 대화의 감각

고객이 말하는 '요구' 이면에 있는 감정과 기대를 읽고, 고객의 유형에 따라 설명, 표현, 판단 방식을 조정하며, 고객마다 다른 '신뢰의 언어'를 사용하는 것. 이것이 리패셔너의 상담 기술이자, 기술보다 더 오래 남는 브랜드의 인상입니다.

리패션 매장 접수 절차 가이드
— 단순 접수가 아닌, 관계의 시작으로

1. 환영 인사와 시선 맞춤

"어서 오세요. 리패셔너 ○○입니다."
"소중한 옷, 함께 살펴보겠습니다."

- 고객의 손에 들린 옷부터 눈으로 따뜻하게 살핍니다.
- 옷보다 먼저 '이 옷에 담긴 마음'에 인사를 건넨다는 마음가짐.
- 손으로 옷을 받기 전, 눈과 말로 먼저 받기.

포인트: 진심이 담긴 첫마디가 고객의 불안을 80% 낮춥니다.

2. 의뢰 의도 확인과 사연 경청

"어떤 상황에서 이 옷을 다시 입고 싶으신가요?"
"가장 신경 쓰이는 부분이 어디셨나요?"

단순히 "어디 고치실 거예요?"가 아닌 '왜' 이 옷을 고치고 싶은지에 귀 기울입니다.
사연이 많아 보일 경우, 말보단 조용한 경청이 더 신뢰를 줍니다.

포인트: 옷을 맡기는 것이 아닌, 기억을 공유하는 시간이란 인식을 가지고 응대합니다.

3. 상태 점검 및 가능성 안내

- 원단 상태, 시접 여유, 봉제 구조 확인
- 실밥·늘어짐·마모·지퍼·버튼 등 기능성 점검
- 고객에게 가능한 범위와 한계를 부드럽게 설명

"지금 상태에서 최대한 가능하지만, 이 부분은 착용 시 다소 주의가 필요할 수 있어요."

포인트: 절대 "안 됩니다" 단답형 금지. '고민해보겠습니다', '다른 방식도 제안드릴게요'등 여지를 둡니다.

4. 수선 방향 제안 & 핏 상담

"이 부분은 직선으로 줄이면 깔끔하고, 곡선을 주면 좀 더 부드러운 느낌이 나요." "조금 여유 있게 하실까요, 슬림하게 하실까요?"

- 핏, 실루엣, 움직임까지 상상하며 제안합니다.
- 고객이 헷갈려할 경우, 전후 사진이나 실루엣 그림으로 설명 보완
- 거울 앞 핏 피드백은 가능하면 실시간으로 함께 확인

포인트: '결정해주는 것'이 아닌, '같이 조율해가는 과정'이라는 인식을 주는 것이 핵심입니다.

5. 수선 의뢰서 작성 및 보관

- 고객 이름 / 연락처 / 의뢰일 / 수선 내용 / 가격 / 수령 예정일
- 상태 사진 저장 (Before)
- 고객용 간이 의뢰서 + 내부 확인서 따로 보관

> 포인트: 전자문서 또는 메모앱 사용 시, '핏 메모'와 함께 감성 한 줄 기록을 남겨도 좋습니다. (예:
> "어머니와의 추억이 담긴 셔츠. 어깨 좁힘 + 소매 단정 처리")

6. 작업 일정 설명 & 확인 메시지 안내

"이 옷은 4~5일 정도 소요됩니다. 준비되면 문자로 먼저 안내드릴게요."

고객의 사용 목적이 명확한 경우 ("결혼식 전날 입어야 해요!") → 하루 여유 확보 후 안내

작업 중 예상보다 시간이 늘어날 경우 반드시 중간 안내 필요

> 포인트: 작업 속도보다 신뢰의 속도가 중요합니다.

7. 감성 있는 마무리

"기억이 담긴 옷을 다시 입으실 수 있게 잘 꿰어드리겠습니다."
"완성되면, 옷처럼 마음도 편안하시길 바랍니다."

간단한 포장(천가방·종이커버) + 엽서 또는 손글씨 태그, 잔잔한 마음이 남는 한마디를 건네며 마무리

포인트:

'핏 좋았어요!' 엽서

리패셔너의 철학 한 줄 인쇄

Before 사진 → After 사진과 함께 건네기

마무리 요약 - 리패셔너의 접수는

기술의 안내가 아니라, 사람의 사정을 받아들이는 첫 마음입니다. 이 7단계는 '하나의 옷'보다 '하나의 관계'를 맺는 시간입니다.

손님에게 상처받지 않기 위한 7가지 마음의 기술
— 나를 지키는 감정적 기술도 수선의 일부입니다

1. 말은 감정이 아니라 '소리'로 듣는다

"이거 왜 이렇게밖에 안 됐어요?"
"이 정도인데 왜 이렇게 비싸요?"

고객의 말은 종종 감정의 표현이 아니라 기대의 무너짐, 두려움의 표현입니다. 그걸 '내가 부족해서'라고 바로 받아들이면 마음은 금방 상처받습니다.

> 훈련법
> 말을 감정으로 번역하지 않고, "불안하시구나", "신뢰가 아직 쌓이지 않았구나"로 바꾸어 듣는 연습을 하세요. '감정'보다 '상태'를 보세요.

2. 내 기술의 한계를 인정하는 용기

초보일수록 "내가 못해서 그런가"라는 죄책감을 자주 느낍니다. 하지만 기술은 하루아침에 완성되지 않습니다. 완벽하지 않다는 걸 인정하는 사람만이 조심스럽고 정직하게 성장합니다.

> 자기 대화법
> *"지금의 나는 여기까지 할 수 있다. 대신 지금 있는 기술 안에서는 최선을 다했다."*

3. 말로 휘두르는 사람은 말로 만족하지 않는다

무례한 손님은 당신의 기술 때문이 아니라, 자신의 감정을 관리하지 못해 말로 풀고 있는 것일 뿐입니다.

진실한 마음의 말
"제가 부족해서 죄송합니다."가 아니라
"그 말씀 충분히 이해됩니다. 하지만 이 부분은 제가 책임지고 다시 살펴보겠습니다."
→ 자신을 깎지 않고도 예의와 단호함을 함께 표현할 수 있습니다.

4. 감정의 여백을 남기는 말투 훈련

감정적으로 튀는 말에 바로 반응하면 상처도 더 깊어집니다. 당황했을 때는 바로 대응하지 않고, 한 번 여백을 두고 말하는 훈련이 필요합니다.

예시 말투
"그럴 수도 있을 것 같아요. 잠깐만 옷을 다시 살펴볼게요."
"말씀 듣고 보니 확인이 더 필요할 것 같습니다."
→ 상대의 감정을 인정하되, 나를 보호하는 말을 선택하세요.

5. 같은 상황을 겪는 동료와 공유하기

감정은 말로 꺼내지 않으면 내 안에 응고됩니다. 동료 리패셔너, 선배, 혹은 당신만의 작은 기록장에 그날 들은 말과 당신의 마음을 적어보세요.

공유 습관
"오늘 이런 일이 있었는데, 나만 힘든 게 아니겠지?"
→ 상처는 나눌수록 가볍고, 말할수록 다집니다.

6. 의미 전환 연습 - 나를 성장시키는 거울로

상처받았을 때 이렇게 자문해보세요.

"저 말에 흔들린 이유는 내가 아직 확신이 부족해서일까?"

"그 손님이 내 기술을 평가한 게 아니라, 내 태도를 더 보고 있었던 건 아닐까?"

→ 이렇게 물어보면 그 상처는 반성도 되고, 성장도 됩니다.

7. 하루에 한 사람만 나를 알아보면 된다

모든 손님에게 완벽할 수는 없습니다. 하지만 단 한 사람이라도 "정말 섬세하게 해주셔서 감사합니다." "핏이 너무 마음에 들어요."라는 말을 들었다면, 그 하루는 충분히 잘해낸 하루입니다.

당신의 자존감은 손님 전부의 평점이 아니라, '당신이 잘했음을 스스로 아는 감각'에서 시작됩니다.

오래된 손끝에서 전하는 조언
— 수선 1~2년 차 당신에게 보내는 말

처음 미싱 앞에 앉았던 날을 기억합니다. 손은 떨렸고, 바늘은 자꾸 실을 빼먹고, 손님은 깐깐했고, 마음은 얇았습니다. 그로부터 수십 년이 흘렀지만, 나는 지금도 수선을 막 시작한 당신의 어깨에 얹힌 긴장감을 압니다. 그리고 그 긴장감이 가장 힘들지만, 가장 빛나는 시기라는 것도 압니다.

1. '기술'은 시간으로 익고, '감각'은 실수로 자랍니다

2년 차라는 시기는 참 묘합니다. 기초는 익혔지만 손끝은 아직 조심스럽고, 고객의 말에 반응할 수는 있지만 해석은 부족하고, 작업 속도는 붙지만 마음의 여유는 따라오지 않을 때입니다. 그래서 자꾸 흔들립니다.

"이 길이 나한테 맞을까?"
"왜 나는 아직도 고객 한 마디에 무너질까?"

하지만 말해줄게요. 그건 당신이 진심이기 때문입니다. 잘하고 싶고, 인정받고 싶고, 누군가의 옷에 의미를 주고 싶기 때문입니다. 기술이 부족해서가 아니라, 마음이 여려서 그런 것입니다. 그 여린 마음이, 나중에 고객의 몸을 기억하고, 손끝을 늦추고, 주름을 한 번 더 펴주는 리패셔너의 감각이 됩니다.

2. 앞으로 당신을 흔들 수 있는 위험요인

'비교'라는 그림자
남들과 비교하면 당신의 리듬이 깨집니다. 수선은 성과가 눈에 잘 드러나지 않기 때문에 '왜 나는 아직도 이 정도밖에…'라는 자책이 따라오곤 합니다. 비교하지 마세요. 옷도 몸마다 핏이 다르듯, 성장도 사람마다 템포가 다릅니다.

'고객의 말'이라는 바늘
날카로운 말 한 마디에 온종일 마음이 접힐 때도 있을 겁니다. 하지만 꼭 기억하세요. 거친 말은 당신의 사람이 아니라, 당신의 상황을 향한 불안일 뿐입니다. 그 말을 '사람'이 아니라 '상태'로 듣는 훈련을 하세요.

'내가 잘하고 있나?'라는 흔들림
정답이 없는 수선의 세계에서 확신은 드뭅니다. 그러니 확신이 아니라 정직함을 기준으로 삼으세요. 정직한 손끝은 결국 실력보다 오래 갑니다.

3. 당신의 마음을 지키는 감정 조절법

고객의 말보다 나의 의도를 기억하세요. '내가 오늘 얼마나 노력했는지', '이 옷을 어떻게 바라봤는지'는 남이 모릅니다. 그러니 그걸 인정할 사람은 오직 나입니다.

작업노트를 써보세요. 하루의 수선기록, 잘한 것 1가지, 아쉬운 것 1가지, 그리고 고객의 한마디. 그 기록이 쌓이면, '흔들린 날들'이 결국 성장한 증거가 됩니다.

당신도, 당신의 옷처럼 수선 중입니다. 지금의 당신은 어쩌면 핏이 맞지 않는 시접 같은 시간 속에 있을지도 모릅니다. 하지만 그것도 곧 몸에 맞춰지고, 삶에 맞춰집니다.

4. 마지막으로, 나는 이렇게 견뎠습니다

무례한 손님이 있던 날, 작업대 앞에 조용히 앉아 그 손님의 옷을 다시 다려보았습니다.

"그래도 이 옷은 정성껏 마무리하자."

그런 날은 힘들었지만, 그런 날들이 나를 사람으로 만들었습니다. 실수를 했던 날, 사과한 뒤에도 마음이 떠나지 않았습니다. 하지만 시간이 흐르고 그 손님이 다시 돌아왔을 때, 그 사람은 "당신은 진심이 느껴져요"라고 말했습니다. 결국 남는 건 기술이 아니라 태도입니다.

그래서 당신에게 건네는 한 문장

당신은 아직 미완의 옷이고 그렇기에 계속 꿰맬 수 있고, 더 나아질 수 있습니다.
무너지지 마세요. 지금의 섬세함이 언젠가는 누군가의 상처까지 감싸는 솜씨가 됩니다.
그때까지, 흔들리더라도 절대 바늘을 놓지 마세요.

— 오래된 리패셔너로부터